LES

32 RELIGIEUSES

Guillotinées à Orange

AU MOIS DE JUILLET 1794

Par l'abbé REDON
Vicaire Général, à Avignon

AVIGNON
SEGUIN FRÈRES, IMPRIMEURS DE N. S. P. LE PAPE
ET DE MONSEIGNEUR L'ARCHEVÊQUE
1904

LES 32 RELIGIEUSES

LES RELIGIEUSES DE BOLLÈNE DANS LA PRISON DE LA CURE A ORANGE

LES

32 RELIGIEUSES

Guillotinées à Orange

AU MOIS DE JUILLET 1794

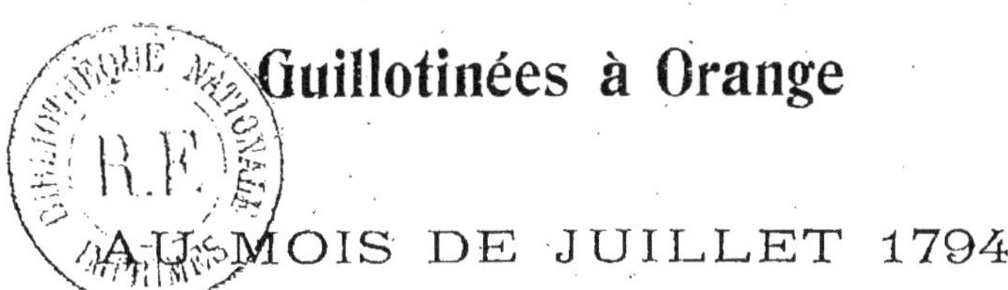

Par l'abbé REDON

Vicaire Général, à Avignon

AVIGNON

AUBANEL FRÈRES, IMPRIMEURS DE N. S. P. LE PAPE

ET DE MONSEIGNEUR L'ARCHEVÊQUE

1904

DÉCLARATION DE L'AUTEUR

Me conformant aux décrets du Pape Urbain VIII, du 13 mars 1625, et du 5 juillet 1634, je déclare que, dans le livre intitulé : *Les 32 Religieuses guillotinées à Orange en 1794*, en leur donnant les qualifications de Saintes et de Martyres, et en relatant des faits qui paraissent miraculeux, je n'ai entendu donner à ces qualifications et à ces faits qu'une valeur purement humaine, résultant de témoignages privés, et non comme approuvés par la Sainte Église Romaine, dont je ne veux pas devancer le jugement et à laquelle je soumets humblement cet écrit.

REDON, *vic. gén.*

RAPPORT

DE M. L. GARRIGUET

Supérieur du Grand Séminaire d'Avignon

Membre de la Commission de l'Examen des Livres

Avignon, le 10 avril 1904.

MONSEIGNEUR,

J'ai lu avec un pieux intérêt les pages si pleines, que votre vénéré Vicaire Général vient d'écrire, pour glorifier les saintes victimes d'Orange. La mort si héroïque de ces intrépides femmes, constitue un des plus beaux épisodes de notre histoire religieuse. Il eut été vraiment regrettable, qu'on en laissât le souvenir dans le demi-oubli, où il était tombé; des faits de cette nature honorent trop un diocèse, pour qu'on ne les recueille pas précieusement. Le soin de les raconter revenait, comme naturellement, à celui qui nous a conservé la mémoire de tant d'intéressantes figures sacerdotales aujourd'hui disparues.

Il s'est mis à l'œuvre, sans se laisser rebuter par les difficultés de la tâche, et après de patientes recherches, il nous a donné un livre qu'on lira avec autant de plaisir que d'édification.

Dans cet important travail, avec des détails biographiques, la plupart inédits, on trouvera le récit fidèle de l'interrogatoire, du jugement et du supplice de chacune des victimes. On y verra pareillement la démonstration absolue, que toutes ces pieuses religieuses ont versé leur sang, pour ne pas faire un acte que leur conscience réprouvait.

Ce n'est pas seulement une belle page d'histoire locale qu'a écrite l'érudit auteur : c'est aussi une précieuse contribution qu'il a apportée à la Cause de Béatification de celles que la tradition populaire n'a cessé de considérer comme des Saintes et comme des *Martyres*. Son nom seul, était une garantie de science, de mesure, de prudence, d'exactitude et de piété. Toutes ces qualités se trouvent dans l'ouvrage qui va paraître : Votre Grandeur ne fera que lui rendre justice en l'approuvant et en le bénissant sans aucune restriction.

Veuillez agréer, Monseigneur, le religieux hommage de mes sentiments de profond respect et de filial dévouement.

L. GARRIGUET, P. S. S.
Supérieur du Grand Séminaire d'Avignon.

APPROBATION

DE MONSEIGNEUR L'ARCHEVÊQUE D'AVIGNON

ARCHEVÊCHÉ
D'AVIGNON

Avignon, le *14 Avril 1904.*

MONSIEUR LE VICAIRE GÉNÉRAL,

Après avoir pris connaissance du rapport fait par Monsieur le Supérieur du Grand Séminaire, sur votre ouvrage intitulé : *Les 32 Religieuses de Bollène guillotinées à Orange, du 6 au 26 juillet 1794,* Nous l'approuvons de grand cœur, et Nous permettons qu'il soit livré à l'impression.

Nous vous remercions d'avoir rappelé la mort héroïque de ces saintes victimes de la tourmente révolutionnaire. Le récit que vous en avez fait est une belle page de l'histoire religieuse de notre pays; il montre la foi qui soutenait ces saintes filles, leur calme et leur fermeté, en face de la mort; et par là il est propre à procurer la gloire de Dieu et l'édification des fidèles. Avec ma bénédiction.

Veuillez agréer, Monsieur le Vicaire Général, l'assurance de mes sentiments tout dévoués en N.-S.

† L. FRANÇOIS,
Arch. d'Avig.

PRÉFACE

En apprenant, qu'à Rome, la Congrégation des Rites venait d'admettre la Cause de Béatification ou de Déclaration du Martyre des seize religieuses Carmélites de Compiègne, qui furent guillotinées, à Paris, le 17 juillet 1794; nous nous sommes souvenus, qu'à la même époque, du 6 juillet 1794 au 26 du même mois, on guillotina à Orange, en haine de la foi, trente-deux religieuses, dont vingt-neuf étaient natives de Bollène, ou religieuses dans un des deux monastères de cette ville.

Rohrbacher, dans son Histoire universelle de l'Eglise catholique, tome XXVII, page 580, *après avoir relaté le Martyre des seize Carmélites de Compiègne, se sert de cette transition:* A l'extrémité méridionale de la France, on vit un spectacle pour ainsi dire plus admirable encore, *et il raconte la mort des trente-deux religieuses guillotinées à Orange.*

Elles méritent donc aussi que l'on s'occupe de leur Cause. Nous l'avons étudiée, et nous avons d'abord recueilli quelques notes historiques sur les monastères où elles avaient vécu en ferventes religieuses, nous avons ensuite relaté la persécution qu'elles subirent pendant les premières années de la révolution de 1789, et, avec des documents contemporains, nous avons fait la relation de leur vie dans la prison d'Orange, de leur jugement et de leur condamnation à mort par le tribunal révolutionnaire de cette ville, qui les fit guillotiner.

Avec les actes officiels de leur baptême, de leur profession religieuse, de leur jugement et de leur décès, et avec les souvenirs qui nous ont été fournis par les familles de leurs petits neveux, et par les Communautés des Ursulines et des Sacramentines, nous avons réuni quelques notes biographiques sur chacune d'elles.

Nous avons enfin recueilli les témoignages qui attestent que, depuis leur mort, on n'a pas cessé de les regarder comme de vraies Martyres, et de toutes les circonstances de la persécution qu'elles ont endurée et du jugement qui les a condamnées, nous avons conclu que la mort, qu'elles ont subie si généreusement, réunit toutes les conditions requises pour que l'Eglise la reconnaisse comme un vrai Martyre. C'est ce jugement que nous désirons, et nous souhaitons, que notre livre puisse servir à faire connaître la Cause de nos trente-deux religieuses, et à obtenir son introduction à la Congrégation des Rites.

Nous espérons aussi que le bel exemple donné par ces Religieuses, ne sera pas sans opportunité et efficacité, dans les circonstances où nous sommes. Il semble bien que nous avons commencé de revivre les années qui s'écoulèrent, depuis les débuts de la Révolution de 1789, jusqu'au Concordat, en 1802. La persécution religieuse a recommencé. A la séance du 12 janvier dernier, dans son discours d'ouverture de la session du Sénat, le doyen d'âge, M. Vallon disait : « Ce n'est pas la paix, c'est la guerre la plus déplorable, la guerre religieuse qui règne en ce moment. Le catholicisme, voilà l'ennemi. La loi des suspects est redevenue loi existante... la masse des citoyens est tenue pour des rebelles ; les trois quarts de la nation sont mis hors la loi. »

Dans son opuscule sur la Confirmation, après avoir dit que c'est la grâce de ce sacrement augmentée sans cesse par la grâce de l'Eucharistie, qui a donné, donne et donnera à tous les Martyrs de Jésus-Christ l'héroïsme surnaturel qui leur fait braver, pour l'amour de leur Maître, les menaces, les tourments et la mort; Mgr de Ségur ajoutait, il y a plus de trente ans : « Cette grâce va peut être devenir, aujourd'hui, plus nécessaire que jamais, aux enfants de l'Eglise. Tout annonce, en effet, de grandes secousses et de grandes tempêtes.... Aussi, à moins d'un grand miracle, une grande et terrible persécution générale est-elle comme suspendue sur la tête de l'Eglise. Et quand on dit l'Eglise, on n'entend pas seulement le Pape, les Evêques et les Prêtres, les Religieux et les Religieuses, qui sont toujours les premiers frappés ; on entend aussi tous les catholiques, hommes, femmes, enfants, riches, pauvres. Du moment qu'ils sont de vrais serviteurs de Dieu, de vrais fidèles, ils doivent s'attendre à partager avec le clergé, les colères des impies. »

Cette persécution que prévoyait Mgr de Ségur, n'est-elle pas certaine, maintenant que nous en supportons les premiers coups? Et si Dieu permet qu'elle poursuive son cours, et nous ramène aux plus mauvais jours de 1794, remercions-le de nous avoir donné dans la patience, la fidélité et le généreux sacrifice de nos trente-deux religieuses, un bel exemple à suivre. Elles furent fidèles jusqu'à la mort; elles aimèrent Dieu plus que leurs biens, plus que leur vie.

C'est la foi qui les éclairait, les fortifiait, leur faisait voir la récompense immédiate et assurée, et elles étaient heureuses de souffrir, et de mourir pour Jésus-Christ. Elles éprouvaient la vérité de sa parole. Beati estis... quam persecuti vos fuerint, propter me: gaudete et exsultate, quoniam merces vestra copiosa est in cœlis. (Math. V, 11.) *Vous êtes heureuses lorsqu'on vous persécutera à cause de moi : réjouissez-vous et tressaillez, parce que votre récompense est grande dans les cieux.*

Puissions-nous avoir part à leurs vertus et surtout à leur foi! Et cette foi nous fera vaincre toutes les puissances du monde: et hœc est victoria quœ vincit mundum, fides vestra. (I Joan. v, 4). *Les persécutions passeront, et l'Eglise chantera encore des Te Deum pour le rétablissement du culte, parce que tout aura été restauré:* omnia instaurare in Christo, *dans le Christ qui nous a dit:* confidite ego vici mundum, (Joan. XVI, 33.) *Ayez confiance j'ai vaincu le monde.*

Les persécuteurs auront aussi passé, et seront morts misérablement, comme ceux de 1793. « *Victimes et bourreaux appartiendront à l'histoire: Mais Dieu aura fait la part de chacun. Aux uns la palme du martyre, la gloire dans le ciel, l'exemple sur la terre, et l'admiration des générations ; aux autres la*

honte et le mépris de l'humanité tout entière. »
(Conclusion du témoignage de M. Sorel, président
du tribunal de Compiègne, dans la Cause du Martyre
des Carmélites de cette ville.)

Les 32 Religieuses de Bollène

GUILLOTINÉES A ORANGE

du 6 au 26 Juillet 1794

En 1794, aux jours les plus sanglants de la Terreur, du 19 juin au 4 août, le tribunal révolutionnaire, que le *Comité du Salut Public* de Paris avait établi à Orange, et décoré du nom de *Commission populaire*, prononça et fit exécuter 332 sentences de mort. Parmi ses victimes, il y eut 32 Religieuses. On les a appelées *les Religieuses martyres de Bollène*, parce que, à l'exception de trois : Suzanne de Loye, de Sérignan, Marie Anne de Peyre, de Tulette, et Thérèse Consolin, de Courthézon, toutes les autres étaient nées à Bollène, ou avaient été membres d'une des deux Communautés religieuses de cette ville.

CHAPITRE PREMIER

Les deux monastères de Religieuses à Bollène.

Bollène, dans un site charmant, sur la rive droite du Lez, était au XVIIIme siècle, par sa population de six mille âmes, la ville la plus importante du diocèse de Saint-Paul-Trois-Châteaux. Elle était le chef-lieu d'une Officialité, dont relevaient sept paroisses voisines, qui, comme elle, faisaient partie du Comtat, possession pontificale, et appartiennent maintenant au diocèse d'Avignon. Son ancienne église, avec son chapitre, et les moines de son prieuré, avait été, en 1727, érigée en collégiale avec seize chanoines, parmi lesquels on choisissait les dignitaires : le doyen, le capiscol, le curé, les vicaires.

Soumis à la direction de leurs pasteurs, les habitants de Bollène étaient animés d'un grand esprit de religion, et ils suivaient les bons exemples donnés par les principales familles du pays qui existent encore pour la plupart : les d'Alauzier, Bonot, Dubac, Faucher, Gaillard, Granet de Chabrières, Guilhermier, Justamond, Magnin de Gaste, Mourard, Payan de la Garde, Pélissier, Pellegrin, Pontbriant, Rocher, Romillon, Roquard, Serre, Vernet.

Cet esprit éminemment chrétien ne pouvait manquer de produire ce qui est sa fleur et son meilleur fruit : de nombreuses vocations à la vie religieuse. Avant la révolution, Bollène avait deux monastères, l'un d'*Ursulines*, l'autre de *Sacramentines*.

Ce sont des *Ursulines* de Valréas qui, dans les premières années du XVIIe siècle, vinrent fonder une maison de leur ordre à Bollène. Aux trois vœux de chasteté, de pauvreté et d'obéissance, elles ajoutaient celui de s'appliquer à l'éducation des jeunes filles. Aussi le Conseil de la ville leur fit l'accueil le plus bienveillant, et « vota, le 6 octobre 1609, de donner aux Ursulines *nouvellement arrivées* deux charretées de bois, et deux écus pour le louage d'une maison pour un an, attendu que les religieuses apprennent à lire et à écrire. » [1]

En 1629, Madame la Supérieure Dudenis procura à ses sœurs une demeure fixe : elle acquit de son frère, alors Recteur du Collège d'Annecy à Avignon, l'ancien palais des Audiences, ou grande maison du Collège, qui sert maintenant d'Hôtel-Dieu. En cette même année, les Ursulines de Bollène, qui jusqu'alors avaient vécu en simple congrégation, embrassèrent la Règle et les Constitutions de la Rév. Mère Jeanne de Jésus de Rampalle. Dès lors favorisées par les autorités civiles et par l'Evêque de Saint-Paul-Trois-Châteaux, elles virent accourir à leur couvent de nombreuses élèves, des postulantes et des novices. La Révolution les trouva établies dans les meilleures conditions.

La Congrégation des *sœurs du Saint-Sacrement* fondée à Marseille, en 1659, le jour de la Pentecôte, par le Père Antoine du Saint-Sacrement Le Quieu, religieux dominicain, fut érigée en congrégation séculière, le 20 mars 1660, par Mgr du Puget, Evêque de Marseille.

Par son Bref : *Venerabilis frater*, du 6 novembre 1693, le Pape Innocent XII donna à Mgr de Vintimille, Evêque de Marseille, la commission d'ériger la maison des sœurs

1 Archives de la Mairie de Bollène.

du Saint-Sacrement en monastère, et par son ordonnance du 30 octobre 1694, Mgr l'Evêque de Marseille, exécutant la Commission qu'il avait reçue de N. S. Père le Pape, érigea en monastère régulier la maison des sœurs du Saint-Sacrement à Marseille, et approuva, avec quelques petits changements, les Constitutions que leur avait données le Père Antoine leur fondateur. [1]

Les sœurs du Saint-Sacrement de Marseille vinrent fonder le couvent de Bollène. Nous lisons la relation de cette fondation dans un manuscrit de ce monastère intitulé: *Courtes notes:* « Notre Monastère de l'Adoration perpétuelle du très Saint-Sacrement fut fondé en l'année 1725, par notre Révérende Mère Rose du Saint-Esprit Vallaîlle, Supérieure de notre premier monastère de Marseille, accompagnée de deux autres respectables religieuses du même couvent, savoir: sœur Marie du Verbe Incarné Chalin, et sœur Anne de Saint-Charles de Séguier, toutes trois capables pour former un établissement, possédant toutes les vertus religieuses dans un éminent degré, et animées de l'esprit de leur saint fondateur.

« Elles arrivèrent à Bollène, le 15 novembre 1725. Nous ne nous arrêterons pas à décrire la joie, le contentement et l'empressement, avec lequel elles furent reçues du public, et particulièrement de la respectable famille de Roquard, qui fut toujours à leur égard une providence admirable, dont le Seigneur voulut se servir pour l'œuvre de sa gloire.

« Mgr de Belzunce, pour lors Evêque de Marseille, donna toutes les permissions nécessaires en pareil cas; de son côté Mgr l'Evêque de Saint-Paul-Trois-Châteaux y consentit

---

1 Œuvres du Père Antoine publiées par le Père M. A. Potton, Paris, Poussielgue, 1864.

INTÉRIEUR DU COUVENT DU SAINT SACREMENT DE BOLLÈNE

de grand cœur, et prit la petite communauté sous sa protection d'une manière toute particulière, de même que tous ses successeurs jusqu'à la révolution,....

« L'adoration perpétuelle de ce monastère fut commencée, le 18 novembre, trois jours après l'arrivée de nos vénérables fondatrices de Marseille.

« Neuf ans après... le couvent qu'habitaient nos mères étant devenu trop petit [1] pour le grand nombre de sujets que le Seigneur avait envoyés, M. de Roquard (l'aîné, Seigneur de Vinsobre, (officier de cavalerie) étant devenu prêtre, et ayant refusé tout bénéfice dans l'église,.. ne voulut d'autre charge que celle d'aumônier et de confesseur de nos sœurs jusqu'à sa mort. Monsieur son frère étant mort, et Madame sa mère s'étant retirée dans notre couvent avec ses deux filles, il convertit sa belle maison en monastère. Il ne se borna pas à céder sa maison...; après avoir servi à nos sœurs de père pour le spirituel et pour le temporel, pendant tout le cours de sa vie, il poussa sa libéralité jusqu'à les laisser héritières de tous ses biens, à sa mort...

« La Communauté a subsisté l'espace de 67 ans, jusqu'à sa suppression, à l'époque de la grande révolution. Mais quelle était la ferveur, la régularité, le zèle dont les religieuses, qui y ont vécu pendant ce laps de temps, étaient animées? Nous n'entreprendrons pas de le décrire, n'en étant pas capables. Nos anciennes Mères qui en avaient vu une partie, et qui avaient elles-mêmes puisé à cette source, nous le racontaient avec tant de véhémence et d'ardeur qu'il nous semblait être à cette généreuse époque.

1 C'était la maison de M. Alfred Violet, anciennement maison Paume.

« A mesure que les moments critiques approchaient, on voyait la ferveur augmenter, surtout dans celles de nos sœurs destinées par la divine Providence à terminer leur vie par un glorieux martyre. L'esprit de pénitence, de recueillement, de pauvreté, d'obéissance, d'oraison, qui animait toutes nos Révérendes Mères, faisait l'édification du public; la bonne odeur de leurs vertus s'étendait au loin, et elles-mêmes jouissaient de la paix et de l'union la plus parfaite, cimentée par les doux liens de la charité de notre divin Sauveur.

« A cette époque la communauté des sœurs du Saint-Sacrement de Bollène se composait de 22 sœurs de chœur, 5 converses, 2 novices de chœur, et 2 tourières; elle avait à sa tête la Rév. Mère du Cœur de Marie, de la Fare, personne d'une vertu rare et douée de tous les talents propres à une supérieure parfaite. (Elle était la sœur de Mgr de la Fare, alors évêque de Nancy, qui fut ensuite cardinal.)

« Voici les noms des autres sœurs :

Sœur Aimée de Jésus DE GORDON, assistante.
Sœur du Cœur de Jésus, DÉLIÈRE.
Sœur de Saint-Augustin, BONNET.
Sœur du Verbe Incarné, GUILLE, maîtresse des novices.
Sœur de Sainte-Théotiste, PÉLISSIER, économe.
Sœur du Saint-Esprit, DE ROQUARD.
Sœur de Saint-Alexis, MINUTTE.
Sœur de Saint-Martin, BLANC.
Sœur de Sainte-Rosalie, FARJON.
Sœur de Saint-Xavier, TALIEU.
Sœur de Gonzague DE GOIRAND DE LA BEAUME.
Sœur de Sainte-Pélagie, BÈS.

Sœur de Sainte-Antoine de Jésus, D'AUDIFFRET.
Sœur de la Croix, THUNE.
Sœur Victime de Jésus, SAUZÈDE.
Sœur de Saint-Mathieu, DE GAILLARD.
Sœur Marie de Jésus, CHARRANSOL.
Sœur Thérèse de Jésus, DESPLANES.
Sœur de la Nativité, JEAN.
Sœur de l'Annonciation, FAURIE.
Sœur de la Mère de Dieu, VERCHIERE.
Sœur de Saint-Joachim, BÉGUIN,
Sœur Françoise, AROD,
Sœur de Saint-François, TALIEU, } converses.
Sœur du Bon Ange, CLUSE,
Sœur Magdeleine CLUSE,
Sœur Marguerite, MOURARD, } novices
Sœur Thérèse-Rosalie, DELOYE, } non professes.
Sœur Catherine, BÉGUIN, } tourières.
Sœur Jeanne, VINCENT,

Le 4 octobre 1792, le maire de Bollène, Joseph Marchand, vint, dix jours avant de faire sortir les Ursulines de leur couvent, leur demander leurs noms, et en dressa la liste qui se trouve aux archives départementales à Avignon.

Il y a, sur cette liste, 17 sœurs de chœur :

Marie Anastasie ROQUARD, sœur Saint-Gervais, 43 ans.
Marie-Louise-Félicie LISLEROY, sœur Sainte-Cécile, 31 ans.
Catherine SIMANE, sœur Saint-Joseph, 74 ans.
Marie-Claire DUBAC, sœur Sainte-Rosalie, 65 ans.
Marie-Madeleine GUILHERMIER, sœur Sainte-Mélanie, 59 ans.

Marie-Gabrielle SERRE, sœur de Saint-Jean, 44 ans.
Agnès-Sylvie ROMILLON, sœur Saint-Louis, 42 ans.
Marie-Anne-Marguerite ROCHER, sœur des Anges, 36 ans.
Marie-Gertrude RIPERT D'ALAUZIER, sœur Sainte-Sophie, 35 ans.
Anne la CHADENETTE, sœur Saint-Félix, 36 ans.
Marie-Anne MALCHION, sœur Sainte-Félicité, 28 ans.
Marie-Anne-Madeleine VINCENT, sœur Cœur de Jésus, 30 ans.
Anne-Marguerite-Françoise MARET, sœur Sainte-Angèle, 30 ans.
Catherine REYNOND sœur Madelaine, 27 ans.
Marie-Thérèse AYMARD, sœur Saint-Bernard, 26 ans.

6 Sœurs converses

Rose BRUGUIER, sœur Sainte-Anne, 80 ans.
Marie LAYE, sœur Saint-André, 63 ans.
Marie-Anne DOUX, sœur Saint-Michel, 53 ans.
Marie-Anne LAMBERT, sœur de Saint-François, 50 ans.
Marie-Anne BASTET, sœur Saint-Régis, 41 ans.
Marie BÉGUIN, sœur Sainte-Marthe, 29 ans.

CHAPITRE SECOND

La Révolution en France. Persécution religieuse exercée par l'Assemblée Constituante 1789-1791 et par l'Assemblée Législative 1791-1792.

La Révolution Française de 1789 ne tarda pas d'attaquer la religion catholique, et de prendre les moyens les plus efficaces pour la détruire. Elle commença par les Ordres religieux, selon les plans de la franc-maçonnerie.

L'Assemblée Constituante, par son décret du 26 octobre 1789, défendit d'abord l'émission des vœux de religion.

Le 2 novembre suivant, elle confisqua les biens ecclésiastiques et les mit à la disposition de la nation.

Le 18 du même mois, elle enjoignit aux Supérieurs des maisons et établissements ecclésiastiques, de faire la déclaration de tous les biens mobiliers et immobiliers dépendant de leurs établissements, ainsi que des revenus et des charges.

Le 13 février 1790, elle décréta: « Art. 1er. La loi ne reconnaîtra plus de vœux monastiques solennels de l'un et l'autre sexe; les ordres et les congrégations réguliers dans lesquels on fait de pareils vœux sont et demeurent supprimés, en France, sans qu'il puisse en être établi de semblables à l'avenir.

« Art. 2. Les Religieux et les Religieuses pourront sortir de leurs monastères, en faisant leur déclaration devant la municipalité du lieu, et il sera pourvu à leur sort par une pension convenable.

« Art. 3. Les Religieuses pourront rester dans les maisons où elles sont aujourd'hui. »

S'arrogeant le droit de réorganiser l'Eglise, comme elle prétendait le faire pour l'Etat, elle vota, le 12 juillet 1790, une loi appelée *Constitution civile du Clergé*, qui violait tous les droits de l'Eglise et du Pape. Ce fut le point de départ d'une persécution, qui alla jusqu'aux derniers excès de la violence et de la cruauté.

D'après cette Constitution, le *Corps électoral*, formé pour la nomination des membres de l'assemblée du département, nommait les Evêques et les curés, qui devaient prêter le serment *de veiller avec soin sur les fidèles qui leur étaient confiés, d'être fidèles à la Nation, à la Loi, et au Roi, et de maintenir de tout leur pouvoir la Constitution décrétée par l'Assemblée nationale et acceptée par le Roi.*

Dans toute la France, les Evêques protestèrent contre cette *Constitution civile du clergé*; ils en signalèrent les caractères impies, schismatiques et hérétiques, et, par leurs écrits et leurs mandements, ils préparèrent le clergé et les fidèles à la résistance.

Par ses Brefs *Quod aliquantulum*, du 10 mars 1791, et *Charitas quæ*, du 13 avril suivant, le Pape Pie VI déclara que « *la Constitution civile du clergé est fondée sur des principes hérétiques, qu'elle est hérétique sur plusieurs points, que, sur d'autres, elle est sacrilège et schismatique, et que le serment prêté à cette Constitution est un parjure, un sacrilège indigne non seulement des ecclésiastiques, mais aussi de tout catholique.* » De plus, le Pape infligeait des peines canoniques à ceux qui avaient prêté ou prêteraient ce serment.

Par ses décrets du 27 novembre et 26 décembre 1790, l'Assemblée Constituante prescrivit la prestation de ce serment aux Evêques, aux curés... et statua que : *ceux qui ne l'auraient pas prêté dans les délais déterminés, seront réputés avoir renoncé à leur office, et il sera pourvu à leur remplacement, comme en cas de vacance par démission, à la forme du titre II de la Constitution civile du clergé.*

Le 4 janvier 1791, on commença de demander la prestation du serment aux ecclésiastiques qui étaient membres de l'Assemblée Constituante, et bientôt on l'exigea de tous les fonctionnaires ecclésiastiques. Dans toute la France, sur 135 Evêques, 134 s'y refusèrent, la très grande majorité du clergé français suivit l'exemple de ses Evêques, et plusieurs de ceux qui avaient prêté le serment se rétractèrent, lorsqu'ils connurent la condamnation et les peines prononcées par le Pape ; ils préférèrent renoncer aux évêchés et aux cures, dont ils étaient les légitimes titulaires, et se vouer à la pauvreté, à l'exil, à la mort, plutôt que de faire un serment que leur conscience réprouvait.

Ces refus si nombreux, ainsi que les Brefs Pontificaux qui démasquaient les batteries des ennemis de l'Eglise, excitèrent leur fureur, ils eurent recours à la violence et aux mensonges, ils firent circuler de fausses lettres du Pape approuvant la Constitution civile du clergé. A Paris, Pie VI fut brûlé en effigie avec son Bref à la main.

Le 6 mai 1791 et le 9 juin suivant, l'assemblée nationale décréta que : « *Aucuns brefs, bulles, rescrits et autres expéditions de la cour de Rome ne pourront être reconnus pour tels, ni mis à exécution, s'ils n'ont été vus et vérifiés et autorisés par le Corps législatif... Ceux qui les liront les publieront et mettront à exécution, avant qu'ils aient été autorisés par un décret du Corps législatif, seront poursuivis criminellement comme perturbateurs de l'ordre public et punis.* »

L'Assemblée législative qui remplaça l'Assemblée Constituante, le 30 septembre 1791, fit des lois encore plus hostiles à la religion. Le 21 novembre 1791, elle porta contre les prêtres insermentés un décret d'après lequel : « *Tous ceux qui, dans le délai de huit jours, n'auraient pas prêté le serment civique ou l'auraient rétracté, étaient réputés suspects de révolte contre la loi et de mauvaise intention contre la patrie, et soumis et recommandés à la surveillance de toutes les autorités constituées.* Dans chaque département on devait dresser la liste des prêtres *sermentés* et de ceux qui étaient *insermentés.* »

Afin d'atteindre plus vite le but qu'elle poursuivait, la destruction de la Religion catholique, l'Assemblée législative prit un moyen efficace, pour se débarrasser des prêtres fidèles qui refusaient de prêter le serment prescrit par la Constitution civile du clergé. Elle vota, le 27 mai 1792, une loi d'après laquelle : « Art. 3. *Lorsque vingt citoyens actifs du même canton se réuniront, pour demander la déportation d'un ecclésiastique non sermenté, le Directoire du département sera tenu de prononcer la déportation, si l'avis du Directoire du district est conforme à la pétition.* »

Ces lois néfastes étaient mises en exécution dans toute la France. Des intrus, des indignes occupaient les évêchés et les cures ; ils n'avaient qu'un petit nombre de fidèles adhérents, et quels adhérents ! Mais ils jouissaient de toutes les faveurs du gouvernement. Les Evêques et les curés légitimes étaient forcés de s'exiler, ou de se cacher et de s'exposer à mille dangers pour remplir leur saint ministère. Les fidèles en grande majorité refusaient d'assister aux offices des prêtres constitutionnels, et de s'adresser à eux pour recevoir les sacrements, et souvent ils en restaient privés, parce qu'ils n'avaient plus les pasteurs légitimes, qui seuls avaient le pouvoir de les leur administrer. L'Église de France était troublée, désorganisée, persécutée.

Cependant dans une grande partie du Comtat, on n'avait pas encore souffert de cette guerre faite à la Religion. C'est que le Comtat, dont Bollène faisait partie, était encore soumis au Pape, ou n'était pas encore annexé à la France et assujeti à ses lois révolutionnaires.

Avignon était aussi, depuis 516 ans, une possession pontificale, dont l'administration confiée à un *Vice-Légat* était distincte de celle du Comtat, qui était gouverné par un représentant du Pape appelé *Recteur*.

La révolution éclata d'abord à Avignon. Les factieux, adversaires de la domination pontificale, firent venir des pays voisins et même de Paris des bandes révolutionnaires; et après avoir terrorisé la ville par toutes sortes d'excès, de meurtres et d'actes de brigandage, après avoir fait fuir un grand nombre d'honnêtes gens, ils firent voter, le 12 juin 1790, par la municipalité, que « désormais Avignon, affranchi de la domination papale, formerait un Etat indépendant et se réunirait à la France. » Sans attendre que cette réunion fût acceptée par l'Assemblée Constituante, ils mirent aussitôt en exécution les lois françaises les plus hostiles à la religion. Le 30 novembre 1790, le conseil général de la commune d'Avignon arrêta « que la municipalité, au nom de la nation avignonaise, s'emparerait de toute l'argenterie et autres effets d'église, dans les paroisses et toutes les Communautés religieuses. » On s'empressa de piller toutes les églises des paroisses et des confréries.

Les couvents d'hommes et de femmes furent saccagés et leurs biens séquestrés. Les hospices mêmes ne furent point épargnés, et se virent réduits au plus complet dénuement.

Au mois de janvier 1791, sitôt qu'à Paris l'Assemblée Constituante eut exigé la prestation du serment prescrit par la Constitution civile du clergé, à Avignon, la municipalité demanda aux prêtres de la ville de prêter ce serment, et ordonna à l'Archevêque Mgr de Giovio et aux prêtres qui étaient absents, de revenir dans un bref délai, pour remplir le même devoir. Tous ceux qui refusèrent, de venir prêter ce serment, y compris l'Archevêque, furent déclarés déchus de leurs fonctions, et leurs bénéfices furent regardés comme vacants. Le 26 février 1791, on remplaça l'archevêque, en recourant à la violence et à la fraude pour faire nommer un vicaire capitulaire, et tous les curés de la ville furent remplacés par des intrus assermentés.

Le 13 juin 1790, le lendemain du jour, où Avignon avait proclamé son indépendance et s'était soustraite à l'obéissance du Pape, le Vice-légat Casoni s'était retiré à Carpentras, auprès de Pierarchi, Recteur du Comtat, où l'on proclamait encore bien haut la résolution de rester fidèle au Pape. Mais une partie des Comtadins, tout en voulant rester soumise à son Souverain, était aussi avide des libertés et des réformes que promettait la Révolution française. Les Représentants du Comtat réunis à Carpentras avaient formulé plusieurs demandes, et le Recteur Pierarchi leur avait fait quelques concessions, sous réserve de l'approbation du Pape, qui ne l'accorda pas. Alors, le 20 décembre 1790, l'assemblée des Représentants comtadins nomma trois *Conservateurs* pour gouverner le Comtat, et déclara qu'elle ne reconnaissait plus aucun pouvoir au Vice-Légat et au Recteur. Ceux-ci, Casoni et Pierarchi, quittèrent Carpentras, et se retirèrent à Aubignan puis à Bouchet, à Montélimar et à Chambéry, lorsqu'ils apprirent que les Représentants du Comtat réunis dans l'église de Saint-Siffrein, à Carpentras, le 14 janvier 1791, avaient voté et demandé à l'Assemblée Constituante d'être réunis à la France, mais séparés d'Avignon.

Il fallut attendre cette réunion plus de huit mois, et pendant ce temps, Avignon et le Comtat n'obéissant plus au Pape, se gouvernaient à leur gré. C'était une espèce d'anarchie, où les plus violents finissaient pas avoir le dessus. A Bollène et dans plusieurs petites villes du Comtat, on regrettait le gouvernement doux et paternel du Pape, et on avait horreur des brigandages qui se commettaient à Avignon, et dans les environs. D'autre part les Avignonais trouvaient que Carpentras était bien en retard dans le mouvement révolutionnaire. Deux fois, en janvier et en avril 1791, les brigands qui tyrannisaient Avignon, et avaient pour chef Jourdan Coupe-Tête, vinrent assiéger Carpentras, et deux fois ils furent obligés de se retirer.

Au mois de juin 1791, l'Assemblée Constituante envoya comme médiateurs, trois de ses membres parmi lesquels était l'abbé Mulot. Ils paradèrent, ils pérorèrent, mais leur médiation n'eut pas grand résultat, et n'empêcha pas l'horrible massacre de la Glacière, où, dans la nuit du 16 au 17 octobre 1791, Jourdan Coupe-Tête fit massacrer 61 victimes innocentes, emprisonnées dans le palais des Papes.

Un mois auparavant, le 14 septembre 1791, l'Assemblée Constituante avait décrété la réunion d'Avignon et du Comtat à la France; mais il s'écoula presque une année avant l'organisation définitive du gouvernement français

dans ces deux pays qui ne s'aimaient pas. *Non coûtebantur.*
L'antipathie était si grande entre les Avignonais et les
Carpentrassiens, qu'on ne put les réunir dans un même
département. Le 20 avril 1792, on en fit deux districts
séparés; on annexa celui d'Avignon au département des
Bouches-du-Rhône, et celui de Carpentras au département
de la Drôme. [1] Chacun de ces deux départements nomma,
révoqua et nomma encore deux administrateurs, qui se
réunirent à Avignon pour établir l'administration française
et appliquer toutes ses lois révolutionnaires, dans les districts
d'Avignon et de Carpentras. Ce qui leur parut le plus
urgent, ce fut de prescrire, le 20 juillet 1792, à tous les
curés et vicaires la prestation du serment de *fidélité à la
Nation, à la loi, au Roi, et de maintenir la Constitution
décrétée par l'Assemblée Nationale et acceptée par le Roi*,
afin de déclarer déchus de leurs fonctions tous ceux qui
refuseraient de prêter ce serment, et de les remplacer par
des prêtres jureurs, nommés par l'assemblée électorale du
peuple.

Depuis dix-huit mois, on avait exigé ce serment en
France et établi une Eglise constitutionnelle et schismatique. A Avignon, bien avant d'être réuni à la France, on
avait exigé le serment en même temps qu'à Paris. Sur 114
prêtres, 16 prêtèrent le serment. Dans les 24 paroisses du
diocèse de Carpentras, quand le serment fut exigé, le 24
juillet 1792, il n'y eut que deux curés et deux vicaires qui
prêtèrent le serment schismatique. On se hâta de les récompenser en les nommant curés intrus.

1 Ce fut seulement, le 25 juin 1793, que la Convention forma le
département de Vaucluse, en le composant du district d'Avignon, du
Comtat Venaissin, de la principauté d'Orange et du district d'Apt:
Avignon en fut le chef-lieu.

A Bollène, il y avait à la paroisse un curé et deux vicaires, huit chanoines à la Collégiale, et deux curés l'un à la paroisse de Saint-Pierre, et l'autre à celle de Bauzon ; aucun d'eux ne prêta le serment illicite.

Il fallut bientôt changer la formule de ce serment. Quelques jours après, à la journée du 10 août, Louis XVI fut obligé par l'émeute triomphante qui avait envahi les Tuileries, de se réfugier dans la salle des séances de l'Assemblée législative. Là, après trois jours de délibération, on vota la suspension des pouvoirs du Roi, et on l'emprisonna dans la Tour du Temple.

On ne pouvait donc plus jurer fidélité au Roi. Aussi dès le lendemain, 14 août, l'assemblée décréta que : « Tout Français recevant traitement ou pension de l'Etat sera censé y avoir renoncé, s'il ne *jure d'être fidèle à la Nation, et de maintenir la liberté et l'égalité, ou de mourir en la défendant.* » Ce serment de *Liberté-Egalité* était prescrit seulement à ceux qui recevaient des pensions et des traitements, mais bientôt on en étendra singulièrement l'application, on l'exigera surtout des prêtres, des religieux et des religieuses. Le refuser sera une *confession de foi*, et exposera à la mort.

L'Assemblée législative employa bien le peu de temps qui lui restait, avant d'être remplacée, le 21 septembre, par la Convention.

Le 17 août, elle décrétait que « *Au 1er octobre prochain, toutes les maisons encore occupées par des religieuses ou des religieux seront, évacuées et mises en vente.* »

Le 18 août, nouveau décret « *abolissant, prohibant les costumes ecclésiastiques et religieux de l'un et l'autre sexe,* avec des pénalités contre les délinquants. »

Le 26 août, elle décréta que « *tous les ecclésiastiques qui sont assujétis au serment, et qui ne l'auront pas prété, ou l'auront rétracté, sont tenus de sortir, sous huit jours, de leur département, et, dans une quinzaine, hors du royaume ; que passé ce délai, ceux qui n'auront pas obéi seront déportés à la Guyane ; et que les ecclésiastiques non assujetis au serment seront soumis aux mêmes dispositions, s'ils occasionnent du trouble, ou si leur éloignement est demandé par six citoyens du département.* Ainsi tous les prêtres étaient atteints, ou pouvaient l'être facilement, par ce décret d'exil ou de déportation.

A Avignon et dans tout le Comtat, ils furent bien peu nombreux ceux qui, après avoir refusé de prêter le serment évidemment illicite et réprouvé par le Pape, crurent, comme M. Émery et d'autres ecclésiastiques, pouvoir prêter ce second serment de *Liberté-Egalité*, qu'on appelait le *petit serment*. Les prêtres en très grande majorité s'y refusèrent, et pour ne pas être déportés à la Guyane, ils se cachèrent ou prirent le chemin de l'émigration. Ils se rendirent pour la plupart dans les Etats Pontificaux et à Rome, où Pie VI, leur Souverain légitime, les accueillit, vint à leur secours et se montra pour eux le plus tendre des pères.

On trouve aux archives du Vatican un manuscrit intitulé : *De caritate S. Sedis, Emigrati francesi.* C'est la liste des prêtres français émigrés, en 1792, qui furent secourus par le Pape. Il y a les noms, prénoms, l'âge, les fonctions de 258 prêtres des sept diocèses d'alors qui forment maintenant le diocèse d'Avignon. A savoir :

    du diocèse d'Avignon 105
       »   d'Apt 32
       »   de Carpentras 47

Il y eut un bon nombre de prêtres qui émigrèrent dans la haute Italie et surtout en Suisse. Quelques-uns se rendirent en Espagne, et il y eut un certain nombre de prêtres fidèles qui restèrent dans leurs paroisses, où en se cachant et en s'exposant à bien des dangers, ils continuèrent de remplir leur ministère.

Le clergé de Bollène qui n'avait pas prêté le premier serment, refusa aussi de prêter le second. Sur la liste des émigrés dans les États Pontificaux, il y a les noms de quatorze prêtres de Bollène.

CHAPITRE TROISIÈME

Débuts de la persécution endurée
par les Religieuses de Bollène.

Depuis plus de deux ans on appliquait en France les lois révolutionnaires aux Religieuses. Cependant celles de Bollène n'avaient encore subi aucune tracasserie. Quoique le décret du 26 octobre 1789 eût défendu d'admettre des novices à la profession religieuse, au couvent du Saint-Sacrement de Bollène, deux jeunes sœurs avaient fait profession : Henriette Faurie, le 17 novembre 1789, et Elizabeth Verchière, le 21 février 1790. Sans se laisser effrayer par les menaces de la Révolution, elles n'hésitèrent pas à faire les trois vœux de religion, et à se consacrer ainsi généreusement à Dieu, qui devait bientôt leur demander un plus grand sacrifice, celui de leur vie. Elles seront prêtes à le faire.

Tout était bouleversé dans les monastères de France, et rien ne venait encore troubler ceux de Bollène. « Déjà, lisons-nous, dans la *Relation* du couvent du Saint-Sacrement, déjà presque toutes les Religieuses de France étaient hors de leurs cloîtres ; il ne restait guère que celles de Bollène. » Elles eurent le bonheur de prolonger leur vie religieuse dans leurs deux monastères, tant qu'elles restèrent sujettes du Pape, et elles ne subirent les premières attaques des ennemis de la religion, qu'au printemps de

1792, lorsque, après la réunion du Comtat à la France, on commença d'y mettre à exécution les décrets de la Révolution. Elles compatissaient aux souffrances endurées par leurs sœurs de France. Elles entendaient gronder et elles voyaient s'approcher les flots de la grande tribulation qui devaient bientôt les assaillir, et elles se préparaient à soutenir cet assaut.

Lorsque l'Assemblée Constituante se mit à délibérer sur la suppression des vœux et des Ordres religieux, la Rév. Mère de la Fare, Supérieure des Sacramentines de Bollène, « commença par se mettre avec sa communauté sous la protection de la sainte Vierge, et s'appliqua à la mériter par un redoublement de ferveur et de régularité. L'imminence du danger ne rendit que plus étroite l'union de la mère avec ses filles. Elles s'exhortaient mutuellement au respect, à l'amour, à la pratique de leurs vœux ; elles se promirent de mourir plutôt que de trahir leur foi et leurs serments. La Révérende Mère rédigea à l'adresse de l'Assemblée Constituante une supplique dans laquelle, après avoir demandé la conservation de son ordre, et la permanence dans son couvent, elle terminait par ces mots : *la mort plutôt que l'apostasie.* »[1]

Cette supplique fut signée par toutes les religieuses et transmise à l'Assemblée Constituante, par l'intermédiaire d'un de ses membres, frère de la Supérieure des Sacramentines de Bollène, Mgr de la Fare, évêque de Nancy, un des plus éloquents défenseurs de la Religion.

Tant que le Comtat ne fut pas réuni à la France, on laissa les Religieuses de Bollène vivre tranquilles dans leurs couvents ; mais après que cette réunion eut été votée, lorsque

1 Vie de la Mère de la Fare, par M. le chanoine Bouyac, p. 126.

au mois d'avril 1792, des commissaires furent envoyés,
pour établir dans les districts d'Avignon et de Carpentras,
l'administration du gouvernement français ; dans chaque
commune, le maire et les officiers municipaux furent
chargés de mettre à exécution les lois de la révolution
concernant les religieuses.

La municipalité de Bollène était alors composée de
citoyens honnêtes et chrétiens, qui se montrèrent polis et
convenables. Dans le courant du mois de juin 1792, ils se
présentèrent aux deux couvents de leur ville, pour lire aux
Religieuses le décret de suppression des vœux et des Ordres
religieux, pour signifier à chaque sœur qu'elle était libre
de sortir de son couvent, pour recevoir la réponse de
chacune à ce sujet, et procéder à de nouvelles élections.

Au couvent du Saint-Sacrement, ils furent « reçus par
la Révérende Mère de la Fare qui leur en imposait par sa
naissance, ses vertus et les qualités de son esprit. Ils eurent
des égards pour les sœurs ; ils leur permirent de s'asseoir
pendant la lecture du décret, puis chacune à son tour ayant
donné son nom, ses prénoms, son âge, dut comparaître
devant eux et déclarer son intention, au sujet de la faculté
qu'on lui offrait de rentrer dans le siècle. La réponse était
facile à prévoir. Elle fut un hommage à la religion et un
sujet d'édification pour les auditeurs. Toutes protestèrent
avec énergie, qu'elles préféraient mille morts à la liberté
coupable qu'on leur proposait.

« Restait à faire l'élection de la Supérieure. Tous les
billets du scrutin, le sien excepté, portaient le nom de la
Mère de la Fare. Ennuyés de cette opération, les municipaux n'eurent pas la patience d'aller jusqu'au bout, et
proclamèrent, avec un dépit apparent, Madeleine de la Fare
Supérieure. L'Assistante, sœur Aimée de Gordon, qui

comptait quarante ans de profession, et allait bientôt couronner sa vie par le martyre, fut élue avec la même unanimité. » [1]

A partir de ce jour, les Religieuses de Bollène furent en butte à toutes sortes de tracasseries et d'inquisitions. « Il leur fallut faire une déclaration de tous les biens meubles et immeubles, dont une copie fut affichée à la porte de l'église paroissiale, et une autre fut envoyée à l'Assemblée législative. Les vexations allèrent tous les jours se multipliant. C'étaient de fréquents interrogatoires sur l'état de la communauté; c'était l'inventaire des archives, c'était le local qu'on venait inspecter et mesurer, comme pour en disposer, tandis qu'au dehors des voix avinées hurlaient, sous les murs du couvent, des refrains soi-disant patriotiques, en proférant des menaces. » [2]

On ne tarda pas de confisquer leurs biens. « Depuis quelques temps on les avait expropriées de leurs domaines, [3] et tous les jours elles s'attendaient à recevoir l'ordre fatal de quitter leur saint asile. » [4] La loi du 13 février 1790 autorisait les Religieuses à rester dans leurs couvents. Mais l'Assemblée Légistative, peu de jours avant de céder la place à la Convention, avait décrété, le 17 août, que: « Pour le 1er octobre prochain, toutes les maisons occupées par des religieuses seront évacuées par elles, et seront mises en vente à la diligence des corps administratifs. » Le lendemain, 18 août, elle abolissait et prohibait les costumes ecclésiastiques et religieux pour l'un et l'autre sexe.

1 Vie de la Mère de la Fare, par M. le chanoine Bouyac, p. 126.
2 Id., p. 126.
3 Parmi les biens figurait le beau domaine de la Planchette qu'elles tenaient de M. Roquard leur bienfaiteur.
4 Relation du couvent de Bollène.

Ces décrets ne devaient pas tarder à être mis à exécution. « Déjà, dit la sœur annaliste du Saint-Sacrement, presque toutes les communautés de France étaient hors de leurs cloîtres, il ne restait guère que celles de Bollène. »[1] Plusieurs religieuses natives de cette ville expulsées de leurs couvents à Avignon, à Pernes, étaient revenues à leur pays natal; plusieurs Ursulines du Pont-Saint-Esprit étaient venues se joindre à leurs sœurs de Bollène, qui voyaient approcher le jour, où l'on viendrait aussi les forcer à quitter leur habit religieux et à sortir de leur monastère. Mais ce qui les affligeait le plus c'était de se voir bientôt privées des secours religieux.

Au mois d'août 1792, toutes les curés et vicaires qui, à la fin du mois de juillet précédent, avaient refusé de prêter le serment schismatique prescrit par la Constitution civile du clergé, furent déclarés déchus de leurs fonctions, et des prêtres jureurs, vrais intrus, furent nommés à leur place par les assemblées électorales du peuple. A Bollène, le curé et les vicaires de la paroisse, ainsi que les huit chanoines de la collégiale, ayant tous refusé de prêter le serment, avaient été remplacés par des intrus.

Le 14 août, la nouvelle formule du serment de *Liberté-Egalité* fut prescrite, et douze jours après, le 26 août, l'Assemblée Législative décréta que « les prêtres qui n'auraient pas prêté le nouveau serment, et qui dans le délai de quinze jours ne seraient pas sortis de France, seraient déportés à la Guyane. »

Sans retard, à Paris, on mettait ces lois à exécution, on remplissait les prisons de prêtres insermentés, et, le 2 septembre, on en massacrait deux cent dix-neuf avec trois évêques.

1 Courtes notes.

A Bollène, tous les prêtres qui avaient refusé le premier serment refusèrent aussi le second. Pour éviter d'être saisis et déportés à la Guyane, ils s'expatrièrent et bientôt quatorze d'entre eux étaient sur la liste des prêtres émigrés à Rome où dans les Etats pontificaux.

Cependant à Bollène, un prêtre avait prêté le serment de *Liberté-Egalité;* c'était l'aumônier du couvent du Saint-Sacrement, l'abbé Tavernier de Courtines. Il était né à Antibes, le 16 février 1749. Il vint faire ses études à Marseille, où il entra dans la Congrégation des Pères du Sacré-Cœur, et se dévoua à l'éducation des jeunes clercs. En 1765, sur la demande de Mgr de la Merlière, il vint à Apt remplir les fonctions de Supérieur du grand séminaire. Ayant été rappelé à Marseille, il fut chargé de la direction de plusieurs communautés religieuses.

La fondation d'une nouvelle communauté l'amena à Bollène, en 1786; mais il renonça à son projet à cause des craintes que la Révolution française commençait à susciter, et il remplit les fonctions d'aumônier au couvent du Saint-Sacrement. Mgr de Reboul de Lambert, Evêque de Saint-Paul-Trois-Châteaux, étant mort, le 17 mars 1791, après 47 ans d'épiscopat, il fut nommé administrateur de ce diocèse, d'abord provisoirement par Mgr Dulau, archevêque d'Arles, et ensuite par un Bref du Pape Pie VI, en date du 28 mai 1793.

Lorsque le décret du 26 août 1792 prescrivit à tous les prêtres de prêter le serment de *Liberté-Egalité*, sous peine d'être déportés à la Guyane, s'ils ne préféraient sortir de France, dans un délai de quinze jours; M. Tavernier, afin de pouvoir rester à son poste pour continuer d'administrer le diocèse de Saint-Paul, et de donner les soins de son ministère aux Religieuses de Bollène, se décida à prêter le serment alors prescrit. En sa qualité de théologien, comme M. Emery, Supérieur du Séminaire de Saint-Sulpice, comme les administrateurs du diocèse de Paris, il jugea que ce serment ne contenait intrinsèquement aucun engagement contraire à la religion, et qu'on pouvait le prêter en conscience, surtout lorsque le refus devait entraîner la suppression du culte et du saint ministère. Il le prêta, mais bientôt, lorsqu'il vit que les prêtres de Bollène, de Saint-Paul et des pays voisins refusaient de le prêter, et préféraient s'expatrier, il se hâta de se rétracter, ce qui excita contre lui la fureur des révolutionnaires.

La *Relation* des Sacramentines de Bollène a conservé le souvenir du serment prêté par leur aumônier. « M. Tavernier, dit la sœur annaliste, n'avait pas cru compromettre sa foi, ni charger sa conscience, lorsqu'il consentit à prêter le serment exigé par la loi révolutionnaire. Mais le Seigneur qui n'avait permis cette faute que pour l'humilier, ne permit pas que son fidèle ministre vécût longtemps dans l'erreur. Bientôt il fit briller un rayon de lumière au fond de son âme, qui lui fit comprendre que ce serment tendait au schisme, et de suite, il se hâta de se rétracter. »

Les bonnes sœurs Sacramentines avaient été un peu scandalisées. Leur critique est respectueuse et réservée, cependant elles disent que leur aumônier a fait une *faute* en prêtant serment, et qu'il était dans *l'erreur*. Elles furent heureuses de sa rétractation, et elles lui conservèrent toute leur confiance. Elles disent de lui dans leur *Relation :* « Ce vertueux ecclésiastique était depuis quelques années aumônier de notre communauté, quand la Révolution éclata. Son zèle, sa foi, sa piété, en firent un objet de haine et de persécution pour les brigands révolutionnaires, qui le cherchaient pour l'immoler à leur fureur.

Un jour comme il venait de célébrer la messe dans l'église du monastère, pendant que ce vertueux prêtre faisait son action de grâces, ces hommes de sang et de carnage se présentèrent à la porte de sa maison pour le prendre. Mais le Seigneur qui voulait le conserver pour le service de son Eglise, permit qu'il échappât à leurs recherches. Comme il était en ce moment dans la sacristie, on trouva le moyen de le faire entrer dans le monastère par la petite fenêtre de la communion ; il y demeura caché quelques jours en attendant qu'on pût lui trouver un asile plus sûr. »

Ce fait dut se passer peu de temps après la rétractation de M. Tavernier, au mois de septembre 1792; car les Religieuses étaient encore dans leur couvent, d'où elles furent expulsées, le 13 octobre suivant. C'est la Convention qui faisait alors exécuter les lois que venait de voter l'Assemblée Législative, et qui pour satisfaire sa haine de la Religion, allait en faire de bien plus violentes.

CHAPITRE QUATRIÈME

Persécution exercée par la Convention du 21 septembre 1793 au 26 octobre 1795.

Le 21 septembre 1792, la Convention succéda à l'Assemblée Législative. Le jour même de son installation, elle proclama la République, et ne tarda guère à faire le procès du roi Louis XVI, qu'elle condamna à mort et fit guillotiner, le 21 janvier 1793. Elle prescrivit l'application rigoureuse des lois de persécution édictées par les deux assemblées qui l'avaient précédée. Ces lois ne suffisant pas à sa fureur, elle en fit de plus terribles contre les prêtres, contre les religieuses, contre les catholiques qui restaient fidèles à leurs devoirs. Elle montrait bien que son but était la destruction totale de la religion catholique, qu'elle affectait de ne désigner que sous le nom de *fanatisme*.

Le 15 février 1793, elle décrétait qu'une somme de cent francs serait accordée, à quiconque fera arrêter un prêtre du nombre de ceux qui doivent être déportés.

Les 18-22 mars, elle décrète « que tout citoyen est tenu de dénoncer, arrêter ou faire arrêter les prêtres, dans le cas de déportation, lesquels seront emprisonnés, jugés et punis de mort. »

Le 23-24 avril, nouveau décret qui soumet à la prestation du serment de *Liberté-Egalité* tous les prêtres, et qui édicte la peine de la déportation contre ceux qui refuseront de le prêter.

Le 13 septembre, décret relatif aux *suspects*. « Art. 2. Sont réputés *suspects* ceux qui par leur conduite, leurs relations, leurs propos ou leurs écrits se sont montrés partisans de la tyrannie ou du fédéralisme, et ennemis de la liberté.

« Art. 3. Les Comités de surveillance établis d'après le décret du 21 mars dernier, dresseront chacun dans son arrondissement la liste des *suspects*, et décerneront contre eux des mandats d'arrêt. »

Par ce décret la Convention étendait la persécution jusqu'aux catholiques des conditions les plus modestes; elle créait partout de nouvelles prisons, que les Comités de surveillance étaient chargés de remplir. Les *suspects* qui y étaient emprisonnés n'en sortaient bien souvent, que pour comparaître devant les tribunaux révolutionnaires et monter à l'échafaud.

A la Convention, les plus violents l'emportaient sur ceux qui l'étaient moins, et les faisaient guillotiner. La Révolution, comme Saturne, dévorait ses propres enfants. Ainsi Robespierre, Couthon et leurs adhérents triomphèrent des Girondins, qu'ils envoyèrent à la mort, le 31 octobre 1793. Bientôt à leur tour ils seront traînés au supplice.

Délivrés des Girondins leurs adversaires, les Jacobins, imposèrent à la France le règne de *la Terreur*. Ils s'attaquèrent à la religion avec plus de violence que jamais. Jusqu'alors on n'avait demandé aucun serment aux religieuses. Par le décret du 3 octobre 1793, la Convention le prescrivit « à toutes celles qui étaient employées au service des pauvres, au soin des malades, à l'éducation; et celles qui ne l'auront pas prêté seront déchues de leurs fonctions et ne recevront aucune pension de retraite. »

Le décret du 9 nivose an II, 29 décembre 1793, prescrivait le serment de Liberté-Egalité « à *toutes* les filles ou femmes attachées aux ci-devant Congrégations et Ordres religieux de leur sexe, dans la décade qui suivra la publication du présent décret.

Art. 3. Les personnes ci-dessus dénommées... qui ne justifieront pas d'avoir satisfait à la présente loi, dans le délai fixé... seront regardées comme *suspectes et traitées comme telles.* »

Les *suspectes* étaient emprisonnées et déférées aux tribunaux révolutionnaires, qui les faisaient guillotiner par charretées. Le tribunal révolutionnaire de Paris, qui eut Fouquier-Tinville pour accusateur public fut l'exécuteur aveugle des ordres du *Comité du Salut Public.* Du 11 mars 1793 à la chute de Robespierre, 27 juillet 1794, il fit condamner à mort près de trois mille personnes accusées d'avoir conspiré contre la République.

Le 20 et 21 octobre 1793, nouveau décret contre les prêtres insermentés qui sont dans le cas de déportation. « Ceux qui, passé dix jours après la publication du présent décret, seront trouvés sur le territoire de la République, seront conduits à la maison de justice du tribunal criminel de leur département pour y être jugés conformément à l'art. 5 » c'est-à-dire: « ils seront jugés dans les vingt-quatre heures, livrés à l'exécuteur des jugements criminels et mis à mort, après que les juges du tribunal auront déclaré que les détenus sont convaincus d'avoir été sujets à déportation. » C'est cet article 5 qui sera visé dans les jugements du tribunal révolutionnaire d'Orange, même à l'égard des religieuses, que le décret ne nommait pas.

L'abbé Grégoire disait à la tribune de l'Assemblée Constituante: « Nous pourrions, si nous le voulions, changer de religion, mais nous ne le voulons pas. » Les Jacobins de la Convention le voulurent. Pour abolir la religion catholique, ils la déshonorèrent en la désignant aux aveugles colères de la foule, comme l'asile de la *superstition* et du *fanatisme*; ils s'attaquèrent à tout ce qui la manifestait ou la rappelait; ils entreprirent de défaire et de refaire, conformément à la raison, et à la seule raison, tous les usages, les fêtes, les cérémonies, les coutumes, l'ère, le calendrier, les noms des saisons, des mois, des semaines, des jours...

Par le décret du 24 octobre 1793, ils supprimèrent le calendrier grégorien, ils abolirent toutes les fêtes chrétiennes, et même le dimanche, qu'ils remplacèrent par le *décadi*. Le repos du dimanche ou sa sanctification étaient des preuves de *fanatisme* et punis comme tels.

Par le décret du 10 novembre, ils décidèrent que l'église métropolitaine de Notre-Dame à Paris serait désormais le temple de la *déesse Raison*, qu'ils inaugurèrent.

Le 13 novembre, ils décrétèrent que « Toutes les autorités constituées sont autorisées à recevoir des ecclésiastiques ministres de tout culte, la déclaration qu'ils abdiquent leur qualité. Les listes de ces déclarations seront tous les quinze jours envoyées au comité d'instruction publique. » Les curés intrus « cette canaille constitutionnelle » comme disait Napoléon, qui les connaissait bien, s'empressèrent de répondre à cette pressante invitation, ils abdiquèrent en masse leurs fonctions, et plusieurs se marièrent.

D'ailleurs la Convention prenait des moyens efficaces pour obtenir leur abdication. Elle décrétait le 16 novembre que « les presbytères et paroisses, situées dans les communes qui auront renoncé au culte public, seraient destinés au soulagement de l'humanité souffrante et à l'instruction publique. » Dans les grandes villes, quelques églises furent profanées par le culte de la *Déesse Raison*. Mais presque partout ailleurs même les révolutionnaires n'osèrent pas inaugurer ce culte abominable, abhorré des populations, et tout culte public ayant cessé, on pilla tout ce qui restait dans les églig(es), on les ferma ou l'on en fit des magasins, des greniers à fourrage.

Cette tyrannie de la Convention, cette violente persécution qu'elle déchaînait contre la religion catholique avaient soulevé plusieurs provinces. La Vendée, le Poitou, la Bretagne avaient pris les armes; Lyon s'était révolté; à l'appel des Girondins, le *fédéralisme* s'était organisé dans plusieurs villes surtout à Marseille. Six mille hommes, sous les ordres de Rousselet, partirent de cette ville, se dirigeant sur Lyon et arrivèrent à Avignon, le 17 juillet 1793. Le département de Vaucluse qui venait d'être formé, le 25 juin précédent, fournit un bon contingent de fédérés, venus surtout de l'ancien Comtat, qui se joignirent aux Marseillais. Mais l'armée de la Convention, commandée par Cartaux, vint assiéger Avignon, et grâce aux canons pointés par le capitaine Bonaparte, de l'autre côté du Rhône, du haut du plateau de la Justice, il força les Marseillais à sortir de la ville; il les poursuivit de l'autre côté de la Durance, et malgré la réorganisation de leurs forces, il finit par les vaincre, et il livra ceux qu'il avait faits prisonniers, à une commission militaire établie à Marseille, et au tribunal civil d'Avignon qui firent tomber de nombreuses têtes.

Cette vengeance ne pouvait suffire à la Convention. Un de ses membres les plus violents, Saint-Just, disait le 10 octobre 1792, dans son rapport sur l'organisation révolutionnaire: « Il faut gouverner par le fer et le feu: la République ne sera fondée que le jour où les sans-culottes, seuls représentants de la Nation, seuls citoyens, règneront par droit de conquête. »

Il fallait en effet conquérir une bonne partie de la France et particulièrement les populations de l'ancien Comtat. Elles restaient attachées à la religion, et ne pouvaient se soumettre aux lois d'un gouvernement persécuteur, qui abolissait le culte catholique et lui substituait un culte impie et abominable.

Pour faire cette conquête, la Convention créa à Paris, les *Comités du Salut public* et *de Sûreté générale*, et dans les départements, les districts et les cantons, des *Comités de surveillance* chargés de dresser les listes des *suspects*, de les arrêter et de les déférer aux tribunaux révolutionnaires, très expéditifs pour les juger et les envoyer à la mort.

Pour diriger et stimuler l'activité de ces Comités, la Convention choisit, parmi ses membres, les plus féroces montagnards, et les envoya dans les départements avec le titre de *Représentant du peuple*. C'étaient de vrais proconsuls qui venaient avec des pouvoirs illimités. Ils étaient chargés d'assurer et d'activer la marche de la Révolution, et de détruire tous les éléments d'opposition et de résistance, en propageant de tout leur pouvoir l'athéisme, l'immoralité, la terreur et la mort.

En même temps qu'on envoya Carrier à Nantes, Lebon à Arras, Collot d'Herbois et Fouché à Lyon, Maignet reçut la mission de venir terroriser les départements de Vaucluse et des Bouches-du-Rhône. On pouvait compter sur lui, on l'avait vu à l'œuvre à Lyon, où il venait d'être le collaborateur de Couthon. [1]

---

1 Maignet, né dans l'Auvergne à Ambert, en 1758, était petit fils d'un boucher. Suivant l'auteur de la *Vie publique des députés à la Convention nationale*, il s'était d'abord destiné à l'état ecclésiastique et avait même été tonsuré. N'ayant pas persévéré dans cette vocation, il s'était fait recevoir avocat en 1782. Partisan des idées

Il s'empressa de remplir sa mission, il traversa Orange, le 12 février 1794, en se rendant à Avignon et à Marseille. Son premier soin fut de donner ordre aux municipalités et aux Comités de surveillance de dresser les listes des *suspects* et de les faire emprisonner. Tous ceux qui favoriseraient leur évasion seraient punis de mort. En outre les municipalités devaient faire arrêter quiconque serait dénoncé par deux citoyens. Ce système de délation jeta la terreur parmi les populations, et remplit les prisons.

nouvelles, il fut en 1790 un des administrateurs du Puy-de-Dôme, ensuite député à l'Assemblée législative en 1791, et enfin à la Convention, en 1792. Il vota la mort de Louis XVI, sans appel et sans sursis. Au mois d'août 1793, il fut envoyé à l'armée des Alpes, et dans les départements du Rhône et de la Loire ; après la prise de Lyon, il commença avec Couthon la démolition de cette ville. C'est ce qui lui valut d'être envoyé dans les départements des Bouches du Rhône et de Vaucluse pour y faire régner la *Terreur*.

CHAPITRE CINQUIÈME

Les Religieuses de Bollène
sont obligées de sortir de leur monastère.
13 octobre 1792.

La loi du 17 août 1792, qui prescrivait aux religieuses d'évacuer leurs couvents, fut comme une épée de Damoclès suspendue sur la tête des Sacramentines et des Ursulines de Bollène. Prévoir le jour prochain, où l'on viendrait les forcer de sortir de leurs monastères, et de quitter leur saint habit, que le décret du 18 août venait de prohiber, quelle triste prévision ! quel cruel déchirement pour elles !

La sœur annaliste du couvent du Saint Sacrement nous a relaté les angoisses de ses sœurs, pendant les jours qui précédèrent leur expulsion. « On peut aisément, dit-elle, concevoir combien fut douloureux pour notre bonne Mère, Supérieure le coup fatal de la suppression de son monastère, et la dispersion de ses chères filles. L'on peut dire que, si chaque religieuse, en pareille circonstance, doit mourir de douleur, la pauvre Supérieure meurt autant de fois, qu'elle a de religieuses. Quelle ne fut donc pas la douleur de notre bonne Mère, lorsqu'elle se vit elle-même forcée d'obliger ses filles de sortir de leur Jérusalem bien-aimée, pour rentrer dans la Babylone ! Son tendre cœur palpitait de crainte et de frayeur, en voyant que les vierges, dont elle avait pris tant de soin pour les conserver dans la pureté de leur saint état, allaient tomber dans la gueule des loups prêts à les dévorer. Mais ranimée par la foi, elle ne laisse pas abattre son courage. Comme un autre Abraham elle prend le glaive de la force en main, et se met en devoir d'obéir. Elle prie, elle exhorte, elle dit à ses chères filles, que Dieu veut qu'elles sortent de leur retraite, qu'il est temps plus que jamais de s'en faire une qu'on ne puisse pas leur ravir; mais que pour celle qu'elles habitent, il ne faut plus penser d'y demeurer.

« Quelle triste nouvelle pour des religieuses, qui avaient un si grand amour de leur vocation! Aussi malgré leur soumission aveugle aux ordres de leur Supérieure, elles ne purent s'empêcher de lui témoigner toute leur peine, et d'opposer des résistances pour se soumettre à celui-ci. C'est qu'elles voyaient bien qu'il n'était pas dicté par son cœur, et que ce n'était que la force qui l'arrachait de sa bouche. Elles crurent donc qu'il leur était permis d'y opposer des prières, et des sanglots poussés vers l'Eternel, pour apaiser sa colère justement irritée, et obtenir de sa bonté la révocation de la sentence, que des hommes iniques avaient portée contre ses épouses.

« Quel crève-cœur pour notre Rév. Mère, qu'un tendre amour attachait si fortement à son Dieu, dans les douceurs de sa retraite, de se trouver dans l'indispensable nécessité, non seulement de sortir elle-même de ce saint lieu, mais d'en faire sortir des épouses de Jésus-Christ, si fort attachées à leurs doux liens, qu'elles ne pouvaient se résoudre à les rompre, des filles, dont elle entendait pousser les gémissements, du plus profond de leur cœur jusqu'au trône de Dieu, pour implorer sa clémence, et le supplier par des prières continuelles, des neuvaines réitérées, des pénitences, des gémissements, par le chant lugubre des cantiques qu'elles composaient à cet effet.

« Rien de tout cela ne fut capable de décourager cette bonne Mère, ni de diminuer sa confiance en Dieu. Elle espérait que le Seigneur viendrait à son aide, pour décider enfin ses pauvres sœurs à sortir, puisqu'il le fallait, et qu'il disposerait les cœurs à ce terrible sacrifice. Elle n'espéra pas en vain. Le Seigneur lui envoya pour l'aider, dans ce moment décisif, une religieuse Visitandine (du couvent d'Avignon, la sœur Thérèse de Jésus, grande servante de Dieu, conduite par des voies extraordinaires, qui lui avait prédit dans sa jeunesse, qu'elle serait un jour religieuse contre toute apparence. Cette vertueuse fille eut grâce pour persuader à nos sœurs que c'était la volonté de Dieu. « Telle est, leur disait-elle, la volonté de Dieu, que vous quittiez ce voile. Pourquoi voudriez-vous le garder ? Vous me voyez hors de mon cloître ; je l'aimais cependant autant que vous aimez le vôtre ; il faut que, liées au même époux, vous subissiez le même sort. » Ces paroles furent si efficaces, qu'elles se soumirent à ce grand sacrifice.

« Nous observons ici que cette résistance, dans ces saintes filles n'était qu'un effet de l'amour qu'elles avaient pour leur Dieu ; elles appréhendaient le malheureux moment, où elles seraient les témoins des abominations qui se commettent contre lui.

« Depuis quelques temps on avait enlevé à nos sœurs leurs propriétés ; tous les jours elles s'attendaient à recevoir l'ordre fatal de quitter leur saint asile. Bientôt les autorités de la ville vinrent, au nom de la loi, leur faire cette sommation. Ce fut le 9 octobre de l'année 1792, que les municipaux arrivèrent à la porte du monastère, pour les obliger à en sortir. »

On avait depuis quelques mois mis sous séquestre les domaines, les terres que possédaient les Religieuses de Bollène, et on ne leur avait laissé que pour peu de temps la jouissance de leurs couvents. L'asssemblée législative, par sa loi du 14 août avait décrété qu'elles devaient les *évacuer* le 1er octobre suivant, et que les maisons qu'elles occupaient seraient mises en vente à la diligence des corps administratifs.

Sitôt que la Convention eut proclamé la République le 21 septembre 1792, la municipalité de Bollène, ayant reçu l'ordre de mettre cette loi à exécution, choisit, parmi les officiers municipaux et les notables Jacobins du pays, des commissaires qui vinrent dans les derniers jours de septembre et les premiers d'octobre faire l'inventaire de tout ce qu'il y avait dans les monastères des Sacramentines et des Ursulines, et mirent les scellés partout où ils voulurent.

Pour faire sortir les Religieuses de leurs couvents, la municipalité demanda les ordres de l'administrateur du district de l'Ouvèze, dont le chef-lieu était à Carpentras, et dont elle dépendait alors. Le procureur syndic, Constant, leur répondit, le 8 octobre, an 1er de la république : « J'ai reçu, citoyens, votre lettre relative aux religieuses. Il est certain que la loi est de rigueur, et que, depuis le 1er octobre, elles doivent être toutes dehors de leur *prison* ; mais si par la citation tardive du décret, elles se trouvent sans location, vous pouvez concilier ce qu'on doit aux lois, avec ce qui est dû à la justice et à l'humanité.

« Mais avant que ces citoyennes sortent, vous devez recoler l'inventaire fait, ou qui doit l'être, avec les effets : argenterie, meubles, ornements, etc.,.. contenus dans le dit inventaire, et voir si rien n'a été soustrait. L'argenterie sera envoyée au district, les effets inventoriés seront vendus à l'encan à ma diligence. » [1]

1 Archives de la Mairie de Bollène.

Sitôt qu'elle eut reçu cette lettre, le 9 octobre, la municipalité de Bollène délibéra, et, « ouï le Procureur de la
commune, la lecture de la lettre (du procureur syndic) et
de la loi, arrêta unanimement de se conformer à y celle. »
Elle nomma trois officiers municipaux pour se transporter
à la maison des Religieuses du Saint-Sacrement
et trois autres officiers pour aller à celle des dites
religieuses de Sainte-Ursule de la dite ville « pour faire
de nouveau aux religieuses la notification de la loi du
17 août dernier, au sujet de l'évacuation des maisons
religieuses ; ensuite procéder au recolement d'inventaire, ou
des déclarations faites par les dites religieuses, avec les effets:
argenterie, meubles, ornements contenus dans les inven-
taires ou déclarations ; examiner si rien n'a été soustrait, et
en après les effets inventoriés être vendus à l'encan, à la
diligence du procureur syndic.. » [1]

Sans retard les officiers municipaux délégués remplirent
leur mission ; ils se rendirent ce même jour aux deux
couvents de la ville, « à l'effet de faire aux cy-devant
Religieuses une nouvelle signification de la loi du 17 août
dernier.... et de suite procéder au recollement de l'inventaire ou déclarations faites par les Religieuses, pour voir si
rien n'a été soustrait...

« Et étant au parloir, ils ont fait appeler la sœur Supérieure et les autres Religieuses composant leur Communauté, auxquelles nous avons de nouveau signifié la dite
loi, au moyen de la lecture qui leur en a été faite, comme
aussi de la lettre écrite par les administrateurs du district,

1 Archives de la Mairie de Bollène. Le mobilier fut vendu à l'encan
en 1792, puis, par ordre du district d'Orange, on fit porter, le 10 mars
1794, dans ville, le linge des deux couvents de Bollène, qui consistait
pour les Sacramentines en 23 nappes, 86 essuie-mains, 9 draps, 5 sacs,
le tout estimé 190 livres. Le reste avait été pillé.

et de celle du Procureur Syndic, le 8 de ce mois, le tout afin qu'elles n'en ignorent, et qu'elles aient à se conformer à la dite loi, en évacuant la dite maison, dans le délai de 24 heures, leur ayant laissé copie du présent procès-verbal et de la dite loi. » [1]

Les Religieuses demandèrent un délai de trois jours, qui leur fut accordé.

Le 12 octobre, les commissaires vinrent de nouveau aux deux couvents, firent le recolement de l'inventaire, et constatèrent dans leur procès-verbal « qu'ils ont trouvé tous les effets inscrits, et qu'ils ont de nouveau signifié aux cy-devant Religieuses d'évacuer la dite maison; et nous ayant déclaré être prêtes à obéir. Interpellées de signer le présent procès-verbal, et s'étant refusées, nous nous sommes emparés des clefs des différents appartements, et leur avons donné une décharge. » [2]

Nous lisons dans la *Relation* des Sacramentines le récit des trois dernières journées qu'elles passèrent dans

1 Archives départementales à Avignon.

2 La décharge donnée à la Rév. Mère de la Fare, Supérieure des Sacramentines est ainsi conçue : « Nous, officiers municipaux et notable, commis pour faire l'inventaire du cy-devant monastère du Saint Sacrement, déclarons de l'avoir parachevé, et fait le recolement d'y-celui, peu avant les présentes, et avoir trouvé tous les meubles, effets, ornements d'église, vases sacrés, et autres argenteries décrites dans le dit inventaire, disons de plus avoir reçu les clefs de l'église et des différents appartements de la maison.

En conséquence nous déchargeons la cy-devant Supérieure du monastère, ainsi que toutes les autres officiaires (sic) de tous les meubles, effets, ornements, argenteries, titres et documents du cy-devant monastère, trouvés dans les archives d'y-celui.

Déclarons en outre, qu'ayant comparé la déclaration fournie par les Dames, nous l'avons trouvée conforme au dit inventaire, à la réserve de deux burettes, son bassin et clochette d'argent, que la citoyenne cy-devant Supérieure nous a déclaré lui appartenir en propre, ainsi leur couvent : « La digne Supérieure obtint néanmoins un délai de trois jours. Pendant ce court intervalle, elles eurent la douleur de voir leurs vases sacrés profanés, leur monastère envahi par une troupe de brigands, qui, sous prétexte de faire l'inventaire du mobilier de la maison, emportaient tout ce qui leur faisait plaisir. On laissa seulement aux sœurs la liberté de prendre ce qu'elles avaient dans leurs cellules, ce qui se réduisait à bien peu de chose. La Rév. Mère Supérieure, qui prévoyait les blâmes que l'on ferait tomber sur les Communautés religieuses, voulut avant de sortir de son monastère, passer un contrat avec les municipaux de la ville, pour montrer à la postérité que c'était la force et non tout autre motif qui les obligeait de rentrer dans le monde. Cette pièce, appuyée de la signature de toutes les religieuses de la Communauté, se garde dans les archives de la commune de Bollène. [1]

« Le soir du 13 octobre 1792, nos chères sœurs se virent forcées de quitter leur chère solitude, pour rentrer dans la malheureuse Babylone. Que de larmes, que de sanglots, lorsqu'il fallut se séparer, lorsqu'il fallut sortir de cette maison de paix, sur laquelle le Seigneur s'était plu à verser par torrents ses grâces et ses bénédictions ! Nos

qu'elle l'a prouvé par l'orphaivre (sic) qui les lui avait vendues, et elle se les e t retenues.

En foi de ce, nous avons donné copie du présent aux cy-devant officiaires du cy-devant monastère, pour leur servir et valoir envers qui il appartiendra.

Et après, les dites citoyennes cy-devant Religieuses étant sorties, nous avons choisi et fait appeler les citoyens Labour et Boyer, pour gardians et sequestres des effets, aux quels nous avons remis la clef d'entrée et des autres appartements, indispensables pour la garde de ladite maison. » *(Archives départementales.)*

1 Nous n'avons pu retrouver cette pièce aux archives de la commune de Bollène.

sœurs ne purent aller toutes ensemble : les unes furent reçues par des amis de la Communauté, d'autres allèrent chez leurs parents, qui s'empressèrent de venir les prendre avec des voitures, à la porte du monastère. »

Dans la vie de la Rév. Mère de la Fare par M. le chanoine Bouyac, nous trouvons un récit plus complet de cette journée du 13 octobre. « L'abbé Tavernier de Courtines [1] fidèle à son poste de dévouement, célébra la messe de grand matin, dans une chambre du couvent, en ne consacrant d'hosties qu'autant qu'il en fallait pour communier les Religieuses. Que de tristesses dans cette dernière Pâque ! On eût dit une communion en viatique à la veille de la mort. Que de sanglots dans les cœurs et de larmes dans les yeux ! Que de brûlantes promesses faites à Jésus-Christ, de persévérer dans l'exercice de leur vocation, devenue pour les sœurs une seconde nature !

« Dieu, qui mesure sa grâce aux épreuves, les fortifia et les consola admirablement. Tout en se livrant aux derniers préparatifs, elles s'exhortaient mutuellement à la résignation, à la fidélité inviolable, à leurs vœux, à la charité fraternelle, promettant de prier et de souffrir les unes pour les autres, et se donnant rendez-vous au ciel, si elles ne doivent plus se revoir sur la terre.

« Ce fut un moment des plus pénibles, celui où elles eurent à se revêtir du costume du monde, en se dépouillant de leur saint habit, dans lequel elles avaient compté mourir. Du moins elles en gardèrent les vertus symboliques, la pauvreté, la mort au monde, et la sainte modestie qui leur servit de voile.

---

1 L'abbé Tavernier n'avait pas encore émigré. Comme il était poursuivi et traqué par les révolutionnaires, il se cachait et se déguisait sous les habits du jardinier pour continuer ses soins aux religieuses.

INTÉRIEUR DE LA CHAPELLE DU COUVENT DU SAINT SACREMENT DE BOLLÈNE

« La dernière réunion se fit à la chapelle, le soir, à la tombée de la nuit. Hélas! que de profanations n'avait-elle pas subies! Le tabernacle ouvert, la lampe éteinte disaient que Jésus-Christ n'habitait plus là. Ce vide, si pénible au cœur, était fait en même temps pour adoucir les regrets qu'éprouvaient les sœurs de quitter ces lieux si chers, témoins de tant de vertus, source de tant de grâces, asile de la paix et du bonheur, mais dont le charme disparaissait avec Celui qui s'en était fait l'Hôte béni. Après avoir pleuré et prié, elles se séparèrent.

« Quelles angoisses, quand il fallut briser le lien sacré de l'obéissance, et franchir le mur de clôture! Faisant taire sa douleur, et cherchant à donner aux autres un courage qu'elle ne partageait pas, la Mère de la Fare était là, sur le seuil, pour protéger le départ de ses filles. Elle les fit sortir par petits groupes, et, après les avoir embrassées, elle les confia, les unes à des amis qui les reçurent momentanément, les autres à leurs parents qu'elle avait prévenus; le plus grand nombre se retira dans la maison qu'elle avait louée à cet effet.

« La marquise de la Fare avait beaucoup insisté auprès de sa fille, pour qu'elle vînt la rejoindre au Pont-Saint-Esprit; mais celle-ci refusa, ne voulant pas d'autre sort que celui de ses religieuses.

« Il était fort tard quand ces douloureuses opérations furent terminées. La Supérieure sortit la dernière de cette sainte demeure, qu'elle habitait depuis dix-huit ans, elle était tellement brisée par les émotions de la journée, qu'au moment de franchir la porte, ses forces l'abandonnèrent, et on dut la transporter, en voiture, sans connaissance, dans la maison louée où l'attendait une partie de ses sœurs. »

CHAPITRE SIXIÈME

*Expulsées de leurs couvents,
les Religieuses de Bollène continuent à vivre
en Communauté.*

La Relation du couvent du Saint-Sacrement nous a conservé le souvenir de la vie édifiante des Religieuses de Bollène, depuis le jour où elles furent forcées de sortir de leurs monastères, jusqu'à celui où elles furent emprisonnées à Orange.

« Hors de l'arche sainte, leur digne Supérieure ne les abandonna pas. Elle les retira toutes auprès d'elle, dans une maison qu'elle avait louée dans la ville à cet effet, pour les soutenir et les fortifier par ses paroles et ses exemples. Elle leur procura, autant que ce fut possible, les secours de la religion, par le ministère de l'abbé Tavernier de Courtines, leur aumônier et administrateur du diocèse de Saint-Paul. Il s'acquitta de cette tâche avec beaucoup de zèle, surtout à l'égard des religieuses, cette portion choisie de la vigne du Seigneur. Nos sœurs furent particulièrement l'objet de ses soins et de sa sollicitude: il les encourageait, les soutenait, leur procurait les secours de son ministère, et quelquefois la consolation d'avoir la sainte Réserve enfermée dans une armoire, et de pouvoir adorer le Saint-Sacrement tour à tour.

« Nos sœurs étaient dans la nécessité de travailler, pour se procurer une honnête subsistance; elles faisaient des ouvrages de couture, de broderie, de tricot. Leur digne Supérieure travaillait comme les autres, et pourvoyait aux besoins de chacune. Cette position, quoique pénible, était néanmoins bien consolante pour elle, puisqu'elle lui donnait la faculté de rester avec ses chères filles.

« Dans leur poignante douleur, nos sœurs se trouvèrent consolées auprès de leur digne Supérieure; la pauvreté extrême à laquelle elles se voyaient réduites, le travail assidu auquel elles s'étaient assujeties, pour fournir à leur subsistance, leur coûtaient peu, tant qu'elles se voyaient entourées de ses soins maternels. Mais le Seigneur qui voulaient épurer la vertu des unes et des autres, permit que la malice d'un municipal contraignit la bonne Mère de la Fare à se séparer de ses chères filles. Elle alla se réfugier au Pont-Saint-Esprit chez Madame sa mère, emmenant avec elle une de ses religieuses, la sœur converse du Bon Ange, Madeleine Cluse. » (Courtes notes.)

Le 21 octobre 1793, la municipalité de Bollène avait délibéré que: « dans la huitaine, toutes les religieuses étrangères, valides, qui sont dans des maisons à Bollène, auront à évacuer le pays. » Cette mesure visait spéciale-ment la Supérieure des Sacramentines, que les révolution-naires redoutaient, à cause de l'influence religieuse qu'elle exerçait dans tout le pays. On la força à partir, et on laissa tranquilles plusieurs autres religieuses, qui n'étaient pas natives de Bollène, et qui s'y étaient réfugiées.

Après le départ de la Mère de la Fare, ses religieuses restèrent sous la direction de leur mère Assistante, la sœur Aimée de Jésus, de Gordon, « qui leur servit de mère, les encouragea, les consola, et tâcha de leur être utile en toutes choses... Le Seigneur qui veille sur les siens ne permit pas que ses épouses se laissassent abattre. Elles demeurèrent toujours fermes et inébranlables, au milieu des combats qu'elles avaient à soutenir.

« Leur position était des plus tristes ; malgré leur assiduité au travail, elles avaient beaucoup de peine pour subvenir à leur frugale nourriture et à leur modeste entretien. Il ne serait guère possible de décrire tout ce qu'elles eurent à souffrir de la faim et du froid. Elles allaient par les chemins, sur les montagnes, ramasser du bois, de la paille, pour faire leur soupe et leur lessive. Enfin la privation où elles étaient de toutes les choses nécessaires à la vie, fut cause que plusieurs d'entre elles se décidèrent d'aller chez leurs parents.

« Celles de nos sœurs qui continuèrent à vivre en communauté à Bollène, et c'était le plus grand nombre, attiraient sur elles les regards du céleste Époux, par leur ferveur et leur générosité à supporter toutes les privations auxquelles leur triste position les soumettait. Le Seigneur qui en destinait un grand nombre à la gloire du martyre les préparait depuis longtemps à cette grâce, par les sacrifices qu'il leur imposait journellement.

« Dans la ville de Bollène, il y avait aussi des Religieuses de différents ordres ; les unes s'étaient retirées chez leurs parents ; d'autres vivaient plusieurs ensemble dans une même maison. » (Courtes notes.)

Les Ursulines de Bollène n'avaient pas été mieux traitées que les Sacramentines. Au mois d'octobre 1792, elles avaient été obligées de sortir de leur couvent. Quelques-unes s'étaient retirées dans leurs familles, mais la plupart étaient restées sous la direction de leur supérieure, Madame de Roquard et, ce qui ne serait plus permis par

nos modernes jacobins, elles vivaient en communauté
dans une maison qu'elles avaient louée, et où elles
accueillirent plusieurs de leurs sœurs du couvent du
Pont-Saint-Esprit, et d'autres religieuses natives de Bollène
qui avaient dû retourner dans leur pays natal.

« Toutes ces religieuses, dit la Relation des Sacramentines, servaient le Seigneur conformément à leur sainte
profession, et faisaient l'édification des fidèles... Elles
continuèrent cette vie pénible, l'espace de dix-huit mois,
ne sachant quelle en serait la fin. »

« La conduite sage et pieuse de toutes ces vertueuses
religieuses déplaisait aux méchants; ne pouvant supporter
plus longtemps leur présence, ils se déterminèrent à en
finir avec elles. »

CHAPITRE SEPTIÈME

Le règne de la Terreur. Les Religieuses de Bollène sont mises en état d'arrestation dans leurs maisons et bientôt transférées et emprisonnées à Orange.

Pendant les dix-huit mois qui s'étaient écoulés depuis que les Religieuses de Bollène étaient sorties de leurs monastères, le torrent de la révolution avait précipité son cours et ses ravages. C'était le temps de la *Terreur*. La Convention avait fait la loi des *suspects*, et celle du 9 nivose qui assujetissait toutes les religieuses à prêter le serment de *Liberté-Egalité*, classait celles qui s'y refusaient parmi les *suspects*, et ordonnait de les traiter comme telles, c'est-à-dire de les emprisonner et de les déférer aux tribunaux révolutionnaires, que l'on venait de créer pour juger et envoyer à l'échafaud tous les ennemis de la République. Les curés intrus et jureurs avaient abdiqué leurs fonctions; le culte catholique était supprimé et remplacé par celui de la déesse Raison.

Pour établir le règne de la Terreur dans le département de Vaucluse, et y faire guillotiner tous les ennemis de la République, on avait envoyé le proconsul Maignet qui était bien disposé à remplir la mission que la Convention lui avait confiée. Doué d'une activité fiévreuse, du 7 février 1794 au

27 thermidor, 16 août suivant, jour où il fut révoqué, il lança
80 arrêtés ou proclamations; il commanda aux Comités de
surveillance de redoubler d'ardeur pour emprisonner tous
les *suspects*. Le 4 floréal, 22 avril, il écrivait à Couthon,
qu'il avait déjà fait emprisonner de douze à quinze mille
personnes. « *D'ailleurs*, ajoutait-il, *il faut épouvanter, et
le coup n'est vraiment effrayant, qu'autant qu'il est porté
sous les yeux de ceux qui ont vécu avec les coupables.* »

Ces mesures de rigueur le firent appeler le *singe de
Robespierre*, qui, à la Convention, répondait aux plaintes
de Rovère, un des représentants du département de
Vaucluse : *Maignet remplit bien sa mission ; il fait beaucoup guillotiner*.

Il n'oublia pas les lois concernant les religieuses. Peu de
jours après son arrivée, il fit publier la loi récente du
9 nivôse qui les assujétisait au serment. Il n'entendait pas
que cette loi restât lettre morte, il la fit mettre à exécution
par ses subordonnés. D'après ses ordres, Le Go, agent
national du district de Carpentras, écrivait le 12 avril 1794,
aux municipalités et aux comités de surveillance de son
arrondissement : « Citoyens, la loi du 9 nivôse assujétit
toutes les ci-devant religieuses à prêter, dans la décade de
la publication de cette loi, le serment de maintenir la
liberté et *l'égalité*, ou de mourir en les défendant. Celles
qui n'auront pas satisfait à cette obligation, seront regardées
comme *suspectes* et traitées comme telles.

« Il y a plus de quatre décades, depuis la promulgation
de cette loi, vous avez par conséquent dû vous assurer de
la personne de toutes les religieuses, qui n'ont pas prêté ce
serment. Si vous ne l'avez pas fait, je vous requiers de
consulter les registres de la municipalité, et de faire mettre
sur le champ en arrestation et conduire, à la maison de

détention du chef-lieu du district, toutes celles qui seront dans ce cas.

Salut et fraternité.

Le Go. [1]

On reçut à Bollène une semblable réquisition, et on mit le plus grand zèle à s'y conformer. Deux fois la municipalité fit demander aux ci-devant religieuses qui résidaient dans la commune, de prêter le serment prescrit par la loi, et deux fois elles furent unanimes et énergiques pour s'y refuser. Elles avaient vu que tous les prêtres de Bollène qu'elles vénéraient, avaient préféré sortir de France, et subir toutes les misères de l'exil, plutôt que de prêter un serment que leur conscience réprouvait. Les Sacramentines avaient été scandalisées, lorsqu'elles avaient appris que M. Tavernier, leur aumônier, avait prêté ce serment, et elles s'étaient réjouies, lorsque, reconnaissant son erreur, il l'avait rétracté, et s'était mis dans la nécessité de les quitter et de s'exiler. Il se rendit en Italie, et c'est de Pise qu'il écrivit diverses circulaires aux prêtres émigrés de son diocèse et le mandement pour le carême de 1794. Il rentra en France après le 9 thermidor. A Bollène, et dans les autres paroisses du Comtat, les prêtres fidèles à leurs devoirs, suivant le sentiment soutenu par M. Roux administrateur du diocèse d'Avignon, avaient refusé de prêter le serment de *Liberté-Égalité*. La plupart avaient émigré, et les autres se cachaient pour exercer leur saint ministère; les intrus étaient les seuls qui eussent prêté ce serment. Jamais les Religieuses de Bollène ne voulurent suivre l'exemple de ces prêtres infidèles; elles avaient horreur de leur culte schismatique, et elles refusèrent toujours de recourir à leur ministère.

1 Le Go avait été notaire à Paris, où il avait fait banqueroute.

D'ailleurs, en 1794, la persécution religieuse avait fait des progrès. La *Liberté* et l'*Egalité* que le gouvernement proclamait, en imposant le serment d'y être fidèle et de les défendre jusqu'à la mort, consistaient à n'avoir pas d'autre culte que celui de la déesse Raison. Les curés intrus avaient au mois de février 1794, abdiqué leurs fonctions ; il n'y avait plus de fêtes chrétiennes, plus de dimanches ; les églises étaient dévastées et fermées ; il ne restait plus que la liberté obligatoire de l'irréligion, et l'égalité dans l'impiété. Si des religieuses avaient alors prêté ce serment de *Liberté* et *d'Égalité*, elles auraient donné un horrible scandale.

Celles de Bollène s'y refusèrent énergiquement, et le Comité de surveillance de cette ville leur appliqua les rigueurs de la loi. Il se réunit le 28 germinal, 17 avril 1794, et prit la délibération suivante : « Le Comité s'étant assemblé, un membre, après avoir obtenu la parole, a dit que, dans cette cité, il y avait une quarantaine de religieuses, dont l'exemple seul entretenait le fanatisme dans cette commune ; que notre municipalité, informée que leur fanatisme empêchait les progrès de la Révolution, dans le cœur de la majeure partie de nos concitoyens, les fit interpeller deux fois et leur signifia de prêter, dans le cours de la décade, le serment de maintenir l'*égalité* et la *liberté* exigé par la loi ; à quoi toutes se refusèrent ; et a fini par demander que la matière fût mise en délibération.

« Le Comité, après une longue discussion, a délibéré, que toutes les cy-devant religieuses, qui ont refusé de prêter le serment requis, seraient mises en état d'arrestation dans la maison qu'elles habitent respectivement, jusqu'à ce que le Comité ait fixé le jour de leur traduction à Orange, pour être renfermées dans la maison nationale, que le district y a fait préparer, pour recevoir les personnes suspectes; attendu que le refus qu'elles ont fait est une preuve bien authentique de leur incivisme, et de leur haine pour la Révolution, et ont signé les membres présents. »

Dans cette délibération, le Comité de surveillance de Bollène constate que les religieuses qui résident dans la commune, ont refusé deux fois de prêter le serment requis, et que leur refus réitéré, et leur *fanatisme*, c'est-à-dire leur aversion pour les cultes schismatiques et impies, ainsi que leur fidélité à donner le bon exemple, en pratiquant leurs devoirs de chrétiennes et de religieuses, sont les deux seuls griefs qu'on puisse leur imputer, et pour lesquels on les met en état d'arrestation, en attendant de pouvoir les transférer dans les prisons d'Orange. Elle constate aussi que *leur fanatisme*, c'est-à-dire leurs bons exemples étaient efficaces, puisqu'ils *empêchaient les progrès de la révolution dans l'esprit et le cœur de la majeure partie de nos concitoyens*, ce qui est un bel éloge pour les religieuses et pour les habitants de Bollène.

Le Comité de surveillance employa les jours suivants à dresser les mandats d'arrêt, qui furent signés le 20 avril, jour de Pâques, et ne furent signifiés que le surlendemain.

Le mandat d'arrêt de Suzanne de Gaillard était ainsi conçu : « Au nom de la loi, Nous membres du Comité de surveillance révolutionnaire de cette commune, mandons et ordonnons à Suzanne Gabrielle Gaillard, cy-devant religieuse du Saint-Sacrement de Bollène, de rester en état d'arrestation dans la maison, où elle se trouve, jusqu'à ce que le Comité ait fixé le jour de son *exportation* à Orange, pour être enfermée dans la maison nationale, que le dis= trict y a fait préparer, pour recevoir les personnes suspectes; attendu que le refus qu'elle a fait est une preuve authentique de son incivisme et de sa haine pour la Révolution. Donné en Comité, le 1er floréal (20 avril), de la deuxième année républicaine, et y avons mis le sceau. » C'était le jour de Pâques.

Un semblable mandat d'arrêt fut signifié à chacune des Sœurs, et il leur indiquait assez clairement le sort qui leur était réservé. Il n'était motivé que sur le refus de prêter un serment qui leur paraissait une véritable apostasie. On les persécutait donc uniquement à cause de leur fidélité inébranlable à la religion catholique, que l'on qualifiait de *fanatisme*. Ce sera aussi le seul motif des sentences de mort qui seront portées contre elles à Orange.

Depuis qu'elles vivaient hors de leurs monastères, les Religieuses de Bollène supportaient patiemment toute sorte de peines et de privations. Celle qui leur était la plus sensible, c'était de n'avoir plus aucun secours religieux, plus d'aumônier, plus de prêtres fidèles : il ne restait plus que des intrus, qui pour plaire aux révolutionnaires, avaient fini par abdiquer leurs fonctions ecclésiastiques. Les gouvernants d'alors n'avaient pas besoin de prêtres, pour pratiquer le culte de la *déesse Raison*, ils s'en faisaient eux-mêmes les pontifes.

Malgré cette pénurie de secours spirituels, les Religieuses de Bollène étaient remplies de l'Esprit de Dieu qui les animait, et leur donnait la force de résister à toutes les instances que l'on fit, pour les décider à prêter serment et à renoncer à leur *fanatisme*.

En lisant leur mandat d'arrêt, les Religieuses ne pouvaient douter du sort qui leur était réservé. Elles étaient déclarées *suspectes* et traitées comme telles. On les internait dans les maisons qu'elles habitaient, en attendant qu'on les *exportât* dans les prisons d'Orange, et qu'on les fît comparaître devant le tribunal criminel qui siégeait à Avignon, et qui en peu de temps venait de condamner à mort, 47 prisonniers, parmi lesquels on comptait une vingtaine de prêtres.

Le 30 septembre 1793, on avait emprisonné à Orange 26 habitants de Bollène, et tout récemment, le 7 avril 1794, on avait encore amené à la prison de la Baronne 13 Bollénois, parmi lesquels il y avait les parents, les frères, les pères de plusieurs religieuses : Joseph et André Laye, Sébastien et Xavier Talieu, Casimir de Guilhermier, Jean François Prosper d'Alauzier, Louis François de Rocher, Jean Antoine de Gaillard.

Les Religieuses mises en arrestation à Bollène étaient certaines qu'on ne tarderait pas de les emprisonner à Orange, pour être jugées et peut-être condamnées à mort. Mais elles n'avaient pas peur des horreurs de la prison et de la mort. Aucune ne chercha à se cacher ou à fuir. Elles restèrent calmes dans leurs maisons et plusieurs de celles qui s'étaient retirées chez leurs parents, vinrent rejoindre leurs sœurs qui vivaient en communauté.

Dans les deux plus anciennes Relations, celle qui fut imprimée à Rome en 1795, et celle qui est conservée au Musée Calvet, à Avignon, nous lisons que « La *sœur des Anges de Rocher*, se trouvant encore chez son père, et voyant approcher le moment, où on pourrait la mettre en arrestation, demanda conseil à ce vénérable vieillard, âgé de 80 ans, pour savoir si elle devait se soustraire à cette peine. *Ma fille*, lui répondit-il, *il vous est facile de vous cacher, mais auparavant examinez bien devant Dieu, si vous ne vous écartez pas de ses desseins adorables sur vous, dans le cas qu'il vous ait destinée, pour être une des victimes, qui doivent apaiser sa colère. Je vous dirai, comme*

Mardochée à Esther: Vous n'êtes pas sur le trône pour vous, mais pour votre peuple. Un conseil si chrétien, inspiré de Dieu même, fit la plus vive impression, sur l'esprit et le cœur de cette sainte fille. Elle part avec joie et vient rejoindre ses sœurs. »

Cette réponse admirable fut comme un trait de lumière, une révélation pour toutes les religieuses de Bollène; elles comprirent que Dieu les avait choisies pour être les victimes innocentes qui devaient apaiser sa colère, et au lieu de fuir la prison et la mort, elles se préparèrent à faire généreusement le sacrifice de leur vie.

Dans la séance du 3 floréal, 22 avril, le Comité de surveillance constata que « les gendarmes avaient signifié les mandats d'arrêt aux ci-devant religieuses, à la réserve de Marie Lambert et Marie Béguin, qu'ils nous ont dit être parties de cette commune. » Ces deux religieuses converses, l'une chez les Ursulines, l'autre chez les Sacramentines, ainsi que Jeanne Vincent, tourière sacramentine s'étaient retirées dans leurs familles; mais sitôt qu'elles apprirent les dangers qui menaçaient leurs chères sœurs, elles accoururent pour les servir et partager leur sort.

Le 12 floréal, 1er mai, le Comité de surveillance donna ordre à toutes les religieuses de se tenir prêtes à partir le lendemain pour Orange, à 6 heures du matin; et réquisition fut faite à la municipalité de se procurer les voitures nécessaires. Sept religieuses étaient malades: Catherine de Simiane, Suzanne Fort, Gabrielle de Serre, Anne Turme, ursulines; Marguerite Bonnet, Jeanne Françoise Desplanes, veuve de Roquard, et Madeleine de Roquard, sacramentines. Vu le certificat des officiers de santé attestant qu'elles ne sont pas en état d'être transportées, le Comité « les maintint en arrestation dans leur maison, si mieux elles n'aiment se faire transporter dans les communes, où elles ont pris naissance. »

29 religieuses furent transportées, le 2 mai, à Orange. C'étaient les sœurs :

DE RIPERT D'ALAUZIER Marie-Marguerite, ursuline de Bollène.

DU BAC Claire-Marie, ursuline de Bollène.

DOUX Marie-Anne,   id.

DE GUILHERMIER Marie-Madeleine, ursuline de Bollène.

LAYE Marie   id.

DE ROCHER Marie-Anne-Marguerite   id.

DE ROMILLON Agnès   id.

DE ROQUARD Marie-Anastasie, Supérieure id.

BASTET Anne-Marie   id.

D'ALBARÈDE Marguerite, ursuline du Pont Saint-Esprit.

CARTIER Anne   id.

ROUSSIN Marie-Madeleine   id.

DE JUSTAMOND Marie-Madeleine (tante) id.

DE ROMILLON Jeanne   id.

DE JUSTAMOND Dorothée-Mad.-Julie (sœur aînée) ursuline de Pernes.

DE JUSTAMOND Marguerite-Eléonore (sœur cadette), bernardine à Avignon.

DE JUSTAMOND Madeleine-Françoise (jeune sœur), bernardine à Avignon.

BÉGUIN-ROYAL Marie-Anne, (tante) sacramentine de Bollène.

BÉGUIN Louise, tourière (nièce) sacramentine de Bollène.

CLUSE Marie, sacramentine de Bollène.

BÈS Rosalie,   id.

BLANC Marie-Claire   id.

CHARRANSOL Marie-Thérèse, id.

DE Gaillard Suzanne-Gabrielle, sacramentine de Bollène.

DE Gordon Marie-Rose, sacramentine de Bollène.

Pélissier Elisabeth,   id.

Talieu Madeleine-Thérèse (sœur de chœur) sacramentine de Bollène.

Talieu Thérèse-Madeleine (converse), sacramentine de Bollène.

Verchière Elisabeth, sacramentine de Bollène.

Ces 29 religieuses, après avoir passé la nuit en prière, sortirent de leurs maisons, et montèrent sur les charrettes escortées par les gendarmes, qui les conduisirent à Orange. En voyant partir ce triste cortège, un brave homme ne put retenir ce cri de compassion : *Pauvres victimes conduites à la boucherie !* Ce propos ayant été entendu, celui qui l'avait tenu, fut à l'instant arrêté et transféré à Orange.

Arrivées dans cette ville, les 29 religieuses furent incarcérées dans la prison de la Cure, ainsi appelée parce qu'elle était la maison du capiscol, située place du Cloître, et adossée au mur méridional de l'église, qui allait devenir le temple de l'Être Suprême. C'était la prison où l'on n'enfermait que les femmes. Elles y trouvèrent quatre religieuses qu'on y avaient amenées dans les derniers jours de mars. C'étaient:

Consolin Thérèse, de Courthézon, Supérieure des Ursulines de Sisteron.

DE Peyre Marie-Anne, de Tulette, ursuline de Carpentras.

Collet Mélanie, de Valréas, ursuline de Carpentras.

La sœur Emeranciane, de Valréas, ursuline de Carpentras.

On amena, le 10 mai, trois religieuses de Sérignan :

Faurie Henriette, sacramentine de Bollène.

Minutte Anne,   id.

DE LOYE Suzanne, bénédictine de Caderousse.

le 13 juin LAMBERT Marie-Anne, de Pierrelatte, ursuline de Bollène.

le 19 juin DE MEYRAN Marie-Thérèse, d'Aix, visitandine d'Arles.

le 2 juillet VINCENT Marie, de Lapalud, tourière sacramentine,

le 3 juillet BARRI Marie d'Orange, hospitalière d'Orange.

JONC Thérèse-Marie   id.

MARQUION Marie-Anne,   id.

LAROUVIÈRE Marguerite   id.

le 11 juillet COSTE-SAINT-FÉRÉOL, de Camaret, ursuline.

le 15 juillet BARBÈ Desplanes-Jeanne-Marie, Veuve de Roquard, de Port-Louis, sacramentine.

BONNET Marguerite, de Sérignan, sacramentine.

DE ROQUARD, Madeleine-Françoise, de Bollène, sacramentine.

DE SERE Gabrielle, de Bollène, ursuline de Bollène.

DE SIMIANE, Catherine, de Mollans, ursuline de Bollène.

FORT, Suzanne, de Bollène, ursuline de Pont Saint-Esprit.

TURME, Anne, de Bollène, ursuline de Pont-Saint-Esprit.

le 17 juillet ARNOUX, Marie-Anne, de Sérignan, hospitalière.

le 19 juillet DURAND, Marie, de Caromb, hospitalière à Carpentras.

GILLES Marie, de Caromb, hospitalière à Carpentras.

DE NOGARET, Emilie de Carpentras, religieuse de la Miséricorde, à Avignon.

D'après le registre d'écrou de la prison, 55 religieuses furent incarcérées dans la prison de la Cure, et 198 femmes y furent emprisonnées avec elles.

Comme on amenait à Orange toutes les personnes qu'on arrêtait, en vertu de la loi des suspects, il fallut augmenter le nombre des prisons. Il y en eut six :

1º la prison de la *Cure*.

2º La prison du *Cirque* : c'est l'ancien théâtre romain, où depuis quelques années on donne des représentations.

3º La prison des Dames, ainsi nommée parce qu'elle fut établie dans le couvent des Dames religieuses de l'Enfant Jésus, rue de Tourre. C'est aujourd'hui le tribunal de première instance,

4º La prison des Chieze.

5º La prison de la Baronne. C'était la maison de la baronne de Saunier qui avait émigré.

6º L'Eglise des Cordeliers. C'est maintenant l'Eglise paroissiale de Saint-Florent.

Maignet réunissait un si grand nombre de prisonniers à Orange, parce qu'il était en instance pour faire établir dans cette ville un tribunal révolutionnaire, avec des pouvoirs spéciaux, qui lui permettraient d'expédier rapidement ses jugements, et d'envoyer chaque jour à la mort de nombreuses victimes.

CHAPITRE HUITIÈME

La Commission populaire d'Orange.

Le proconsul Maignet avait été envoyé dans les départements des Bouches-du-Rhône et de Vaucluse, pour y assurer et activer la marche de la révolution, pour détruire tous les éléments d'opposition et de résistance, en appliquant dans toute sa rigueur la loi des *suspects*. Il remplit sa mission avec une sauvage fureur: « Guerre au modérantisme, s'écriait-il dans ses proclamations, mort aux aristocrates, aux prêtres, aux nobles, à tout ce qui n'est pas républicain... » Dans un de ses arrêtés il disait: « Il faut que cet affreux système de clémence meurtrière disparaisse, que l'énergie républicaine échauffe toutes les âmes, qu'elle abatte toutes les têtes orgueilleuses, qui n'ont pas su de bonne heure s'abaisser devant le niveau de l'égalité. Il faut enfin que le peuple soit heureux, et il ne pourra l'être que lorsque nous serons débarrassés de tous ceux pour qui cette idée du bonheur du pays est un supplice... » [1]

A Bédoin, au pied du Mont-Ventoux, on avait, au mois de mai 1794, abattu l'arbre de la liberté, et on avait faussement attribué ce fait aux contre-révolutionnaires.

[1] Recueil officiel des arrêtés et discours de Maignet à la bibliothèque du Musée Calvet à Avignon.

Maignet rendit compte de la vengeance qu'il exerça sur les habitants de ce malheureux pays. Il écrivit dans son rapport lu à la Convention, le 28 floréal an 2 (18 mai) : « Aussitôt que j'ai appris cet attentat horrible contre la majesté du peuple, j'ai envoyé 300 hommes du bataillon de l'Ardèche, qui dans toutes mes épurations civiques m'a si bien secondé. J'ai fait enchaîner prêtres, nobles, parents d'émigrés, autorités constituées... Ne voyant dans cette commune qu'une horde d'ennemis, j'ai investi le tribunal criminel du pouvoir révolutionnaire, pour faire tomber de suite la tête des plus coupables, et j'ai ordonné qu'une fois ces exécutions faites, les flammes fissent disparaître jusqu'au nom de Bédoin. Puissent périr ainsi tous ceux qui oseront braver la volonté nationale ! »

Ses ordres furent impitoyablement exécutés : le tribunal criminel d'Avignon se transporte à Bédoin, où il prononce 63 condamnations à mort, et le même jour, après qu'on eut guillotiné quelques-unes des 63 victimes et fusillé les autres, le village est livré aux flammes, les habitants sont dispersés dans les communes voisines, et sur les ruines fumantes un poteau est dressé, avec cette inscription : *Bédoin, l'infâme !*

On exécutait aussi les ordres que Maignet ne cessait de donner pour faire incarcérer tous les *suspects* ; les prisons ne pouvaient recevoir tous ceux qu'on amenait ; il fallait faire juger rapidement tous ces détenus, et faire tomber beaucoup de têtes. Avignon était bien le siège d'un tribunal criminel, mais, en six mois, depuis la loi des *suspects*, il n'avait prononcé que 47 sentences de mort. Ne le trouvant pas assez expéditif, Maignet demanda au Comité de Salut public l'établissement d'un tribunal révolutionnaire, qui, à l'exemple de celui de Paris, aurait le pouvoir d'expédier rapidement ses jugements.

Il n'osa pas établir ce tribunal à Avignon, où il craignait d'être gêné dans l'exécution de ses projets; il préféra la ville d'Orange, où il pourrait mieux dominer une population moins nombreuse, et assurer à son tribunal sanguinaire la liberté de commettre les plus horribles atrocités.

Il avait un intime ami dans le Comité de Salut public de Paris : c'était Couthon, dont il avait été le collaborateur à Lyon, dans la répression sanglante exercée sur les défenseurs de cette ville. Il lui envoya son secrétaire Lavigne, porteur d'une lettre datée du 23 avril 1794, dans laquelle il lui disait : « Mon brave compatriote, le citoyen Lavigne, va vous exposer la situation du département de Vaucluse, et tu diras qu'il est urgent d'y apporter de grands remèdes... Je vous demande de m'autoriser à former un tribunal révolutionnaire,... s'il fallait exécuter dans ces contrées votre décret, qui ordonne la translation à Paris de tous les conspirateurs, il faudrait une armée pour les conduire, des vivres sur la route en forme d'étapes. Car il faut vous dire que dans ces deux départements, je porte de douze à quinze mille hommes ceux qui ont été arrêtés. Il faudra faire une revue, afin de prendre tous ceux qui doivent payer de leur tête leurs crimes, et comme ce choix ne peut se faire que par le jugement, il faudrait tout amener à Paris. Tu vois l'impossibilité, les dangers et les dépenses d'un pareil voyage; d'ailleurs, *il faut épouvanter*, et le coup n'est vraiment effrayant qu'autant qu'il est porté sous les yeux de ceux qui ont vécu avec le coupable.

« En m'obtenant ce point, vous pouvez vous tranquilliser, je vous rendrai bon compte de ce département, où il faut tout créer.

« Sois bien assuré qu'on ne se fera jamais l'idée de ce qu'est la mission qui m'est confiée. N'importe! j'ai la certitude d'y faire *quelque bien*. » [1] Quel bien ! *dixerunt malum bonum*.

La demande de Maignet fut accueillie favorablement. Son secrétaire Lavigne resta à Paris, faisant chaque jour de nouvelles instances de vive voix et par écrit. Le 2 mai, il écrivait à Couthon « Ton concitoyen, l'envoyé de ton ami Maignet, te rappelle, bon montagnard, ta conversation d'hier et les précédentes. Il s'agit d'obtenir pour le département de Vaucluse un tribunal révolutionnaire, composé d'étrangers à ce département.

« La nécessité de purger la terre de *neuf ou dix mille* révolutionnaires qui infestent ce pays, l'impossibilité de transférer à Paris un si grand nombre de coquins, qui exigeraient une armée pour escorte... la nécessité de ranimer l'esprit public, par des exemples sur les lieux témoins des crimes qu'il faut punir, le salut d'une partie du Midi qui tient à cette mesure, la *conscience* connue de Maignet qui a fait cette demande, tout cela a paru déterminer, en faveur de *l'établissement*, le Comité de Salut public et celui de Sûreté générale réunis, dans la séance du 11 soir.

« Il a été seulement trouvé quelque inconvénient à faire siéger le tribunal, à Avignon, à cause du mauvais esprit des habitants. On a désiré entendre, comme Maignet le demande, les citoyens Payan qui ont des connaissances locales. Ils ont concouru avec Maignet, à la recherche des moyens de gagner à la République un pays qui était perdu ; ils lui ont fourni un petit conseil de patriotes éclairés, ils ont pensé que *l'établissement est nécessaire*, et qu'il devait être fait à Orange, commune qui ne participe pas à la

1 Rapport de Courtois à la Convention n° CVIII.

corruption d'Avignon. Ils ont pensé que plusieurs membres de ce tribunal pourraient être pris dans la Drôme; ils les connaissent, ils les désigneraient.

« La mesure que Maignet sollicite est urgente. Elle doit régénérer une partie de la République, précieuse par son sol et son climat. Le Comité a de grandes affaires, mais celle-là aussi est *grande*. Rappelle-la, s'il est possible: je te le demande au nom de la prospérité de la République. J'attends à la porte, pour savoir de toi, quand tu te retireras, s'il a été décidé quelque chose.

Salut et amitié au bon Couthon.

Signé: LAVIGNE. [1]

La décision désirée ne se fit attendre que huit jours: le 11 mai, le Comité de Salut Public publia cet arrêté:

« Il sera établi à Orange une Commission populaire, composée de cinq membres, pour juger les ennemis de la Révolution, qui seront trouvés dans les pays environnants, et particulièrement dans les départements de Vaucluse et des Bouches-du-Rhône.

Les membres de cette Commission seront: les citoyens Fauvety, juré du tribunal révolutionnaire de Paris, Melleret, du département de la Drôme, Roman Fonrosa, président du tribunal de Die, Fernex, juge au tribunal de Commune Affranchie (Lyon); le citoyen Ragot, menuisier à Lyon.

Le citoyen Maignet représentant du peuple, est chargé d'instituer cette *Commission* sans délai. »

Signé au registre: Robespierre, Carnot, Collot-d'Herbois, Billaud-Varenne, Barrère, R. Lindet, Couthon, C.-A. Prieur.

---

1. Courtois, rapport à la Convention, n° CIX.

Tous les désirs de Maignet étaient satisfaits. On lui donnait le tribunal révolutionnaire qu'il avait demandé, et les juges qui le composaient avaient été choisis à son gré.

Fauvety, président de la Commission, était un protestant d'Uzès, âgé de 31 ans. Il avait, dit un de ses compatriotes, une tête de feu et un cœur d'acier. Il venait de faire son apprentissage de juge à Paris, où il était un des jurés les plus solides du tribunal révolutionnaire, sur lesquels pouvait compter Fouquier-Tinville, pour envoyer à la mort tous ceux qu'il accusait. C'était un sectaire enragé, âpre au travail. Son cœur d'acier ne se laissa jamais fléchir, ni par les larmes d'une femme, ni par les pleurs d'un enfant.

Roman-Fonrosa, âgé de 61 ans, était né à Die, où il était président du tribunal du district. Dans un autre milieu, il aurait été juge intègre ; mais il se laissa entraîner par le torrent de la Révolution, et il prononça des jugements iniques.

Melleret, âgé de 33 ans, né à Étoile, (Drôme) était médecin. Il était commissaire du département à Die, lorsqu'il fut nommé juge dans la Commission populaire d'Orange. Il était porté à l'indulgence. Aussi Fauvety se plaignit bientôt de lui. Il écrivait à Payan : « Roman-Fonrosa est un formaliste enragé. Melleret ne vaut rien au poste qu'il occupe ; il est quelquefois d'avis de sauver des *prêtres* contre-révolutionnaires ; *il lui faut des preuves*, comme aux tribunaux de l'ancien régime... Dieu veuille que Ragot, Fernex et moi ne soyons jamais malades ! Si ce malheur arrivait, la Commission ne ferait plus que de l'eau claire. »

Fernex, ancien ouvrier en soie de Lyon, avait été membre de la Commission révolutionnaire de cette ville ; il était farouche et sans pitié ; c'était l'homme du peuple ignorant, dont la cervelle étroite logeait une seule idée, le triomphe de la Révolution. Il écrivait à Robespierre, dont il était le misérable espion : « Les prêtres, les nobles et ce qu'on appelait les ci-devant, ces Messieurs de la première volée, nous ne les manquons guère, comme tu verras; et nous tâchons de les punir de leurs forfaits, en leur faisant pressentir, dès l'ouverture des débats, quel sera pour eux le résultat. »

Ragot, âgé de 41 ans, était menuisier à Lyon, et remplissait les fonctions de délateur auprès du tribunal révolutionnaire de cette ville. C'est ce qui lui valut d'être nommé membre de la commission populaire d'Orange. Il vota toujours la mort. « Réjouis-toi, écrivait-il à Maignet, les têtes vont tomber par milliers. » Il n'était pas cependant le plus méchant des cinq juges. Toujours en état d'ivresse, il dormait pendant les audiences, et quand les débats étaient clos, Fernex, son voisin, le poussait du coude pour le réveiller et lui demander son avis. « La mort! » répondait-il, d'une voix sourde et avinée, et par un mouvement horizontal de la main, il imitait le couperet de la guillotine qui tranche les têtes.

« Ragot, Fernex et moi, écrivait Fauvety, sommes au pas.. » et un autre bon jacobin d'Avignon, Agricol Moureau, disait : « les deux juges de Commune Affranchie (Lyon) sont excellents, et celui qui les a choisis se connaît en hommes. [1]

En transmettant son arrêté à Maignet, le Comité du Salut Public lui écrivait, le 23 floréal, 13 mai : « Tu demeures chargé de l'installation de cette Commission. Le Comité attend du zèle, dont tu as donné constamment des preuves dans ta mission, que tu ne perdras pas un instant à mettre cet établissement nécessaire en activité. Il faut que justice prompte et sévère soit faite de tous les scélérats, qui par divers moyens ont tenté de perdre le Midi. »

[1] Rapport de Courtois, n° CXIV.

On n'avait pas besoin de stimuler le zèle de Maignet. Le 3 juin, il arriva à Orange en grand appareil, et se rendit à la chapelle des Pères de Saint-Jean (aujourd'hui Saint-Louis), qui avait été disposée pour les séances de la Commission populaire, et après avoir lu l'arrêté d'installation, il fit un long discours, froidement scélérat, où il poussait les juges au meurtre légal d'une manière impitoyable; il leur montrait les ennemis qu'ils devaient frapper, il désignait spécialement les fédéralistes, les aristocrates et le clergé! « Point de pitié, disait-il, pour les ennemis de la Révolution; tenez-vous en garde contre les faveurs. Justice! Justice! C'est le seul sentiment auquel vous devez céder. »

Fauvety, président de la Commission, répondit au discours de Maignet : « Citoyen Représentant, les membres qui composent la Commission jurèrent, dès l'aurore de la Révolution, de vivre libres ou de mourir. Ce qu'ils ont fait depuis pour leur patrie, leur a valu l'honorable suffrage des représentants du peuple. Ils firent tous leurs efforts pour mériter la confiance dont le gouvernement les a investis. Ils demandent par mon organe à prêter le serment entre tes mains. Tandis que nous ferons notre possible pour remplir dignement l'engagement solennel que nous allons contracter, le peuple qui a le droit imprescriptible de tout surveiller, de tout juger, fera son devoir, comme nous ferons le nôtre. »

Tous les membres de la Commission populaire prêtèrent serment.

Pour compléter le tribunal, il fallait nommer l'accusateur public. Le 6 juin, Maignet confia cette fonction à Viot, un de ses séides, qu'il avait fait directeur de la poste aux lettres à Avignon. Ce jeune homme, âgé alors de 28 ans, était né à Charleville (Ardennes), le 4 décembre

1767. C'était un ancien déserteur du régiment de Penthièvre-Dragons, d'un caractère cruel, bouillant et très actif; ses réquisitoires furent toujours sans pitié. Mais comme il était fort ignorant, il fallut l'entourer d'hommes plus capables. Maignet lui donna pour aide et conseil François Barjavel, de Carpentras, âgé de 30 ans, qui était alors accusateur public au tribunal criminel de Vaucluse, et la Commission lui choisit pour secrétaire en chef François Julian Cottier, de Carpentras, alors secrétaire général du département.

Il fallut encore quatre jours à la Commission, pour nommer les employés subalternes du tribunal, préparer le local de ses séances, dans l'église des Pères de Saint-Jean, et pour faire installer la guillotine en permanence sur l'esplanade de Tourre (cours Saint-Martin) qu'on appela alors *Place de la justice*. Car dans son arrêté pour l'installation de la Commission, Maignet avait réglé que « le tribunal pourra juger avec trois membres, et que le jugement sera *de suite* mis à exécution. »

Les tribunaux révolutionnaires n'étaient pas astreints à de nombreuses formalités judiciaires, pour juger rapidement et condamner à mort. Des pouvoirs encore plus étendus furent donnés par le Comité du Salut public à la Commission populaire d'Orange. Il lui expédia le 18 mai des instructions ainsi conçues:

« *Instruction des membres* de la Commission populaire établie à Orange par arrêté du Comité de Salut public.

« Du 2 floréal, l'an deuxième de la République française, une et indivisible.

« Les membres de la Commission populaire établie à Orange sont nommés pour juger les ennemis de la Révolution.

« Les ennemis de la Révolution sont tous ceux qui, par quelques moyens que ce soit, et de quelques dehors qu'ils se soient couverts, ont cherché à *contrarier* la marche de la Révolution, et à empêcher l'affermissement de la République.

« La *peine* due à ce crime *est la mort*. La preuve requise pour la condamnation *sont (sic) tous les renseignements de quelque nature qu'ils soient*, qui peuvent convaincre un homme raisonnable et un ami de la biberté.

« La règle des jugements est la conscience des juges, éclairée par l'amour de la justice et de la patrie.

« Leur but, le salut public et la ruine des ennemis de la patrie.

« Les membres de la Commission auront sans cesse les yeux fixés sur ce grand intérêt; ils lui sacrifieront toutes les considérations particulières.

« Ils vivront dans cet isolement solitaire, qui est le plus sûr garant de l'intégrité des juges, et qui, par cela même, leur concilie la confiance et le respect. Ils repousseront toutes les sollicitations dangereuses; ils fuieront toutes les sociétés et toutes les liaisons particulières qui peuvent affaiblir l'énergie des défenseurs de la liberté, et influencer la conscience des juges.

« Ils n'oublieront pas qu'ils exercent *le plus utile et le plus respectable ministère*, et que la récompense de leurs vertus sera le triomphe de la République, le bonheur de la patrie, et l'estime de leurs concitoyens. »

Signés à l'original: Carnot, Billaud-Varennes, Couthon.

On n'y voit pas la signature de Robespierre; mais Louis Blanc: *Histoire de la Révolution*, t. x, p. 472, dit que Robespierre fut le rédacteur de ces instructions; et Taine: *Origines de la France contemporaine*, t. iii, p. 210, dit aussi: « Les instructions pour le tribunal révolutionnaire d'Orange sont écrites de la main de Robespierre. (Archives nationales F (7) 4439.

« On a dit, remarque Berriat Saint-Prix [1], que de cette Instruction était sortie la sanglante loi du 22 prairial, 10 juin 1794.*On y trouve la même pensée, presque les mêmes termes, et l'on y entrevoit la guillotine. Voyez la définition des crimes que la Commission d'Orange devait punir, les éléments des preuves soumis à sa conscience : *Contrarier* la marche de la Révolution par *quelques moyens que ce soit* est un crime capital ! La preuve de ce crime est *les renseignements de quelque nature qu'ils soient.* Avec de pareilles instructions et devant de tels juges, quelle défense sera possible? Ce ne sont pas les condamnations, mais les acquittements qui devront nous étonner. »

M. le Comte A. de Pontbriant [2] dit aussi :

« On chercherait vainement dans l'histoire des peuples civilisés, un gouvernement ayant établi un tribunal, qui fonctionnera plusieurs mois, sans autre règle de ses jugements *que la conscience des juges,* et de quels juges ! Plus de loi, plus de procédure, plus de défenseur : un *renseignement de quelque nature qu'il soit,* c'est-à-dire la dénonciation d'un ennemi, d'un voleur qui convoite le bien de son voisin, d'un misérable, suffira pour faire tomber les têtes.

« L'histoire a enregistré bien des scènes lamentables ; des hommes furieux, dans des moments de rage, ont saccagé, pillé, violé, massacré ; mais jamais de sang froid, on n'avait vu un tribunal, sans consulter les lois, sans

1 *La Justice révolutionnaire,* t. 1. p. 442.
2 *Histoire de la principauté d'Orange,* p. 344.

procédure, sans enquête, sans défense, envoyer à la mort, par centaines, hommes, vieillards, femmes, jeunes filles, accusés de ne pas chérir une révolution qui détruisait leur religion, qui foulait aux pieds tout ce qu'ils aimaient et respectaient. »

C'est ce que l'on vit faire à la Commission populaire d'Orange. Ses juges observèrent parfaitement les instructions qu'ils avaient reçues du Comité de Salut public.

Ils tinrent leur première séance, le 19 juin, et la dernière, la quarante-quatrième, le 4 août 1794. Ils arrivaient le plus souvent à l'audience après avoir fait des orgies scandaleuses dans leur maison, où ils se gorgeaient de vin, de liqueurs, ils prononçaient à table les arrêts de mort de personnes qu'ils allaient juger, sans avoir entendu les témoins, ni même quelquefois les prévenus.

« Devant leur tribunal, les accusés se trouvaient sans conseil ni défenseurs, la plupart peu instruits ou timides ne savaient se défendre, et ceux qui en auraient été capables, ne pouvaient préparer leur défense, ne sachant pas à l'avance ce dont on les accusait. D'ailleurs, s'ils ouvraient la bouche pour répondre à l'accusateur public : « Tais-toi, scélérat, lui disaient les juges, tu n'as pas la parole. » Ils condamnaient à mort des jeunes gens de moins de vingt ans et des vieillards de plus de quatre-vingts. » [1]

M. de Vidaud de la Tour, parce qu'il était riche, bienfaisant et la providence des pauvres à Avignon et à Velleron, fut jugé et condamné à mort avec sa mère, âgée de quatre vingt-quatre ans, et depuis quatre ans dans l'enfance. Elle n'avait rien compris à son jugement et à sa condamnation, et quand on la conduisit à la guillotine

[1] Histoire de la principauté d'Orange, page 352.

avec son fils : « *Mon ami*, lui dit-elle, *où allons-nous? Où nous mène-t-on?* — *Au ciel, ma mère.* — *Où souperons-nous, ce soir?* — *Avec les anges, ma mère.* — Quand il lui fallut gravir les marches de l'échafaud, elle croyait monter en voiture pour faire des visites.

Aussitôt que les jugements étaient rendus, Viot, l'accusateur public, les manches retroussées, le sabre nu à la main, conduisait les condamnés à mort dans la vaste prison du Cirque, et là, assisté de l'huissier Nappier et du bourreau Paquet, il les dépouillait de leur argent, de leurs bijoux et de tout ce qui avait quelque valeur.

A 6 heures du soir, il venait, avec des gendarmes, les reprendre, et, précédé de tambours qui battaient une marche funèbre, qu'on appelait *le pas de la mort,* il les conduisait, en suivant la rue de Tourre, à l'échafaud dressé sur le cours Saint-Martin, alors appelé *Place de la Justice.* Après chaque exécution, suivie d'un sinistre roulement de tambour, le bourreau présentait la tête sanglante au peuple qui criait : Vive la République !

Lorsque la dernière tête était tranchée, le bourreau et ses aides jetaient ces troncs encore palpitants, et ces têtes sanglantes dans un tombereau, et on les emportait sur les bords de la rivière d'Aigues, à quatre kilomètres d'Orange, au quartier de Martignan, dans un champ appelé Laplane. On y creusa d'abord sept fosses pouvant contenir chacune cent cadavres. Les corps y étaient jetés pêle-mêle, et on les recouvrait d'une couche de chaux vive, pour que des émanations ne vinssent pas empester la ville d'Orange.

Les sept fosses ne furent pas remplies. Les atrocités commises par le tribunal révolutionnaire d'Orange causaient partout une si épouvantable horreur, que lorsque Robespierre eut été renversé, le 9 thermidor, dimanche 27 juillet, et envoyé le lendemain à l'échafaud avec ses complices, la Convention nationale décréta la suspension des tribunaux révolutionnaires, et le 31 juillet, le Comité de Salut public transmit à Abrigeon, agent national du district d'Orange, l'arrêté qui suspendait les pouvoirs de la Commission populaire de cette ville, avec cette injonction : « Le Comité entend par son arrêté ci-joint, que les jugements commencés, et même rendus, n'auront point d'exécution, dès l'instant que l'arrêté sera parvenu. »

Ces ordres n'arrivèrent à Orange que le matin du 18 thermidor, 5 août. La Commission allait juger vingt-et-une personnes de Sérignan, dont l'acte d'accusation se trouve dans les papiers de la Commission, avec plus de deux cents jugements rédigés à l'avance, et prononçant la peine de mort contre des personnes qui n'avaient pas été entendues, et dont plusieurs n'étaient pas encore incarcérées.

Ce décret de suspension, arrêta l'effusion de tant de sang et de tant de larmes, et déjoua les calculs de Maignet, qui évaluait à quinze mille les têtes qu'il voulait abattre, et les espérances de Viot, qui écrivait quelques jours auparavant. « Déjà plus de trois cents révolutionnaires ont payé de leurs têtes les crimes qu'ils ont commis, *bientôt ils seront suivis d'un plus grand nombre.* »

Abrigeon signifia tout de suite l'arrêté de suspension aux membres de la Commission populaire. Ils furent d'abord terrifiés, puis espérant qu'il ne s'agissait que d'une suspension de quelques jours, ils se rassurèrent et, en attendant, cessèrent leurs fonctions. Mais la suspension de leurs pouvoirs fut définitive, et bientôt, à l'exception du juge Fernex qui fut massacré à Lyon, le 15 février 1795, ils furent eux-mêmes poursuivis, arrêtés et incarcérés dans diverses villes, et ensuite à Avignon, dans la partie du Palais des Papes, qu'on appelait la prison du *Fort*. Le 25 juin 1795, ils furent jugés par le tribunal criminel d'Avignon, qui condamna à mort Fauvety, Roman, Fontrosa, Melleret, Ragot, Viot, Barjavel et Claude Benet. Le lendemain, ils furent guillotinés sur l'échafaud, dressé devant *le Palais des Papes*. Quarante-sept jours leur avaient suffi pour prononcer et faire exécuter trois cent trente-deux sentences de mort. A leur tour, comme Danton, Robespierre et tant d'autres révolutionnaires, ils eurent aussi la tête tranchée.

Cependant leurs victimes innocentes, imitant l'exemple de notre divin Sauveur, avaient prié pour ceux qui les avaient fait mourir. D'après la relation de l'abbé Garille, citée par l'abbé S. Bonnel : *Les 332 Victimes*, (tome 2 p. 450) trois d'entre eux, Ragot, Viot et Barjavel, après leur condamnation à mort, reconnurent leurs fautes, et demandèrent un prêtre insermenté pour se confesser. A 5 heures du matin, le jour de leur exécution, un prêtre vint confesser Ragot et Barjavel. L'abbé Garilhe étant ensuite venu dans la prison, Ragot craignant de s'être confessé à un prêtre jureur, voulut se confesser de nouveau. Après il fut si content qu'il voulut faire partager son bonheur à un de ses compagnons d'infortune, à l'accusateur public Viot, qui se décida à se confesser.

L'abbé Garilhe les accompagna à l'échafaud, et il attesta dans sa relation, que « ces trois malheureux continuèrent de donner des marques d'un grand repentir, et prièrent le prêtre d'écrire à leurs femmes pour les instruire de leur conversion, et les engager de leur part à élever leurs enfants dans les principes de la religion catholique... La conversion de ces trois juges est un beau triomphe pour la religion catholique sur la philosophie, sur la sans-culotterie, et sur les prêtres constitutionnels. »

L'abbé Garilhe termine ainsi sa relation : « J'atteste tous les susdits faits véritables, comme témoin oculaire et pour avoir confessé les susdits Ragot et Viot, que j'accompagnai ainsi que Barjavel, jusqu'à l'échafaud, après les avoir tous exhortés à la mort, et fait les choses ci-dessus racontées. »

En foi à Avignon, ce 17 juillet 1797.

Signé GARILHE, prêtre.

Après le 9 thermidor, Maignet fut aussi poursuivi par la réprobation publique. La Convention, par son décret du 26 thermidor, le révoqua et le remplaça par Goupilleau, qui dans son rapport dénonça l'horrible cruauté de ce représentant. Le Directoire de Vaucluse, dans son adresse du 3 floréal, l'appelait *le bourreau du Midi*. Le 5 avril 1795. Sur la proposition de Tallien, il fut emprisonné et mis en accusation ; mais une loi d'amnistie qui fut alors votée, lui rendit la liberté, et il retourna à Ambert, où il reprit sa profession d'avocat et devint maire de cette ville.

En 1815, pendant les Cent Jours, il fut nommé député à la chambre des Représentants. Il fut ensuite atteint par la loi contre les régicides et condamné à l'exil. Il se cacha, ou bien il obtint bientôt de revenir à Ambert, où il mourut le 22 octobre 1834, d'une attaque d'apoplexie foudroyante. Le curé de la paroisse, appelé en toute hâte, n'eut pas même le temps de lui administrer l'extrême-onction : quand il arriva, Maignet ne donnait plus signe de vie.

CHAPITRE NEUVIÈME

Documents les plus anciens
sur l'emprisonnement, la condamnation et la mort
des 32 Religieuses

C'est devant la Commission populaire établie à Orange
que les 32 Religieuses comparurent. Mais avant de relater
leur jugement, leur condamnation et leur mort, nous
indiquerons les sources où nous avons puisé notre récit.

Parmi les *pièces officielles*, il y a d'abord aux *Registres
de l'Etat civil* de la ville d'Orange l'acte de décès de
chacune des 32 Religieuses. Chaque jour où l'on guillotina
des condamnés à mort, sitôt que la dernière tête avait été
tranchée, l'huissier Napier rédigeait un procès verbal dans
lequel il certifiait que « les nommées... ont été conduites
à la *place de la Justice*, où sur un échafaud dressé sur la
dite place, elles ont subi la peine de mort. »

Le greffier de la Commission populaire, Benet, envoyait
alors à la mairie ce procès verbal, avec la note sommaire
du jugement, et au vu de ces pièces, l'officier municipal
chargé de la rédaction des Actes de l'Etat civil, inscrivait
sur son registre l'acte de décès de chacun des suppliciés. [1]

---

1 Nous transcrivons l'acte de décès de la première religieuse qui
fut guillotinée, la formule est la même pour toutes les autres.

« Aujourd'hui, vingt messidor de la deuxième année de la République
française, une, indivisible et impérissable, à huit heures du matin,
moi, Jean Antoine Taccussel, adjoint à l'officier municipal, élu, le 14

La *Minute* de tous les jugements rendus par la commission populaire d'Orange, écrits sur un grand registre in-folio par le greffier Benet, et signés par le président Fauvety, les quatre juges et le greffier, se trouve au greffe du tribunal de Carpentras : on l'appelle le *Dossier rouge*.

Tous les jugements se terminaient ainsi : « La commission ordonne que les condamnés à mort seront, dans les 24 heures, livrés à l'exécuteur des jugements criminels, et mis à mort sur la place de cette commune appelée *Justice*.

« Ordonne que le présent jugement qui a été prononcé par le président aux accusés sera imprimé et affiché dans toute l'étendue de la république. »

La *Commission populaire*, en donnant ainsi la plus grande publicité à ses jugements, a eu le soin, de transmettre intégralement à la postérité ses horribles jugements, et de les certifier à quiconque refuserait d'y croire. Chaque

prairial de cette année, pour dresser les actes destinés à constater la naissance, mariage et les décès des citoyens, ai, en suite de l'envoi que le citoyen Benet, greffier de la commission populaire, établie en cette commune d'Orange, m'a faite de la note du jugement rendu, le dix-huit du présent mois, qui condamne à la peine de mort Deloye, Suzanne Agathe, âgée de cinquante-deux ans, née à Sérignan, y résidant, ex-religieuse insermentée, et de la signification faite à la municipalité par le citoyen Dapier, officier ministériel attaché à la dite Commission, constatant que la dite Deloye, Suzanne Agathe a été exécutée, le dix-huit du courant, vers les six heures du soir, sur la place de la Justice de cette dite commune, ai dressé le présent acte.

« Fait en la maison commune d'Orange les jour, an et mois que dessus.

(Signé) : J. A. Tacussel, notable adjoint. »

Ainsi les actes de l'état civil d'Orange constatent quel jour chacune des 32 religieuses *insermentées* a été condamnée à mort et guillotinée.

jugement formait une fascicule séparé. Dans les archives de la famille de Rocher, on conserve un exemplaire du jugement qui condamna la sœur des *Anges de Rocher*.

On a fait la collection complète de ces jugements imprimés, elle est intitulée : *Recueil des Actes de la Commission populaire d'Orange, imprimé à Orange chez Esprit Nicolau, imprimeur de la Commission Populaire, an 2 de la République, 1794.*

La bibliothèque du Musée-Calvet à Avignon possède un exemplaire de ce recueil, il nous fournira les extraits des jugements que nous insèrerons dans la biographie des 32 Religieuses : les accusations formulées contre elles par l'accusateur public, et les motifs de la sentence de mort prononcée par les juges.

Il y a plusieurs *Relations* très anciennes de la mort des 32 Religieuses. Les deux premières qui furent imprimées se trouvent dans le tome 1er, 2me partie des *Mémoires pour servir à l'histoire de la persécution française, recueillis, par les ordres de Notre Très Saint Père le Pape Pie VI, par l'abbé d'Hesminy d'Auribeau, Archidiacre et vicaire général de Digne, imprimés à Rome à l'imprimerie de Louis Perego Salvioni, MDCCXCV.* On trouve des exemplaires de cet ouvrage dans les bibliothèques de Rome. Il y en a un aussi à la bibliothèque du Grand Séminaire d'Avignon.

L'abbé d'Auribeau, émigré et réfugié à Rome, adressa, par ordre de Pie VI, à tous les Evêques de France, dispersés par la révolution dans les pays catholiques, une circulaire qui avait pour but d'obtenir sur leurs diocèses respectifs, tous les renseignements les plus positifs, concernant la persécution en France, afin que dans le centre même de la catholicité il pût se faire une histoire générale des vertus et des crimes, des martyrs et des persécuteurs de la plus désastreuse persécution.

Lorsque des documents furent réunis, l'illustre et saint Pontife donna l'ordre à l'abbé d'Auribeau de publier, sous l'inspection du savant et pieux cardinal Gerdil, les faits nombreux qui pouvaient entrer dans les Annales ecclésiastiques de cette époque.

Dans sa préface, page XXXI, l'auteur s'exprime ainsi : « L'authenticité des témoignages, dans un pareil ouvrage, est ce qui doit le plus sérieusement préoccuper un rédacteur jaloux de mériter la confiance publique. Nous nous sommes fait un devoir rigoureux de ne rien avancer, que sur des preuves par écrit et revêtues d'attestations dignes de foi. La plupart de nos matériaux sont signés par des Evêques, des Vicaires Généraux ou des Curés ; ils sont destinés, par ordre du Très Saint Père, à être déposés dans les archives du Vatican. »

Ces pièces sont-elles encore aux archives du Vatican ? L'abbé Guillon dit dans ses *Martyrs de la foi*, tome 1, pages 14 et 15 : « Heureusement le Pape, dans sa vaste prévoyance, permit d'en prendre copie, et voulut qu'on se mit à les publier, dès lors, successivement dans des mémoires contemporains. Ces monuments religieux si honorables pour la France n'ont donc pu être totalement détruits, quand les délégués de nos persécuteurs, envahissant et spoliant la demeure du Saint Père, en février, 1798, y enlevèrent les archives de nos triomphes dans la foi, quand ils les brûlèrent avec la même rage, et pour les mêmes motifs, que les préfets de Dioclétien avaient réduits en cendres les actes des martyrs de la primitive Eglise. »

A la page 536 du tome 1er, 2me partie des *Mémoires* de M. l'abbé d'Auribeau, imprimés à Rome en 1795, il y a une première relation sur les Religieuses de Bollène. Elle

est fort courte, il n'y a que 18 lignes. Elle débute ainsi :
« A Bollène, ville du Comtat Venaissin, dans le diocèse
de Saint-Paul-Trois-Châteaux, dont le respectable Evêque
M. de Reboul de Lambert est mort pendant la révolution, et
auquel Pie VI a donné pour administrateur apostolique
l'estimable M. Tavernier de Courtines, à Bollène, douze
religieuses de Sainte Ursule, douze du Très Saint Sacrement, et dix-neuf religieuses du Pont-Saint-Esprit ou
d'Avignon, furent conduites aux prisons d'Orange, dans le
mois de mai 1794. Vers le commencement d'octobre de la
même année, on les vit aller tranquillement au supplice. »

Il y a quelques erreurs dans ce début : le 2 mai on ne
conduisit de Bollène dans la prison d'Orange que
29 religieuses, parmi lesquelles il y avait 12 sacramentines.
Dans les mois suivants de juin et de juillet, on conduisit
encore à Orange 9 religieuses de Bollène ou du Pont-Saint-
Esprit. Ce n'est pas au commencement d'octobre, mais
dans le mois de juillet qu'elles allèrent au supplice.
En disant, dès les premières lignes de cette courte relation,
que M. Tavernier était administrateur apostolique du
diocèse de Saint Paul, l'abbé d'Auribeau semble indiquer
qu'il en est l'auteur. M. Tavernier était alors émigré
résidant à Pise, et il s'empressa de transmettre au Pape
les premières nouvelles qu'il avait reçues de France sur
les victimes guillotinées à Orange. Il ne savait pas le
nombre des religieuses qui furent guillotinées, ni la
date précise de leur mort. D'après l'époque où ces
renseignement lui étaient parvenus, il crut que les 42 religieuses emprisonnées avaient toutes subi leur supplice au
commencement d'octobre.

La seconde moitié de cette relation est très exacte. Elle
exprime vivement le premier sentiment d'admiration, que
l'on eut à l'égard de ces *saintes victimes*, qui consommèrent

leur *sacrifice*, en montant sur l'échafaud, devenu pour elle le *lieu de leur triomphe*. Dès lors on les regarda comme de vraies martyres.

A la page 1014 du même volume des *Mémoires* de l'abbé d'Auribeau, il y a une *seconde Relation* intitulée : *Relation plus détaillée du massacre des Religieuses à Orange.* C'est le récit simple et touchant de la vie des Religieuses dans la prison d'Orange et de leur fermeté devant leurs juges et sur l'échafaud.

L'abbé Guyon, dans ses *Martyrs de la foi*, tome 1 page 418, dit que des *Mémoires* sur les Religieuses (de Bollène) furent envoyés à Rome par M. l'abbé Tavernier de Courtines, que Pie VI avait institué administrateur apostolique du diocèse de Saint-Paul-Trois-Châteaux, auquel appartenait Bollène. M. Granget, dans son histoire du diocèse d'Avignon tome 2, page 503, dit aussi : « Nous croyons que tous ces détails sur les Religieuses de Bollène furent recueillis par un prêtre extrêmement respectable M. l'abbé Tavernier, qui en fit une Relation détaillée et l'envoya au Saint Père. »

Nous croyons plutôt que M. Tavernier, alors résidant à Pise, reçut de ses amis de France cette Relation toute faite, et qu'il la transmit au Pape, en n'y faisant que quelques légères modifications.

En effet, à la bibliothèque du Musée Calvet à Avignon, il y a, parmi les papiers de M. le chanoine Corenson, une *ancienne Relation manuscrite* sur les Religieuses de Bollène. Dans des notes écrites en novembre 1868, le dit chanoine a consigné les indications suivantes : « Il y a de nombreuses copies manuscrites de la *Relation* publiée à Rome par M. l'abbé d'Auribeau ; plusieurs ont passé sous mes yeux. Celle qui est tombée en ma possession forme un petit cahier de 16 demi-feuilles, plus une pour le titre. Cet écrit porte la date du 14 août 1794, 19 jours après l'immolation des cinq religieuses qui complétèrent le nombre de 32, dix jours après la dernière exécution ordonnée par la Commission populaire d'Orange. Ce cahier tout jauni par le temps me parait être de l'écriture d'une femme.

« Sur la première feuille, il n'y a que ce titre :

Martire des
Religieuses de Bollène
et autres du tems de la
terreur arrivé le 14 Août 1794.

« on avait écrit d'abord 1804, mais ensuite les deux chiffres du milieu ont été corrigés, et une autre main a écrit 1794. Le titre lui-même n'est pas de la main qui a commencé le récit, à la feuille suivante, et l'a continué jusqu'à la fin. » [1]

M. le chanoine Corenson indique dans ses notes que *La Commune*, journal d'Avignon, a reproduit, en 1851, son manuscrit ou un autre littéralement semblable. Nous avons constaté qu'au numéro de la *Commune* du 22 novembre 1851, se trouve la *Relation sur les Religieuses de Bollène guillotinées à Orange au mois de juillet, l'an 1794*; et qu'elle est, sauf deux mots, tout à fait conforme au manuscrit de M. Corenson. Un des rédacteurs du journal a ajouté cette note : « Cette Relation nous a été

1 La seconde page du manuscrit commence ainsi :
Le 14 Août
1794
Le deux mai 1794 quarante-deux religieuses de Bollène ayant été transférées en réclusion à Orange......

remise en manuscrit, nous avons cru devoir la reproduire telle quelle. Elle est terminée par un cantique intitulé : *sentiments de confiance sur la guillotine*, strophes pleines d'une naïveté navrante que ces saintes victimes chantaient sans doute, en allant au supplice, ou en s'y préparant.

J. Roumanille.

Les couvents des Religieuses du S. Sacrement d'Avignon et de Carpentras possèdent chacun une ancienne Relation manuscrite conforme à celle de M. Corenson. Celle du couvent de Carpentras porte, aussi en tête, la date du 14 août 1794.

M. V. de Baumefort dans son livre : *Le Tribunal révolutionnaire d'Orange*, imprimé à Avignon par M. Fr. Seguin ainé, 1875, dit à la page 99 : « Nous devons à l'obligeance de M. le docteur Martial Millet d'Orange, (c'était le propriétaire de la chapelle de Laplane) la communication d'un mémoire, écrit évidemment de la main même de l'une de ces saintes recluses qui échappèrent à la mort, par la chute de Robespierre. Nous donnons ici un extrait de ces souvenirs, où respire la plus touchante et la plus naïve piété. »

Tout ce qu'il cite du Mémoire de M. Millet, qui est aussi daté du 14 août 1794, est conforme aux Relations manuscrites de M. Corenson au Musée Calvet, et des couvents du S. Sacrement.

Dans ses notes, M. Corenson dit que sa Relation manuscrite « lui a paru ce qu'il y a de plus conforme à celle qui fut imprimée à Rome en 1795. » Faut-il en conclure que les Relations manuscrites ont été copiées sur celle qui fut imprimée à Rome en 1795 ? Nous ne le croyons pas ; les Mémoires de M. l'abbé d'Auribeau étaient alors inconnus en France. La conformité de la relation imprimée à Rome, avec celles qui sont manuscrites, nous porte à croire, qu'elles sont toutes des copies d'une Relation qui fut faite, tout de suite après la mort des 32 Religieuses; car sur quatre anciennes Relations manuscrites que nous connaissons, il y en a trois qui portent en tête la date du 14 août 1794, date qui a dû être aussi copiée sur la rédaction primitive. Nous pensons qu'une copie de cette rédaction fut envoyée à M. Tavernier qui la transmit au Pape Pie VI. Comme le présume M. de Baumefort, la Relation primitive a-t-elle été écrite par une des Religieuses qui échappèrent aux prisons d'Orange? Ou bien a-t-elle été rédigée par un des prêtres fidèles, comme M. le curé Boussier et le Père Thomas Quéyras, qui ne cessèrent alors de braver tous les dangers pour rester à Orange et y exercer leur saint ministère? Nous souhaitons de pouvoir trouver des documents qui nous permettent de répondre à cette question.

Les Religieuses du S. Sacrement de Bollène, ont le mieux conservé le souvenir de leurs treize sœurs martyres. Leur communauté n'a presque pas cessé d'exister pendant la révolution. La Rév. Mère de la Fare, leur Supérieure, était aussi emprisonnée avec une de ses religieuses au Pont-Saint-Esprit, lorsqu'elle eut la douleur et la joie d'apprendre la mort glorieuse de treize de ses filles à Orange. Peu de temps après la chute de Robespierre, elle fut rendue à la liberté, et bientôt quelques-unes de ses religieuses vinrent la rejoindre au Pont-Saint-Esprit, où elles se mirent à observer leur règle et à faire l'école aux jeunes filles.

M. l'abbé Tavernier qui était revenu de l'émigration, en 1795, vint de nouveau exercer auprès d'elles ses fonctions d'aumônier et de supérieur. Lorsque la tourmente révolutionnaire s'apaisa, il les ramena à Bollène, et en 1801, avant le concordat, il les rétablit dans leur ancien couvent, en vertu de ses pouvoirs d'administrateur du diocèse de Saint-Paul-trois-Châteaux, qu'il conserva jusqu'au 2 juin 1802, jour où Mgr Périer fut installé évêque du diocèse d'Avignon.

Parmi les papiers que la Rév. Mère de la Fare put sauver pendant la révolution, il y a un registre intitulé : *Livre des actes de vêture et de profession et mortuaire, à l'usage des Sœurs du Saint Sacrement à Boulène.* Ce livre commencé le 5 Mai 1726, cinq mois après la fondation du monastère, est encore à l'usage des sœurs, qui continuent d'y inscrire les actes de vêture, de profession et de décès. Elles le conservent avec soin, parce qu'il contient les actes de vêture et de profession de leurs treize sœurs martyrès, ainsi que leur acte de décès intitulé : *Mortuaire triomphant !*

Les sacramentines du couvent de Bollène avaient aussi de très anciennes *Relations* de la mort des Religieuses guillotinées à Orange. Quelques-uns de ces manuscrits ont été perdus en 1870, l'année de la guerre. Mais dans un vieux registre renfermant diverses pièces, concernant l'histoire de leur couvent, elles ont une Relation intitulée: *Extrait du martyre des Religieuses retirées à Bollène.* Cette Relation est conforme avec celle qui fut imprimée à Rome, et avec celles de M. Corenson et de M. Millet.

En 1864, elles avaient communiqué leurs manuscrits au Rév. Père Marie Ambroise Petton, qui a inséré le récit de la mort des Religieuses de Bollène dans les *OEuvres choisies du V. Père Antoine. (Paris, chez Mme veuve Poussielgue-Rusand.)* 1864. « Nous laisserons, dit-il, parler ici la *Sœur* qui nous a conservé l'histoire de ces jours de sacrifice et de victoire. Nous avons complété, où quelque fois corrigé les noms et les âges, d'après un manuscrit plus authentique, revêtu de la signature de la Supérieure de Bollène. » Le récit du Rév. Père Marie-Ambroise est aussi tout-à-fait conforme à celui des plus anciennes Relations.

Il y a encore au Couvent du Saint-Sacrement de Bollène des manuscrits plus récents, mais déjà anciens, parmi lesquels il y en a deux très intéressants: ils sont intitulés:

Le premier : *Courtes notes sur la fondation du monastère de l'adoration perpétuelle du Très-Saint Sacrement de Bollène, et son établissement après la grande révolution de 1792.*

Le second : *Relation de la conduite édifiante et des vertus de nos anciennes mères et sœurs, pendant la révolution de 1790.*

Ces deux manuscrits ont été rédigés et écrits par la Rév. Mère Euphrosine Marie du Saint-Esprit, Elizabeth Rique. Elle était née à Tulette (Drôme) en 1801. En 1807, après la mort de son père et de sa mère, agée à peine de six ans, elle fut admise comme pensionnaire chez les Sacramentines de Bollène, et ne voulut plus les quitter. Elle fut reçue au noviciat, en 1818, et à la profession, le 12 octobre de l'année suivante. Elle fut longtemps première maîtresse du pensionnat, 18 ans économe, 9 ans assistante, et aussi 9 ans supérieure. Elle remplissait cette charge, lorsqu'elle mourut, le 18 janvier 1870. Il y avait trois mois seulement qu'on avait célébré ses noces d'or, au cinquantième anniversaire de sa profession religieuse.

On trouve dans ces deux manuscrits tout ce qu'il y a dans la Relation imprimée à Rome en 1795, et dans les plus anciennes relations manuscrites; mais la Mère du Saint-Esprit a corrigé toutes les erreurs de noms et de dates, et elle a ajouté tout ce qu'elle a pu recueillir dans les traditions orales et écrites du couvent de Bollène. Elle-même avait pu faire parler les témoins oculaires et contemporains des événements. Elle eut bien souvent l'occasion d'entendre les récits faits par la Rév. Mère de la Fare, qui mourut en 1828.

Parmi les religieuses qui furent emprisonnées à Orange, elle avait connu la sœur Bastet, Ursuline du couvent du Pont-Saint-Esprit qui fut condamnée à la prison par la Commission populaire, et mise en liberté, le 1er février 1795. Elle revint à Bollène et entra au couvent du Saint-Sacrement, où elle mourut, le 10 décembre 1810.

La Mère du Saint-Esprit avait encore mieux connu la sœur Saint-François, Madeleine Talieu, religieuse converse du Saint-Sacrement, qui fut aussi emprisonnée à Orange et jugée, le 26 juillet, avec huit religieuses dont cinq furent condamnées à mort. N'ayant été condamnée qu'à la prison, elle fut mise en liberté le 1er février 1795, et revint à Bollène dans sa famille, où elle se dévoua à l'éducation de ses neveux et de ses nièces, et où elle mourut en 1822, âgée de 80 ans. La Mère du Saint-Esprit était alors au couvent des Sacramentines depuis 15 ans, et elle avait demandé bien des fois à Madeleine Talieu le récit de tout ce qu'elle avait vu et appris pendant la révolution; elle a écrit dans ses *Courtes notes:* « Nous nous plaisions à faire raconter à Madeleine Talieu toutes les plus petites circonstances de la conduite de toutes ces vertueuses filles, en ce temps affreux, soit dans la prison, comme partout ailleurs. »

Dans ses deux manuscrits, la Mère du Saint-Esprit nous a donné la Relation la plus exacte et la plus complète des vertus et de la mort glorieuse des 32 Religieuses guillotinées à Orange.

Le premier livre publié en France où l'on trouve le récit de la mort des Religieuses guillotinées à Orange, c'est celui de l'abbé Carron. *Les confesseurs de la foi dans l'Eglise Gallicane à la fin du dix-huitième siècle, 4 vol. in-8° Paris, Le Cleré, 1820*. L'auteur, (tome 2, page 82) s'est servi de la Relation imprimée à Rome ; mais l'ayant trouvée d'une trop grande simplicité, il a suivi le goût de son temps, il l'a revêtue d'une forme oratoire, et il y a ajouté quelques commentaires.

L'année suivante l'abbé Aimé Guillon publia *Les Martyrs de la foi pendant la révolution française*, Paris, chez Germain Mathiot, 1821. Il dit, dans sa préface, que, depuis vingt-six ans, il recueillait les documents de cet ouvrage. En 1799, il avait voulu commencer à le publier, mais les gouvernants d'alors ne le lui permirent pas ; ils commandaient le silence, et ne voulaient pas qu'on parlât de leurs victimes. Dans les premières années de l'Empire, il fit une nouvelle tentative, qui fut encore plus infructueuse. La police de Napoléon lui confisqua ses manuscrits et l'obligea de sortir de la France. Sous la Restauration il put retrouver ses papiers, et en 1821, il publia les quatre volumes de son ouvrage. Dans les trois derniers, il donne, en suivant l'ordre alphabétique, la biographie des *Martyrs de la foi* et il n'a pas oublié celle des 32 Religieuses guillotinées à Orange.

Dans son premier volume, à l'article *Orange*, page 414, il transcrit presque entièrement et avec exactitude la Relation imprimée à Rome. Il parle, à la page 418 « des *Mémoires* envoyés à Rome, sur le meurtre des Religieuses de Bollène par M. l'abbé Tavernier de Courtines. » Il paraît qu'il en avait reçu communication, peut être de la part de M. Tavernier, qui ne mourut qu'en 1817, et qu'il avait pu consulter; il en cite une page, qui, sauf les trois dernières lignes ne se trouve ni dans la Relation imprimée à Rome, ni dans les plus anciennes Relations manuscrites. Nous la transcrivons ici :

« On y lit (dans les Mémoires envoyés par M. Tavernier) que le président après avoir interrogé sur son nom, son âge, sa profession, la victime qui lui était livrée, lui demandait si elle avait fait, ou si elle voulait faire le serment de *Liberté-Egalité*. Toutes les religieuses, comme les prêtres, répondaient successivement : Ce serment est contraire à ma conscience, mes principes religieux me le défendent. Souvent le président insistait, en disant à chacune d'elles, avec le grossier tutoiement d'alors : Tu es encore à temps de prêter ce serment, et tu peux à ce prix être innocentée par nous ; chacune d'elles répétait à son tour : Je ne puis sauver ma vie aux dépens de ma foi. — Sur une telle réponse, l'arrêt de mort était aussitôt prononcé. Toutes allèrent au supplice avec une céleste allégresse, et comme à un festin de noces, suivant l'expression d'un témoin oculaire. Le peuple grossier ne pouvait comprendre cette joie, et les gendarmes, plus grossiers encore, ne cessaient de répéter dans leur brutal langage : ces b... là meurent toutes en riant. »

Après l'abbé Guillon, tous les historiens, tous les auteurs qui ont parlé des *Religieuses de Bollène se sont* contentés de reproduire la Relation imprimée à Rome.

En 1883, M. l'abbé G. Bonnel, vicaire à Orange a été le premier qui a su se servir des pièces officielles, des délibérations de la municipalité et du Comité de surveillance de Bollène, des manuscrits du couvent du Saint-Sacrement, de la minute des jugements rendus par le tribunal révolutionnaire d'Orange, et de tous les papiers qui y sont annexés.

A la fin du second volume de son ouvrage sur les *332 Victimes de la Commission populaire d'Orange*, pages 369 à 430, il a consacré aux Religieuses de Bollène un chapitre, dans lequel il est parvenu à compléter notablement les Relations connues jusqu'alors, et à les corriger des nombreuses erreurs dont on n'avait pu les préserver.

CHAPITRE DIXIÈME

Les Religieuses de Bollène dans la prison, devant le tribunal révolutionnaire et sur l'échafaud à Orange, du 2 mai au 26 juillet 1794.

Les 28 Religieuses de Bollène qui furent transférées, le 2 mai, à Orange dans la prison de la Cure, y trouvèrent quatre religieuses Ursulines, dont une était du couvent de Sisteron, et les trois autres du couvent de Carpentras. Dans le courant du mois de mai et des deux mois suivants, on amena, encore dans la même prison 22 religieuses de Bollène, de Sérignan, d'Orange, de Carpentras, de Caromb... Dans les premières semaines de leur détention, elles s'attendaient bien à mourir, en confessant leur foi devant des juges impies, mais elles ignoraient devant quel tribunal elles auraient à comparaître. Il n'y en avait pas à Orange. Elles ne savaient pas pourquoi on multipliait les prisons dans cette ville, où on entassait tant de prisonniers. Elles le comprirent, lorsqu'elles apprirent qu'on allait établir à Orange un tribunal révolutionnaire, décoré du nom trompeur de *Commission populaire*, qu'on s'était empressé de l'installer, le 3 juin, et que, le 19 du même mois, il avait commencé à tenir ses séances quotidiennes, dans chacune desquelles, il prononçait et faisait exécuter par la guillotine une dizaine de condamnations à mort. Alors les Religieuses virent clairement le sort qui leur était réservé. C'était la mort, mais c'était aussi le martyre qu'elles enviaient.

Pour faire le récit de leur vie édifiante dans la prison, de leur fermeté devant les juges et de leur mort glorieuse sur l'échafaud, nous nous contenterons de citer dans toute leur simplicité la Relation imprimée à Rome en 1795, et les plus anciennes Relations manuscrites. En les lisant on croira lire quelques pages détachées des *Actes des Martyrs* de la primitive Eglise.

La *Relation imprimée à Rome*, commence ainsi :

« Le 2 mai 1794, quarante-deux religieuses de Bollène ayant été transférées à Orange, pour y être incarcérées, commencèrent à se préparer à leur grand sacrifice par l'exercice de toutes les vertus religieuses, par une prière continuelle, et un profond silence, ne prenant que peu de nourriture et de repos. Leur conduite édifiante, étant digne de servir de modèle, nous devons en conserver avec respect la mémoire. »

La *Relation* des Sacramentines de Bollène nous donne le plus de détails sur la vie des religieuses dans leur prison : « Le 2 mai 1794, elles se virent conduire à Orange. On les mettait sur des charrettes et on les conduisait ainsi que des agneaux que l'on mène à la boucherie.

« Le lendemain de leur entrée dans la prison, ne doutant pas qu'elles ne fussent destinées au martyre, elles se réunirent dans la même chambre, pour concerter ensemble les exercices de leur préparation au sacrifice de leur vie, pour la cause de la religion. Leur première résolution fut de n'avoir plus entre elles qu'une même règle, et de ne suivre toutes que le même plan de vie, puisqu'elles avaient la même destinée. Elles portèrent même l'esprit d'union, jusqu'à vouloir que tout ce qui était à chacune d'elles en particulier, tel que le linge, les assignats, fût commun entre elles, comme cela s'était pratiqué, parmi les chrétiens des jours les plus fervents de la primitive Eglise.

« Les autres religieuses qu'on enfermait ensuite dans la même prison, s'associaient bien vite à cette admirable fraternité.

« Chaque jour, ces saintes filles commençaient ensemble, dès 5 h. du matin, leurs pieux exercices par une heure de méditation, après quoi elles récitaient en commun l'office de la Sainte-Vierge, et ensuite celui de la Sainte Messe.

« A 7 heures, elles prenaient un peu de nourriture.

« A 8 heures, elles récitaient les litanies des saints... »

Elles avaient transformé leur prison en monastère, où elles continuaient de pratiquer toutes les observances et les vertus de la vie religieuse. C'était leur *préparation prochaine* à une mort glorieuse.

Bientôt lorsque la Commission populaire eut commencé à tenir chaque jour ses séances, lorsque, le 6 juillet, elle eut fait comparaître la première des Religieuses, Suzanne de Loye, et l'eut envoyée à la guillotine, les autres religieuses durent faire quelques additions à leur règlement, pour qu'il fût une *préparation très prochaine* à la mort. Du 6 juillet 1794 au 26 du même mois, en neuf séances de la Commission populaire, 32 d'entre elles citées à comparaître devant les juges, furent condamnées à mort et guillotinées ; elles étaient traitées comme des brebis destinées à la boucherie : *œstimati sumus sicut oves occisionis.* Chaque jour, chacune d'elles pouvait se dire : demain ce sera mon tour. C'est pourquoi elles ajoutèrent, à leur règlement ordinaire de la vie religieuse, des exercices de piété pour se préparer toutes immédiatement à la mort, des prières spéciales pour fortifier celles qui comparaissaient devant les juges, et qui allaient à la mort, des actions de grâce et des félicitations le soir, au moment où les martyres venaient de consommer leur sacrifice. Nous transcrivons ce règlement d'après la Relation imprimée à Rome en 1795. Il a été cité, avec de légères différences par tous les auteurs qui ont parlé des Religieuses de Bollène.

« Leurs exercices de piété commençaient à 5 heures précises du matin ; savoir : une heure d'oraison en communauté, l'office et la récitation de l'exercice de la Sainte Messe.

« A 8 heures, on se rassemblait encore, et l'on récitait les litanies des saints, la préparation à la mort, les prières pour la confession en général, la communion spirituelle en viatique [1] et l'Extrême-Onction. On renouvelait les vœux

[1] Les Religieuses détenues dans la prison de la Cure eurent-elles le bonheur de communier quelquefois ? Les Relations n'en disent rien. Cependant dans les notes que M. Jalat curé de Camaret a écrites il y a 60 ans, sur les registres de cette paroisse, au sujet de son prédécesseur M. Queyras, plus souvent appelé le Père Thomas, qui était son nom de religion chez les Capucins, nous lisons que dans les prisons d'Orange où les hommes étaient détenus, il y avait des prêtres fidèles, qui par l'intermédiaire de personnes très prudentes, s'étaient mis en relation avec le Père Thomas. Il se tenait alors caché dans la maison des filles Moulet, repasseuses. De sa cachette, il leur envoyait, comme au temps des premières persécutions de l'église, dans une boîte d'argent, des hosties pour communier les prisonniers, qui avaient un grand besoin de cette divine nourriture, pour se préparer à la mort.

C'est vrai que dans la prison de la *Cure*, il n'y avait pas de prêtres ; on n'y emprisonnait que les femmes. M. Queyras eut-il le moyen de du baptême, de la confirmation et de la sainte religion. Quelques unes dans les transports de la ferveur s'écriaient : « *Oui, je suis religieuse, et j'ai une grande consolation de l'être ; je vous remercie, Seigneur, de m'avoir accordé cette grâce.*

« A 9 heures, c'était le moment de l'appel, et chacune se préparait à marcher au tribunal avec joie. Souvent elles s'offraient d'elles-mêmes à partir les premières, nommément les deux sœurs Roumillon, dont l'une fut emmenée et l'autre renvoyée au lendemain ; (ce fut au surlendemain) ; leur séparation ne pouvait être longue ; elles se quittèrent les unes les autres sans regret, dans l'espoir de se retrouver bientôt dans le ciel.

« Dès le moment que leurs chères compagnes étaient conduites devant le tribunal, celles qui restaient se mettaient en prières, pour obtenir les lumières de l'Esprit-Saint et la force nécessaire au moment d'un tel

leur envoyer des hosties consacrées pour se communier elles-mêmes ? Mais lorsqu'on les avait condamnées à mort, on les conduisait à la prison du Cirque, où elles restaient quelques heures et là il y avait un prêtre fidèle en relation avec M. Queyras, M. Esprit Thomas Deydier, chanoine d'Orange, et tout porte à croire qu'il put communier en viatique les religieuses condamnées à mort, quelques moments avant leur départ pour l'échafaud. Les Relations n'en parlent pas, parce que alors, comme dans la primitive église, on gardait fidèlement le *secret des mystères.*

Quand les victimes de la Commission populaire d'Orange allaient à la mort, elles étaient informées qu'elles recevraient une dernière absolution. Au bout de la rue de Tourre, par où passaient les condamnés conduits à la mort, il y avait une maison qui faisait saillie sur la rue, et à une fenêtre de cette maison, placés derrière un rideau qui les cachait à la vue de la foule, M. Queyras et M. Boussier, curé d'Orange, se partageaient ce consolant, mais périlleux ministère.

combat. On implorait le secours de la Sainte-Vierge, par la récitation de mille *Ave Maria*, on répétait des litanies sans nombre, on faisait des prières sur les paroles de Jésus-Christ en croix ; il n'y avait presque point d'interruption jusqu'à 5 heures du soir, temps où l'on disait l'office. »

« Chacune des victimes de ce troupeau d'élite tachait de se préparer à son sacrifice, par la plus grande pureté de conscience : elles s'accusaient à leur Supérieure de leurs moindres fautes, gardant la retraite et un silence continuel.

« Parmi les quarante-deux Religieuses qui s'étaient vouées volontairement à la mort, par le refus de prêter le *serment de la Liberté et de l'Egalité*, le divin Epoux en a choisi trente-deux. Les dix qui sont restées gémissent de n'avoir pu suivre leurs compagnes à la salle des noces. Les juges en ont absous cinq pour contenter le peuple, et le tribunal ayant été cassé, les cinq dernières n'ont point été jugées. [1] *(Relation imprimée à Rome.)*

« Celles qui n'étaient pas appelées enviaient le sort de celles qui l'étaient, et ressentaient une peine de retarder à le partager, tant était vif leur désir de donner leur vie pour Jésus-Christ. Elles ne revoyaient plus celles que le tribunal avait condamnées à mort, parce qu'il les faisait jeter avec d'autres victimes condamnées comme elles, dans une cour appelée *Cirque*, en attendant l'heure de leur exécution.

---

[1] D'après le registre d'écrou, 55 religieuses furent emprisonnées à Orange, et d'après les jugements prononcés par la Commission populaire, 32 Religieuses furent condamnées à mort et guillotinées, une fut acquittée, sept furent condamnées à la prison et 15 ne furent pas jugées.

« Lorsque à 6 heures du soir, le bruit sinistre du tambour, et les cris épouvantables de : Vive la Nation ! vive la République ! annonçaient le départ des victimes pour l'échafaud, leurs sœurs, prosternées dans la prison, répétaient les prières des agonisants et celles de la recommandation de l'âme ; elles gardaient ensuite un profond silence, restant toujours à genoux, jusqu'au moment où elles présumaient que leurs compagnes avaient subi leur jugement. Alors elles se levaient, se félicitaient, surtout celles qui étaient de la même Communauté, de ce que quelques-unes d'entre elles avaient été admises aux noces de l'Agneau sans tache. Elles chantaient avec le *Te Deum*, le psaume : *Laudate Dominum, omnes gentes.* Cette joie pure, mais courte, leur donnait le moyen de souper avec un peu plus d'appétit. Elles s'exhortaient mutuellement à mourir de même le lendemain. » (*Relation des Sacramentines de Bollène.*)

Dans la prison de la *Cure*, et dans celle du *Cirque*, où elles étaient enfermées après leur condamnation à mort, les Religieuses exercèrent un véritable apostolat. « L'allégresse que l'on voyait peinte sur le visage de ces saintes filles, après leur jugement, encourageait les autres condamnés, et leur faisait désirer la mort. Plusieurs mêmes qui étaient accablés de soucis, à cause de leurs femmes et de leurs enfants, en faisaient le sacrifice de tout leur cœur, par les douces exhortations de ces religieuses. Elles ont une fois passé demi-heure en oraison, les bras en croix, pour obtenir les forces au père d'une nombreuse famille, qui se livrait au désespoir, et elles eurent la consolation de l'accompagner au supplice dans les sentiments les plus chrétiens. » (*Relation imprimée à Rome.*)

« Joignant à des exemples si touchants et si persuasifs une sorte d'apostolat, ces saintes filles contribuaient, autant que les saints prêtres prisonniers avec elles, dans le Cirque, à ramener au Seigneur les personnes séculières qui partageaient leur sort, et n'avaient presque jusque alors vécu que pour le monde, et quelques prêtres coupables du serment de la Constitution civile du clergé, qu'on avait enfermés dans la même prison. Ceux-ci ne tardèrent pas à se repentir, et on les vit bientôt se jeter aux pieds des ministres fidèles qui pouvaient recevoir leur rétractation et les absoudre, et quand ils voyaient quelques unes de ces saintes filles appelées au tribunal et allant au martyre, ils se prosternaient devant elles, en leur disant avec toute la vivacité du repentir le plus sincère : « Nous avons reconnu notre erreur, et nous l'abjurons de nouveau à vos pieds. Pardon, mille fois pardon ! Pardon des scandales que nous avons donnés aux faibles! Nous voulons mourir comme vous, non seulement dans le sein de la religion catholique, apostolique et romaine, mais encore pour la foi qu'elle professe.

« Il serait difficile d'exprimer combien le ministère des Religieuses fut utile, à ceux qui étaient jugés, condamnés et jetés avec elles dans le Cirque, où ils attendaient l'heure du supplice. Elles encourageaient ceux que la mort consternait, et que le désespoir était près d'atteindre, en leur faisant concevoir des espérances plus pures et plus solides que celles de la terre. A ceux dont la séparation de leur famille, la perte des biens temporels que leur condamnation allait imposer à leurs enfants, affligeaient beaucoup trop l'âme sensible, elles montraient dans le ciel des parents et des amis plus heureux. Le père d'une nombreuse famille étant tombé dans une sorte de désespoir, à la seule pensée que ses enfants allaient devenir orphelins par sa mort, une de ces religieuses, dont les discours ne pouvaient plus être entendus par son esprit troublé, se mit en prières pour lui obtenir le courage dont il avait besoin. Pendant une heure entière, elle resta à genoux, les bras élevés vers le ciel. Sa prière fut entendue et exaucée par celui qui tient tous les cœurs entre ses mains. Le père de famille sentit renaître en lui la confiance en Dieu, et il marcha au supplice avec un courage dont personne ne l'aurait cru capable.

« Nous avons lu dans une Relation au sujet du martyre d'une de ces saintes religieuses, que l'une d'entre elles, se trouvant dans le Cirque, où on l'avait jetée après sa condamnation, et levant les yeux vers le ciel, aperçut un prisonnier d'Arles, à qui elle avait demandé le secours de ses prières. Celui-ci lui répondit, que c'était un devoir dont il s'acquittait tous les jours, jusqu'à ce que les victimes fussent immolées. Le jeune homme à son tour se recommanda aux prières de la bonne religieuse qui lui dit : Rassurez-vous, mon ami, vos maux vont finir. Pour moi, je vais paraître devant Dieu, et j'emporte les clefs de la guillotine.

« On raconte qu'un jeune homme d'Alais, qui était entré dans la prison avec tous les goûts du monde, ayant eu ensuite la liberté de retourner dans ses foyers, préféra aller dans la solitude mener une vie capable de lui mériter un jour la gloire de ces saintes vierges, dont il avait partagé les chaînes, sans pouvoir obtenir comme elles la palme du martyre. » (*Relation des Sacramentines de Bollène.*)

Les Religieuses se préparaient à la mort en observant leur règle avec la plus grande perfection.

« Leur prison était pour elles un cloître, animé de la plus grande ferveur. Tous les exercices de la profession religieuse y étaient remplis sans aucune distraction, et avec une ponctualité parfaite. Un jour que deux d'entre elles ne furent appelées au tribunal que dans l'après-midi, une d'elles s'écria avec autant de regret que de candeur : « Eh ! mais... nous n'avons pas dit nos Vêpres : sa compagne lui répliqua sur le champ : nous les dirons dans le ciel. » (*Relation des Sacramentines de Bollène.*)

« Quelques-unes éprouvèrent d'abord la terreur de la mort ; mais à mesure que le jour du supplice approchait, elles jouissaient du calme le plus parfait, et de la paix la plus profonde. La sœur converse Saint-André (Laye) tomba la veille de sa mort dans une grande tristesse, et dit à une de ses compagnes : *Je crains que Dieu ne me juge pas digne du martyre.* (Elle fut bien contente, le lendemain, lorsqu'elle fut appelée devant ses juges.) La pensée qu'elles allaient mourir martyres, remplissait toutes ces religieuses d'une joie céleste.) La sœur Sainte Françoise, ursuline de Carpentras disait la veille de son martyre : *Quel bonheur ! nous allons voir notre époux !* La sœur des Anges de Rocher s'écriait : *Oh ! que c'est beau !* En récompense de sa fidélité (à suivre le conseil que lui avait donné son père) le Seigneur lui fit connaître intérieurement le jour de la consommation de son sacrifice. En effet la veille de sa mort, à la prière du soir, elle demanda pardon à toutes ses compagnes, et leur recommanda instamment de bien prier pour elle, parce que le lendemain elle serait immolée. Après la lecture de sa sentence de mort, elle remercia avec une grande satisfaction ses juges, de ce qu'ils lui procuraient le bonheur d'aller se réunir avec les anges. » (*Relation imprimée à Rome.*)

« La sœur Gertrude d'Alauzier, la veille de sa mort, se trouva, à son réveil, inondée d'une joie extraordinaire, qui lui faisait verser des larmes. Elle s'écriait avec transport : *Je suis dans une espèce d'extase, et comme hors de moi-même ; parce que j'ai la persuasion que, demain, je mourrai et je verrai mon Dieu.* Un moment après, sa conscience timorée lui fit craindre que cette exclamation n'eût été accompagnée d'un mouvement d'orgueil. Elle en fut si troublée, qu'on crut devoir la rassurer, sur le sentiment qui l'avait inspirée. Elle fut en effet appelée le lendemain et condamnée à mort pour avoir refusé le serment exigé par la loi. » *(Relation des Sacramentines de Bollène.)*

C'est avec ces beaux sentiments que les religieuses allèrent devant le tribunal, qui devait les condamner à mort ; et devant leurs juges, leur fermeté et leur dignité ne furent pas moins admirables :

« Le président du tribunal, après avoir interrogé la victime qui lui était livrée, lui demandait si elle avait fait, ou si elle voulait faire le serment de *Liberté-Egalité.* Toutes les religieuses, comme tous les prêtres, répondaient successivement : Ce serment est contraire à ma conscience, mes principes religieux me le défendent. Souvent le président insistait, disant à chacune d'elles avec le grossier tutoiement d'alors : *Tu es encore à temps pour prêter ce serment, et tu peux à ce prix être innocentée par nous.* Chacune d'elles répliquait à son tour : *Je ne puis sauver ma vie aux dépens de ma foi.* Sur une telle réponse, l'arrêté de mort était aussitôt prononcé. » *(Relation des Sacramentines de Bollène.)*

— *Qui es-tu ?* dit le juge à la sœur Claire Dubac. *Je suis religieuse, et la serai jusqu'à la mort.*

« — *Qui es-tu ?* dit-il à la sœur Consolin. *Je suis fille de l'église.* » (*Relation de Rome.*)

D'après une autre relation le président Fauvety fit deux autres questions à Thérèse Consolin : *Veux-tu prêter serment ?* lui dit-il — Jamais ! ma municipalité me l'a demandé, et je l'ai refusé, parce que ma conscience me le défend. — La loi te l'ordonne. — La loi humaine ne peut me demander des choses opposées à la loi divine.

La sœur Saint-François converse sacramentine, Madeleine Talieu comparut à cette même audience ; n'ayant été condamnée qu'à la prison, elle fut mise en liberté, le 1er février 1795. Elle retourna à Bollène, où elle vécut jusqu'au 20 août 1822. Elle avait entendu les questions du président et les réponses de Claire Dubac et de Thérèse Consolin, elle les rapporta ainsi que les réponses qu'elle fit elle-même. « *Veux-tu prêter serment ?* lui dit le juge. — *Non, je ne veux pas prêter serment — Pourquoi ? — Parce que ce serment est contraire à ma conscience. — Aimes-tu le roi ?* — D'une voix forte la sœur Saint-François répéta trois fois : *J'aime mon prochain, j'aime mon prochain, j'aime mon prochain.* Le juge lui dit encore : *Qu'est-ce que la conscience ?* — Ah ! répondit-elle *ne m'en demandez pas davantage, parce que je ne pourrai pas vous répondre, n'étant qu'une pauvre converse.* » (*Relation des Sacramentines de Bollène.*)

Quand les religieuses entendaient prononcer leur sentence de mort, au lieu de trembler, elles se réjouissaient. Elles n'avaient pas peur de la mort, qui était pour elles un bienheureux martyre.

« La sœur Gertrude d'Alauzier remercia ses juges du bonheur qu'ils lui procuraient. — La sœur Pélagie Bès après son jugement sortit de sa poche une boîte de dragées qu'elle distribua à toutes les condamnées comme elle. *Ce sont*, ajoutait-elle, *les bonbons de mes noces*, et chacune les mangeait avec la joie la plus pure. » (*Relation de Rome.*)

Après leur condamnation, les religieuses ne revenaient plus dans la prison de la *Cure*, auprès de leurs compagnes, elles étaient conduites ainsi que ceux qui avaient été condamnés à mort avec elles, dans la vaste prison du *Cirque*, où elles restaient jusqu'à 6 heures du soir, lorsqu'on venait les prendre pour les conduire à l'échafaud.

La mort qu'elles allaient subir augmentait leur joie. « La sœur sacramentine Théotiste, Elizabeth Pélissier, qui avait occupé l'emploi d'économe à la grande satisfaction de toute sa communauté, était une de ces âmes privilégiées de la grâce. La nature l'avait aussi douée de beaucoup de talents, entre autres de celui de la poésie ; elle avait une voix merveilleuse pour le chant. On assure, qu'après sa condamnation ayant été jetée dans le *Cirque*, pour attendre l'heure de l'exécution de sa sentence, ses gardiens désirant entendre sa belle voix, la prièrent de leur chanter quelque chose. Au même instant, montrant de la main le lieu où était dressée la guillotine, elle entonna ces vers qu'elle avait composés dans la prison

> Quel auguste poteau
> Dressé pour mon supplice !
> L'amour est le marteau
> Qui frappe sans pitié ;
> Personne n'aura de moitié
> À mon généreux sacrifice.
> Les traits de mon vainqueur me laissent aux abois ;
> Je suis enfin réduite à l'agonie.
> Heureuse mort qui finit sur la Croix !
> C'est là que je trouve la vie !

« Lorsque le moment de l'exécution fut arrivé, elle marcha vers le lieu de son supplice avec un courage et une générosité admirables, en chantant le Magnificat. » (*Relation des Sacramentines de Bollène.*)

« La sœur du Saint-Sacrement Just. (Justamond) dit en présence de ses gardes : *Nous avons plus d'obligation à nos juges, qu'à nos pères et mères, puisque ceux-ci ne nous ont donné qu'une vie temporelle, au lieu que nos juges nous procurent une vie éternelle.* L'un des gardes en fut attendri jusqu'aux larmes, et un paysan voulut lui serrer la main. L'amour divin dont elle était embrasée la faisait s'écrier : *O quel bonheur ! je suis bientôt au ciel, je ne puis soutenir les sentiments de ma joie.* » (*Relation de Rome.*)

« Les six religieuses qui avaient été condamnées à mort le même jour qu'elle, partageaient ses sentiments de reconnaissance et d'allégresse. Un paysan qui les voyait passer s'inclina respectueusement devant elles, et demanda qu'on lui permît de toucher l'extrémité de leur vêtement, comme d'autant de saintes. Mais leur humilité repoussant cette espèce de culte, elles s'écrièrent à l'instant : « Ah ! plutôt priez Dieu pour nous. Dans un instant, tous les siècles auront passé à notre égard ; le temps sera fini, et nous serons dans l'éternité. Priez pour nous, priez ce Dieu qui va nous juger dans un moment, ce Dieu qui trouva des taches dans ses anges.

« Toutes allèrent au supplice avec une céleste allégresse et comme à un festin de noces suivant l'expression d'un témoin oculaire. (*Relation des Sacramentines de Bollène.*)

« La sœur Gertrude d'Alauzier baisa la guillotine en y montant. Les gens d'armes, témoins de leur constance, dirent à d'autres, d'un ton d'ironie et de blasphème, ces b.... meurent toutes en riant. » (*Relation de Rome.*)

Cependant une d'entre elles, la sœur du bon Ange, Marie Cluse ne put retenir une réponse un peu vive. « Cette sœur converse, âgée de 32 ans, était douée d'une figure des plus intéressantes. Arrivée au pied de l'échafaud, le bourreau la voyant, fut épris pour elle d'un amour profane, il lui proposa de l'épouser, lui promettant à ce prix de lui sauver la vie. Mais cette généreuse athlète, indignée d'une telle proposition, le repoussa brusquement en lui disant : *Bourreau, fais-ton devoir, parce que je veux aller souper avec les Anges.* » (*Relation des Sacramentines de Bollène.*)

« Au moment où la sœur de l'Annonciation, Henriette Faurie, gravissait les marches de l'échafaud, une jeune fille fendant la foule se précipitait en criant : Henriette ! Henriette ! c'était sa jeune sœur Madeleine qui arrivait de Sérignan. Henriette reconnait la voix de cette sœur chérie ; elle jette sur elle un dernier regard, puis levant les yeux au ciel : *Adieu, Madeleine,* lui dit-elle, *embrasse notre mère, au revoir au ciel, où je vais vous attendre.* » (*Dix-huit ans chez les sauvages par M. Fernand Michel.*)

La vue du ciel, où Dieu allait les recevoir et les récompenser, fortifiait et comblait de joie ces saintes religieuses au moment de leur mort.

« On les vit aller tranquillement au supplice, et ce spectacle était digne de l'admiration du ciel et de la terre : point de plaintes, point de larmes, pas même un soupir. Ces saintes victimes, en arrivant au lieu de leur triomphe, embrassèrent l'échafaud, remercièrent les juges, pardonnèrent à leurs bourreaux, et la paix dans le cœur, la sérénité sur le front, elles consommèrent ainsi leur sacrifice.

« Les spectateurs en furent consternés, et l'on disait tout bas : *la religion seule peut inspirer tant de courage et de sécurité.* » (*Première Relation imprimée à Rome en 1795, dans les mémoires publiées par l'abbé d'Hesniny d'Auribeau. Tome I — seconde partie, page 536.*)

L'admirable fermeté des 32 Religieuses devant leurs juges, et la joie qu'elles avaient en faisant de grand cœur le sacrifice de leur vie, pour rester fidèles à Dieu, à la foi et à tous leurs devoirs, consternaient leurs persécuteurs, mais elles ranimaient le courage des catholiques fidèles, qui ne craignaient pas de venir assister aux séances du tribunal, à l'exécution de ses sentences sur la place de la Justice, à la mort glorieuse et au triomphe de ses saintes victimes.

Nous avons reçu un témoignage qui nous fait comprendre l'impression que fit ce spectacle, sur ceux qui en furent les témoins.

C'est la sœur Saint-Michel, Vidal, âgée de 85 ans, et religieuse au couvent du Saint-Sacrement de Carpentras, depuis plus de 60 ans, qui nous a fait transmettre la relation de ce qu'elle a entendu dire à une personne qui avait vu guillotiner les Religieuses à Orange, en 1794.

« Avant d'entrer au couvent, dit-elle, j'allais souvent, de l'Isle, mon pays natal, chez des parents que j'avais à la ville voisine du Thor, et là je voyais fréquemment la bonne Madame Saïn, mère du vénérable curé de cette paroisse. [1] Elle était native d'Orange et elle aimait à rappeler ses souvenirs de la Révolution.

« J'allais, nous disait-elle, jeune encore alors, voir les exécutions des victimes condamnées par le tribunal de notre ville. J'ai vu de mes yeux, j'ai entendu de mes

---

1 M. Jean-Joseph Saïn fut six ans curé du Thor, de 1833 à 1839. Nommé chanoine de l'église métropolitaine, en 1839, il occupa 38 ans sa stalle, et il fut 20 ans le doyen du Chapitre.

oreilles les saintes religieuses qui montaient sur l'échafaud. J'ai vu, répétait-elle avec enthousiasme, j'ai entendu une Sacramentine de Bollène offrir des dragées à ses compagnes et aux assistants, en leur disant d'un air radieux: ce sont les dragées que j'ai réservées pour ce jour de mes noces. — Une autre, agenouillée au pied de l'échafaud, le baisa d'abord avant d'offrir sa tête. — Une autre rendait grâce au bourreau, parce qu'il lui ouvrait le ciel. — Nous n'avons pas dit nos vêpres, dit une religieuse. Nous les dirons au ciel, lui répondit sa compagne. — Le bourreau, épris de l'une des sœurs, s'approcha pour l'embrasser. Celle-ci le repoussa avec horreur, en lui disant: Fais ton métier.

« J'ai vu et entendu tout cela et tant d'autres choses. Oh! si vous les aviez vues ces belles religieuses, s'exclamait Madame Saïn, en levant les yeux et les bras au ciel, dans un saint transport! Si vous les aviez vues! »

CHAPITRE ONZIÈME

Notes biographiques sur les 32 Religieuses de Bollène guillotinées à Orange, du 6 au 26 juillet 1794.

Nous donnerons, d'après les pièces officielles, les jugements prononcés par la Commission populaire d'Orange les accusations et les sentences de mort portées contre les 32 Religeuses, et nous les ferons précéder des détails que nous avons pu recueillir sur la vie de chacune de ces saintes victimes.

I. — Suzanne Agathe de LOYE

Sœur Marie Rose

Religieuse de l'ordre de Saint Benoit
au couvent de l'Assomption Notre-Dame à Caderousse.
jugée et guillotinée

le Dimanche 6 Juillet 1794

La première religieuse qui comparut devant la Commission populaire d'Orange, ce fut Suzanne-Agathe de Loye. Elle naquit à Sérignan, paroisse limitrophe avec Orange, le 4 février 1741, de Pierre Alexis de Loye, et de

Suzanne Janclair. Elle fut baptisée le même jour et eut pour parrain, Pierre Batelier, et pour marraine, Agathe Fébrier, épouse de Jacques Arnaud.

Elle n'avait pas encore vingt ans, lorsqu'elle fut admise, à Caderousse, dans le monastère de l'abbaye, sous le titre de l'Assomption Notre-Dame, Ordre de Saint-Benoit, car elle figure comme professe dans un acte de profession, du 14 janvier 1762.

Ce couvent avait été érigé dans la maison qui, pendant trente ans, de 1569 à 1599, servit de refuge aux évêques d'Orange exilés par la persécution des Protestants. Mgr Alexandre de Fabri ayant acquis cette maison, en 1668, des neveux de Mgr de Tullia, y appela les Bénédictines de Sarrians, bénit leur chapelle, le 15 août 1672, et y plaça le buste vénéré qui renferme la tête de sainte Théodore, illustre vierge et martyre de Rome, dont le Pape Alexandre VII avait fait don au pays, lorsqu'il l'érigea en duché, pour le récompenser *de sa foi et de son attachement à l'Eglise et au Souverain Pontife.*

C'est là que Suzanne de Loye, en religion sœur Marie-Rose, se prépara au martyre par la pratique des vertus religieuses.

Après la suppression des Ordres religieux, elle resta tant qu'elle put dans son couvent, mais elle fut obligée d'en sortir, et elle se retira dans sa famille, à Sérignan, son pays natal.

Le 10 mai 1794, le Comité de surveillance de ce pays la fit mettre en arrestation et conduire à Orange, avec deux religieuses du couvent du Saint Sacrement de Bollène : Henriette Faurie et Anne Minutte, et avec un prêtre, le chanoine Lusignan. Il écrivit aux administrateurs du district d'Orange cette lettre d'envoi : « Citoyens adminis-trateurs. Nous *envoions* dans votre maison d'arrêt les ex-religieuses *inassermentées*, que nous avons ici au nombre de trois : Minutte, Deloye, Faurie... Nous *envoions* de même le prêtre Lusignan. Salut et fraternité. »

La municipalité obligea le frère de Suzanne de Loye, à faire conduire les quatre prévenus à Orange sur sa propre charrette, par son domestique, escorté de deux gardes nationaux.

Les Religieuses de Sérignan furent incarcérées le 10 mai, dans la prison de la *Cure*, où elles trouvèrent les 29 religieuses de Bollène qu'on y avaient amenées, huit jours auparavant, ainsi que quatre religieuses qu'on y avait emprisonnées, à la fin du mois de mars. Ces religieuses avaient déjà transformé leur prison en couvent, où elle suivaient le même règlement de vie.

Suzanne de Loye s'y soumit avec joie. Choisie de Dieu pour ouvrir à ces compagnes la voie du martyre, elle le fit d'une manière héroïque.

Le 17 messidor, 5 juillet, avec le chanoine Lusignan et plusieurs autres détenus, elle fut la première des religieuses appelée au tribunal de la Commission populaire. Les juges espéraient qu'étant séparée de ses compagnes, et n'étant soutenue par aucun exemple de courage, elle en donnerait un de faiblesse ; mais quand le président Fauvety lui proposa de prêter le serment de *Liberté-Egalité*, elle refusa avec fermeté, disant qu'elle regardait la prestation de ce serment comme une véritable apostasie. Elle ne l'avait pas prêté, puisque le Comité de Sérignan constatait, dans sa lettre d'envoi, qu'elle était *inassermentée*. Ce grief et celui de fanatisme et de superstition furent les seuls que Viot l'accusateur public put lui imputer. « Lusignan ci-devant prêtre, dit-il, et Suzanne Agathe de Loye, ci-devant religieuse sont tous les deux coupables des mêmes délits : trop ennemis de la liberté, ils ont tout tenté pour détruire la République par le fanatisme et la superstition : réfractaires à la loi, ils ont refusé de prêter le serment qu'elle exigeait d'eux ; ils n'ont pas voulu devenir citoyens, ils ont voulu allumer la guerre civile, ils ont conspiré contre la République. »

La séance ayant été renvoyée au jour suivant, ce ne fut que le lendemain, 6 juillet, que la sentence fut prononcée. « La Commission déclare que Antoine-Joseph Lusignan et Suzanne-Agathe de Loye sont convaincus de n'avoir pas prêté le serment prescrit par la loi, elle les condamne à la peine de mort, et ordonne que dans les vingt-quatre heures ils soient guillotinés. »

Les deux victimes furent conduites à l'échafaud, ce même jour, 6 juillet, à 6 heures du soir. « Leur émulation pour mourir en dignes martyrs, dit l'abbé Guillon, fut telle qu'on ne saurait dire si c'est la religieuse qui soutenait le courage du prêtre, ou le prêtre qui soutenait celui de la religieuse. » Suzanne de Loye était âgée de 53 ans et demi.

2. — Françoise-Gabrielle-Marie-Suzanne de GAILLARD

Sœur Iphigénie de Saint-Mathieu

Religieuse du Saint Sacrement de Bollène jugée et condamnée

le lundi 7 Juillet 1794

Françoise-Gabrielle-Marie-Suzanne de Gaillard, naquit à Bollène, le 23 septembre 1761, de noble Jean-Antoine de Gaillard de Lavaldène, et de noble dame Jeanne-Gabrielle-Christine de Bouchon. Elle fut baptisée le lendemain, et eut pour parrain haut et puissant Seigneur Laurent du Puy, comte de Rochefort, et pour marraine haute et puissante dame Marie-Suzanne de Caritat de Condorcet, épouse du dit Seigneur parrain.

Bien jeune encore, elle quitta le monde, ou plutôt elle n'y entra pas, elle resta au couvent des Sœurs du Saint Sacrement de Bollène, où elle avait été élevée. A l'âge de 17 ans, après avoir passé le temps des saintes épreuves, dans lequel elle était entrée, le 16 novembre 1778, elle reçut, le 11 février suivant, l'habit religieux des mains de Mgr Pierre-François-Xavier de Reboul de Lambert, évêque et comte de Saint-Paul-Trois-Châteaux, assisté de son petit-neveu et vicaire-général, M. l'abbé de Pizany de la Gaude, qui fut bientôt évêque de Vence et ensuite, sous l'Empire, évêque de Namur. Elle reçut le nom de *sœur Iphigénie de Saint-Mathieu* et fit sa profession le 13 février 1779.

Elle fut pendant quatorze ans une fervente religieuse, fidèle observatrice de sa règle, et lorsque, au mois d'octobre 1792, on l'obligea à sortir de son couvent, malgré les instances de sa famille, elle ne voulut pas se séparer de ses compagnes, elle préféra vivre en communauté avec elles, dénuée de tout, dans la maison louée par leur Supérieure, Madame de la Fare, plutôt que d'aller jouir de l'aisance que lui promettaient ses parents.

Mise en arrestation dans la maison qu'elle habitait, le mardi de Pâques 1794, elle fut une des 29 religieuses de Bollène, que l'on transféra le 2 mai à Orange, où on les incarcéra dans la prison de la *Cure*.

Là, comme dans le cloître, elle se fit remarquer par sa ferveur dans les exercices spirituels. Elle se préparait ainsi au martyre.

Ses parents avaient été inscrits sur la liste des suspects, et, quand elle fut transférée à Orange, son père était déjà, depuis le 7 avril, incarcéré dans la prison de la Baronne. Elle ne put le voir parce qu'ils n'étaient pas dans la même prison ; mais elle eut la joie de revoir sa mère qui fut amenée dans la prison de la Cure, le 29 juin. Elles ne restèrent que huit jours ensemble : le 7 juillet, à 9 h. du matin, l'accusateur public Viot, assisté de l'huissier Nappier et de quelques gendarmes, se présenta à la prison de la *Cure* et fit l'appel de la citoyenne Suzanne Gaillard, pour comparaître devant le tribunal de la Commission populaire. La mère et la fille durent se dire adieu et se séparer. Quelle douleur ! mais aussi quel bonheur ! La sentence de mort était certaine, mais le martyre aussi était assuré.

Suzanne de Gaillard fut la seule religieuse qui comparut ce jour-là. « On espérait, qu'étant encore si jeune, (elle n'avait que 32 ans), et ne se trouvant pas soutenue par l'exemple de fermeté qu'auraient pu lui donner d'autres religieuses appelées avec elles, on la ferait condescendre à des vues sacrilèges. Mais les juges ne connaissaient pas la puissance de la grâce qui fait, qu'avec elle on est fort comme mille, suivant le langage de l'Esprit-Saint. Telle fut notre chère Sœur : elle servit de modèle de courage aux autres religieuses qui devaient la suivre dans la carrière du martyre. La manière dont elle se glorifia de sa religion, et dont elle résista à la proposition de faire le serment de *Liberté-Egalité* lui valut d'être condamnée à la peine de mort. » (*Relation du couvent des Sacramentines de Bollène.*)

Le président Fauvety la trouva aussi ferme et inébranlable, que Suzanne de Loye l'avait été la veille.

Après l'avoir interrogée sur son nom, sa profession, son âge, le président donna la parole à Viot l'accusateur public qni formula ainsi son accusation : « Suzanne-Gabrielle Gaillard, ex-religieuse, n'a jamais servi la Révolution, elle a fait au contraire tout ce qui a pu dépendre d'elle pour en arrêter la marche, par le fanatisme et la superstition qu'elle excite par son exemple : réfractaire à la loi de son pays, elle a constamment refusé de prêter le serment qu'elle lui imposait, elle s'est déclarée par là l'ennemie de la république et la complice des tyrans qui veulent la détruire. »

Fauvety s'adressant à la victime : « Veux-tu, lui dit-il, oui ou non, faire le serment de *Liberté-Egalité ?*

« — Je refuse, répond fermement la vierge chrétienne, j'ai fait serment à Dieu, je ne puis en être déliée par les hommes. D'ailleurs, je ne connais pas de plus glorieuse et de plus douce liberté que l'accomplissement de mes vœux monastiques. Le serment que vous me demandez serait une véritable apostasie. » [1]

Elle fut condamnée à mort avec plusieurs aptésiens et un prêtre de Cabrières du Comtat, qui avait eu la faiblesse de prêter tous les serments, et même de renoncer à l'exercice de ses fonctions sacerdotales. Nul doute que la fermeté courageuse de la religieuse n'ait ramené à son devoir ce malheureux prêtre.

Les 12 condamnés à mort furent conduits dans la prison du *Cirque*, d'où ils sortirent, à 5 heures du soir, pour être menés à l'échafaud. Sur le parcours, quand on arriva au coin de la rue de *Tourre*, on vit Suzanne de Gaillard incliner la tête et faire un grand signe de croix. Elle

---

1 Vie de la Mère de la Fare, par M. le chanoine Bouyac.

recevait une dernière absolution, qui lui était donnée par un prêtre caché derrière le rideau d'une fenêtre. [2] Elle alla ainsi à la mort avec joie, donnant un bel exemple de courage à ses compagnes qui allaient bientôt la suivre.

3. — MARIE-ANNE-MADELEINE DE GUILHERMIER

Sœur Sainte-Mélanie

Religieuse Ursuline du Couvent de Bollène

jugée et guillotinée

le Mercredi 9 Juillet 1794

Née à Bollène, le 29 juin 1733, de noble Jean Julien de Guilhermier et de Marie-Louise Icard, elle fut baptisée le lendemain et eut pour parrain Joseph-Pierre Icard et pour marraine Anne Ursule de Camaret.

A l'âge de 16 ans, elle fut admise, au couvent des Ursulines de Bollène, où elle reçut le nom de *sœur Sainte-Mélanie*, et fit profession le 22 juin 1750. Durant plus de 40 ans, elle y pratiqua les exercices et les vertus de la vie religieuse. Lorsque en 1792 elle fut forcée à sortir de son couvent, on lui permit d'emporter quelques meubles, une table, un prie-Dieu, que ses petit-neveux conservent, comme un souvenir de leur tante martyre. Elle continua

[2] Deux prêtres se remplaçaient derrière cette fenêtre pour remplir leur périlleux ministère. C'étaient M. Boussier, curé d'Orange, et M. Queyras, vicaire de Camaret, plus connu alors sous le nom de Père Thomas, son nom de religion chez les Capucins.

de vivre en communauté avec ses compagnes, partageant leurs travaux et leurs privations.

Elle fut une des 29 religieuses de Bollène, qui, le 2 mai 1794, furent transférées à Orange, dans la prison de la *Cure*, et elle se montra une des plus ferventes et des plus fidèles au règlement qu'on avait adopté.

Le mardi, 9 juillet, elle fut appelée à comparaître devant le tribunal révolutionnaire, en même temps que le Père Fiteau, jésuite résidant à Bollène, et la sœur Marguerite de Rocher. L'accusateur public la traduisit devant les juges « comme ex-noble, ex-religieuse ursuline insermentée, trouvée munie d'une prétendue lettre de la Vierge. Elle s'est, dit-il, constamment montrée l'ennemie de la révolution, elle a refusé de prêter le serment auquel la loi la soumet, elle a par les moyens du fanatisme concouru à entraver la marche du gouvernement révolutionnaire, et s'est ainsi déclarée la partisante du despotisme et des tyrans coalisés contre la république. »

On ne lui reprochait que son refus d'un serment qu'elle regardait comme illicite, et son fanatisme, c'est-à-dire son horreur de l'impiété et sa fidélité à ses devoirs de chrétienne et de religieuse : c'est ainsi qu'elle entravait la marche de la révolution. C'était un crime capital.

Elle fut condamnée à mort et guillotinée le même jour. Malgré son âge avancé, 61 ans, elle fut aussi ferme et énergique que le Père Fiteau et sa jeune compagne la sœur de Rocher. Elle entendit avec joie prononcer sa sentence et elle marcha au supplice avec intrépidité.

4. — Marie-Anne-Marguerite de ROCHER

Sœur des Anges

Religieuse Ursuline du couvent de Bollène

jugée et guillotinée

le mercredi 9 juillet 1794

Comme sa compagne, Mademoiselle de Rocher était née à Bollène, le 20 janvier 1755, de noble Louis-François de Rocher et de noble Marie-Anne de Combe. Elle fut baptisée, le 22 du même mois, par M. l'abbé de Barra, vicaire de M. Gachon, curé, et elle eut pour marraine, Marguerite Layé, domestique de son père.

Elle fut élevée au couvent des ursulines de Bollène, où elle demanda de rester. Agée à peine de 16 ans, elle y reçut l'habit religieux et le nom de *sœur des Anges*, et elle y fut admise à faire profession, le 21 septembre 1772, ainsi que le relate un acte passé par M. Brémond, notaire à Bollène : [1] Au parloir dudit monastère, en présence de M. Charaix, vicaire-général de Mgr l'Evêque de Saint-Paul-Trois-Châteaux, de la Rév. Mère sœur de Saint-Joseph de Masigon, Supérieure du dit monastère, et des sœurs . . . . conseillères, la *sœur des Anges*, s'appelant dans le monde demoiselle Marie-Anne Marguerite de Rocher, leur a dit et remontré que, depuis plus d'une année, elle a été revêtue de l'habit de leur Institut, et reçue pour novice, sous le nom de *sœur des Anges*, dans leur monastère, pendant lequel temps elle aurait pratiqué et observé

1 Cet acte est conservé dans les archives de la famille de Rocher à Bollène.

les Règles de leur Institut et Constitution de S. Augustin,
et qu'elle désirait, moyennant la grâce de Dieu, et s'il
plait aux Mères supérieure et religieuses, de faire
profession en leur religion, prêter tout serment sur ce
nécessaire, vouer et promettre solennellement tout ce qui
est requis par le Concile de Trente, et à cet effet elle les
supplie très humblement de la vouloir admettre à la dite
profession en religion, pour sœur de chœur, dans le dit
monastère, aux fins d'y passer le reste de ses jours sous
l'obéissance de leurs Règles et saintes Constitutions. Ce
qu'ayant été entendu par les Rév. Dames supérieure et
religieuses, persuadées qu'elles sont de la résolution de la
dite *sœur des Anges*, ayant icelle très-bien répondu aux
sérieuses remontrances à elle faites ci-devant, par le
Rév. Seigneur vicaire général, et par les Rév. Dames
supérieure et religieuses, étant d'ailleurs bien édifiées du
zèle, piété, dévotion et bonnes mœurs de la dite *sœur des
Anges*, par les bons exemples qu'elle leur a donnés, et
procédant sous l'autorité et consentement du Seigneur
vicaire général, elles ont unanimement admis et admettent
ladite *sœur des Anges* stipulante et remerciante, à faire sa
profession dans le dit monastère pour sœur de chœur, et à
faire ses vœux solennels en la forme requise.... »

L'acte contient ensuite la constitution de la dot de
quatre mille livres : « monoys de France que Messire Louis
François de Rocher fait à sa fille et que les Rév. Dames
supérieures déclarent avoir vue et reçue du dit messire de
Rocher, icy réellement en louis d'or, écus blancs et monoys
par icelluy comptés nombrés et expédiés, et ensuite par
les dites Rév. Dames vérifiés, retirés et emboursés...

« Sur toutes lesquelles choses comme bien légitimement
faites, le dit Seigneur vicaire général a mis et interposé

ses décrets et authorités judiciaires, et concède acte, qui a été fait dans le parloir du dit monastère, en présence de Joseph Béchet chirurgien et Joseph Brémond, témoins requis et signés avec les parties et ledit Seigneur vicaire général.

« Collationné sur le dit original, où je me rapporte en foi : »

BRÉMOND, notaire.

La *sœur des Anges* goûta le bonheur promis à ceux qui, dès leur enfance, portent le joug suave du Seigneur. Elle édifiait ses compagnes dans son monastère, et ses petits neveux ont souvent entendu dire qu'elle était très aimée et considérée dans sa famille, et qu'en toutes circonstances on lui demandait son avis.

Elle était religieuse depuis 20 ans, lorsque au mois d'octobre 1792, elle fut obligée avec ses compagnes de sortir du monastère, où, au jour de sa profession, elle avait demandé de passer tout le reste de sa vie.

Comme son père était âgé de 80 ans, elle se dévoua pour rester quelque temps auprès de lui. Mais lorsqu'elle vit approcher le moment, où ses compagnes seraient mises en état d'arrestation et exposées aux fureurs révolutionnaires, elle qui bien souvent avait donné les conseils que désirait sa famille, à son tour demanda conseil à son père. Ce vénérable vieillard répondit, comme aurait répondu un des chrétiens les plus fervents et les plus éclairés de la primitive église. Sa réponse admirable est rapportée par tous les auteurs qui ont parlé du martyre des religieuses de Bollène. Elle se trouve dans les relations les plus anciennes. Celle qui fut envoyée au Pape et imprimée à Rome, en 1795, s'exprime ainsi : « *La sœur des Anges de Rocher*, étant encore chez son père, voyant approcher le moment où on pouvait la mettre en arrestation, demanda conseil à ce vénérable vieillard âgé de 80 ans, pour savoir si elle devait se soustraire à cette peine: *Ma fille, lui répondit-il, il vous est facile de vous cacher, mais auparavant, examinez bien devant Dieu, si vous ne vous écartez pas de ses desseins adorables sur vous, dans le cas qu'il vous ait destinée pour être une des victimes qui doivent apaiser sa colère, je vous dirai, comme Mardochée à Esther: Vous n'êtes pas sur le trône pour vous, mais pour votre peuple.* Un conseil si chrétien, inspiré de Dieu, fit la plus vive impression sur cette sainte fille. »

Il fut aussi un trait de lumière, une révélation pour les autres religieuses de Bollène. Elles admirèrent cette réponse, elles comprirent que Dieu les avait choisies pour être les victimes innocentes qui devaient apaiser sa colère, et elles se préparèrent généreusement à leur sacrifice.

Après avoir connu dans une fervente oraison la volonté divine, la *sœur des Anges* partit avec joie et vint se réunir à ses compagnes. Avec elles, elle fut mise en arrestation et conduite, le 2 mai suivant, dans la prison de la *Cure*, à Orange. Là, elle fut une des religieuses les plus ferventes et les plus fidèles à observer le règlement de vie qu'elles avaient adopté. Ses parents étaient aussi sur la liste des suspects, ils étaient trop bons catholiques pour ne pas être alors en butte à la persécution. Son père, Louis-François de Rocher, qui lui avait donné le conseil de ne pas se cacher, lui donna l'exemple. Il fut emprisonné avant elle, quoique âgé de 80 ans, il fut incarcéré, le 7 avril, dans la prison de la *Baronne*. Sa mère et sa sœur Marie-Françoise furent amenées le 29 juin dans la prison de la *Cure*. Elle eut la joie de les revoir et de vivre dix jours avec elles, sans cesser de se préparer au martyre qui était l'objet de ses désirs. Elle en parlait souvent: « Oh! que c'est beau! » s'écriait-elle. En récompense de sa fidélité, le Seigneur lui fit connaître intérieurement le jour de la consommation de son sacrifice. En effet, la veille de sa mort, à la prière du soir, elle demanda pardon à toutes ses compagnes et, leur recommanda instamment de bien prier pour elle, parce que, le lendemain, elle serait immolée. » *(Relation imprimée à Rome.)*

Elle fut traduite, le 9 juillet, devant la commission populaire, « comme religieuse ursuline du couvent de Bollène, *insermentée et trouvée munie du signe de ralliement de la Vendée,* c'est-à-dire de l'image du Sacré-Cœur de Jésus. » Viot l'accusa des mêmes délits que la sœur de Guilhermier: « Elle a, dit-il, comme la précédente, refusé de se soumettre aux lois de la République, elle a servi la faction des tyrans en propageant le fanatisme. »

Elle fut condamnée à mort avec sa compagne et avec le Père Fiteau, jésuite âgé de 78 ans.

Mademoiselle de Rocher, une des petites nièces de la *sœur des Anges* a toujours entendu dire à ses parents que sa grand'tante, après sa condamnation à mort, avait remercié ses juges en leur disant « qu'elle leur devait plus qu'à ses parents, qui lui avaient donné seulement la vie de ce monde, tandis qu'eux allaient lui donner la vie éternelle du ciel. » La plus ancienne relation imprimée à Rome, dit que « la *sœur des Anges* remercia avec une grande satisfaction ses juges, de ce qu'ils lui procuraient le bonheur d'aller se réunir aux saints anges. »

Elle fut guillotinée, le soir du 9 juillet 1794. Elle était âgée de 39 ans.

Jeudi 10 Juillet 1794

Ce jour-là, Viot traduisit devant la Commission populaire deux religieuses ursulines du couvent de Bollène : « *Marie-Gertrude Ripert Alauzier*, ex-noble, âgée d'environ 38 ans, insermentée, et *Sylvie-Agnès Romillon*, âgée d'environ 45 ans, insermentée, et il formula contre elles une seule et même accusation: « ces ci-devant religieuses, dit-il, sont toutes deux coupables des mêmes délits: pour allumer la guerre civile, assassiner le peuple, faire triompher la tyrannie par le fanatisme, elles ont refusé de prêter le serment que la loi leur imposait, elles ont ainsi méconnu la Convention nationale et les devoirs que la patrie prescrit à tous les citoyens, ainsi il est constant qu'elles ont conspiré contre l'unité et l'indivisibilité de la République. »

Tous ces attentats étaient causés par leur *fanatisme*, c'est-à-dire par leur *fidélité* à leurs devoirs de chrétiennes et de religieuses, et par leur *désobéissance* à la loi qui leur prescrivait un serment réprouvé par leur conscience. Elles reconnaissaient cette double culpabilité; elles furent condamnées à mort.

5. — Marie-Gertrude de RIPERT d'ALAUZIER

Sœur Sainte-Sophie

religieuse ursuline du couvent de Bollène

Elle naquit à Bollène, le 15 novembre 1757, d'une famille aussi recommandable par sa piété, que par sa fortune et sa noblesse. Son père Jean-François-Firmin de Ripert, marquis d'Alauzier était Seigneur de Rac,

Novaisan, et co-Seigneur de la Garde-Paréol; sa mère, noble dame Marie-Marguerite-Thérèse de Castanier s'était remariée au comte de Pontbriant. Elle fut baptisée, le lendemain, et eut pour marraine Catherine Sauvage épouse de Jean-Pierre Thouard, domestique de sa famille.

Appelée à la vie religieuse, elle fit profession au couvent des ursulines de Bollène, le 1er août 1775, sous le nom de *sœur Sainte-Sophie*. En octobre 1792, lorsqu'elle fut forcée de sortir de son couvent, elle renonça aux avantages que lui offrait la maison paternelle, et elle continua à vivre avec ses compagnes dans la maison qu'elles avaient louée. Avec elles, elle fut transportée à Orange, le 2 mai 1794, et dans la prison, avec toutes ses compagnes, elle suivit toutes les pratiques de la vie religieuse pour se préparer ainsi au martyre.

« La veille de sa mort, elle se trouva à son réveil, inondée d'une joie extraordinaire, qui lui fit verser des larmes. Elle s'écriait avec transport : Je suis dans une espèce d'enthousiasme, et comme hors de moi-même, parce que j'ai la persuasion que demain je mourrai et je verrai mon Dieu. Un moment après, sa conscience timorée lui fit craindre que cette exclamation n'eût été accompagnée d'un mouvement d'orgueil. Elle en fut si troublée, qu'on crut devoir la rassurer sur le sentiment qui l'avait inspirée. Elle fut en effet, le lendemain (10 juillet), appelée et condamnée à mort, pour avoir refusé le serment exigé par la loi. » (*Relation des Sacramentines de Bollène.*)

Quand elle eut entendu la sentence qui la condamnait à mort. « Elle remercia ses juges du bonheur qu'ils lui procuraient, et baisa la guillotine en y montant. » (*Relation imprimée à Rome.*) Elle était dans sa 37e année. Sa belle-sœur, Thérèse Domergue, épouse d'Alauzier, et sa nièce, Nanette d'Alauzier, furent amenées dans la prison de la *Cure*, le 15 juillet, mais depuis cinq jours, la *sœur Sainte-Sophie* en était sortie pour aller à la mort.

6. — SYLVIE-AGNÈS DE ROMILLON

Sœur Agnès de Jésus

religieuse ursuline du couvent de Bollène.

Elle était fille de noble Gabriel Louis de Romillon et de noble dame Françoise Thune. Elle naquit à Bollène le 15 mars 1750, et fut baptisée le même jour par son oncle Messire François de Romillon, chanoine de l'église de Bollène. Elle eut pour parrain noble Raymond Fombon et pour marraine Catherine Butin.

Elle entra au couvent des ursulines de Bollène, où elle reçut, à sa prise d'habit, le nom de *sœur Saint-Louis*. Elle fut admise à la profession religieuse le 11 septembre 1767.

Amenée à Orange, le 2 mai, elle était bien persuadée qu'elle serait immolée, à cause de son attachement à la foi catholique, et, par la prière et la fidélité à la règle adoptée, elle se prépara à se rendre digne de cette grâce. Impatiente de mourir pour son Dieu, elle s'offrait d'elle même sans être nommée, chaque fois que le geolier faisait l'appel des religieuses qui devaient comparaître devant le tribunal.

Le 10 juillet, ses vœux furent exaucés. Son nom cette fois figurait sur la liste d'appel. Dans la même prison, et non moins impatiente qu'elle, était sa sœur cadette Jeanne de Romillon. L'affection la plus tendre unissait les deux sœurs; même ferveur, même piété, même désir du martyre. Aussi quand Jeanne vit partir sa sœur Agnès, elle éclata en sanglots, et comme autrefois le diacre saint Laurent s'adressant à saint Sixte : « Comment, ma sœur, lui dit-elle, vous allez au martyre sans moi? Que ferai-je sur cette terre, loin de vous? — Courage, ma sœur, lui répondit Agnès, avec un accent prophétique, votre sacrifice n'est que différé. » La prédiction ne tarda pas à s'accomplir; deux jours après, Jeanne était jugée, condamnée et guillotinée comme sa sœur.

Vendredi 11 Juillet 1794

Fauvety, président du tribunal, vaincu par la fermeté des religieuses qu'il avait appelées et interrogées séparément, ou par groupe de deux, comprit que ces appels isolés entraîneraient trop de longueurs, et il se décida à les faire comparaître par groupe de quatre, cinq et même plus à la fois. Quatre furent mandées, le 11 juillet, c'étaient trois religieuses insermentées, du couvent du Saint Sacrement de Bollène : *Rosalie Bès*, 43 ans, *Marie-Elisabeth Pélissier*, 53 ans, et *Marie-Claire Blanc*, avec *Marguerite d'Albarède*, religieuse ursuline du couvent de Pont-Saint-Esprit, qui s'était retirée chez les ursulines de Bollène.

Viot prononça contre elles cette accusation : « Bès, Pélissier, d'Albarède et Blanc, toutes quatre ci-devant religieuses, ont porté atteinte aux principes du gouvernement républicain, en propageant le fanatisme, en excitant la guerre civile, en appelant l'anarchie et la subversion des règles établies par la Constitution ; elles ont constamm en refusé le serment exigé par la loi ; ainsi il est constant qu'elles sont les ennemies de leur patrie, et qu'elles ont conspiré contre l'unité et l'indivisibilité de la République. »

Tous ces crimes provenaient de leur fanatisme et de leur refus du serment illicite prescrit par la loi.

Elles furent toutes quatre condamnées à mort, et elles allèrent au supplice en chantant le *Magnificat*.

7. — ROSALIE-CLOTILDE BÈS

Sœur Sainte-Pélagie

Religieuse du couvent du Saint-Sacrement de Bollène.

Elle était née à Baumes-de-Transit (Drôme), le 30 juin 1753, de Pierre Bès, fermier général de la Seigneurie et de Jeanne-Marie Maurin. Elle fut baptisée le même jour et eut pour marraine Antoinette Guyon, servante de sa maison.

Elle entra, à l'âge de 19 ans, au couvent du Saint-Sacrement de Bollène, et fut admise aux épreuves, le 4 mars 1772. Le 1er juin suivant, elle revêtit l'habit religieux et reçut le nom de *sœur Pélagie de Saint-Jean-Baptiste*, et elle prononça ses vœux le 3 juin 1773.

Elle avait passé 20 années dans son couvent, lorsque le Comité de surveillance de Bollène l'obligea d'en sortir, et, le 2 mai 1794, la fit transporter à Orange pour y être incarcérée : « Sa conduite en prison fut aussi édifiante que celle de ses compagnes. Condamnée à la peine de mort, pour n'avoir pas voulu prêter le serment exigé par la loi, sitôt qu'elle eut entendu sa sentence, elle parut transportée par l'espoir de voir finir pour elle la vie misérable de ce bas monde, et de commencer bientôt celle de la céleste immortalité. Puis se tournant vers ses trois compagnes condamnées avec elle, à la même peine et pour la même cause, elle leur dit avec un saint enthousiasme : C'est donc aujourd'hui que le céleste époux va nous admettre aux noces pour lesquelles nous n'avons fait jusqu'ici que de bien légers sacrifices. Ensuite embrassant ses sœurs elle tira de sa poche une boîte de dragées, et leur en présenta en disant : « Ce sont les dragées de nos noces. » Chacune d'elles en mangea avec une sorte de délices. » (*Relation des Sacramentînes de Bollène.*)

« C'est aujourd'hui, dit-elle, que le céleste époux va nous admettre aux noces, pour lesquelles nous n'avons fait jusqu'à présent que de bien légers sacrifices. Montrant ensuite l'anneau qu'elle avait reçu au jour de sa profession : Voilà, dit-elle, le gage de la promesse qui nous fut faite, et qui va être remplie en ce moment. Allons, mes sœurs, allons ensemble au même autel ; que notre sang en lavant nos infidélités et se mêlant à celui de la victime sainte, nous ouvre les portes des tabernacles éternels. » (Guillon, les *Martyrs de la Foi*.)

8. — MARIE-ELISABETH PÉLISSIER

Sœur Théotiste

Religieuse du couvent du Saint-Sacrement de Bollène

Elle naquit à Bollène, le 15 avril 1741, de Pierre Pélissier, notaire, et de dame Elisabeth Pithon ; elle fut baptisée le lendemain, et eut pour parrain son frère Claude Bernard Pélissier et pour marraine sa sœur Elisabeth Pélissier.

Admise aux saintes épreuves au couvent du Saint-Sacrement, le 9 mars 1758, elle revêtit l'habit religieux et reçut le nom de *sœur Théotiste*, le 20 juin de la même année, et elle fit profession, le 25 juin 1759, entre les mains de Messire Jean-Pierre de Guilhermier, doyen de la collégiale de Bollène et official de l'Evêque de Saint-Paul.

« Cette vénérée sœur avait passé environ 36 ans dans la pratique des vertus religieuses, lors de la suppression des maisons religieuses; elle occupait l'emploi d'économe depuis quelques années, et elle le remplissait à la satisfaction de toute la communauté. C'était une de ces âmes privilégiées de la grâce. La nature l'avait aussi douée de beaucoup de talents, entre autres de celui de la poésie. Elle avait une voix merveilleuse pour le chant. On assure qu'après sa condamnation, ayant été jetée dans la prison du *Cirque*, pour y attendre l'heure de l'exécution de sa sentence, ses gardiens désirant entendre sa voix, la prièrent de leur chanter quelque chose. Au même instant, montrant de la main le lieu où se trouvait la guillotine, elle entonna ces vers qu'elle avait composés dans sa prison :

> Quel auguste poteau
> Dressé pour mon supplice !
> L'amour est le marteau
> Qui frappe sans pitié ;
> Personne n'aura de moitié
> A mon généreux sacrifice.
> Les traits de mon vainqueur me laissent aux abois
> Je suis enfin réduite à l'agonie.
> Heureuse mort qui finit sur la croix !
> C'est là que se trouve la vie.

» Lorsque le moment de l'exécution fut arrivé, elle marcha vers le lieu de son supplice, avec un courage et une générosité admirable, en chantant le *Magnificat.* Son âge était de 54 ans. » (*Relation des Sacramentines de Bollène.*)

La sœur Théotiste avait écrit quelques vers pour remercier Saint-Benoit Labre, qui, en se rendant à Rome, s'était arrêté à Bollène, et y avait guéri une religieuse très malade. M. Paul de Faucher a pu seulement retrouver la quatrième strophe de cette poésie :

> Vois à tes pieds ce chœur d'adoratrices
> Du même Dieu qui t'embrase d'amour.
> De l'adorer elles font leurs délices,
> Et tu faisais près d'elles ton séjour.

Toutes les relations manuscrites sur les Religieuses de Bollène sont suivies d'une pièce de vers attribuée par plusieurs auteurs à la sœur Théotiste. Elle est intitulée :

SENTIMENT DE CONFIANCE SUR LA GUILLOTINE

Sur l'air : *Qand j'étais dans mon jeune âge.*

> Bien loin que la guillotine
> Me cause quelque frayeur,
> Que son aspect me chagrine
> Et puisse troubler mon cœur ;
> Mon Dieu me fait voir en elle
> Un moyen bien précieux,
> Qui, par une voie nouvelle,
> Me conduit droit dans les cieux.

> Si je crains pour ma faiblesse,
> En Dieu je mets mon espoir ;
> J'attends tout de sa tendresse,
> Ma force est dans son pouvoir,
> Il anime mon courage
> En m'appelant au combat.
> Ma vigueur est son ouvrage,
> Oh ! je ne m'y méprends pas.

Si la voix de la nature
Me parlait un peu trop fort,
Si l'aspect de la torture
Me faisait craindre la mort ;
Mon époux, qui toujours veille
A mon solide bonheur,
Par sa bonté non pareille
Deviendra mon protecteur.

Non, non, je n'ai rien à craindre,
Aidée d'un si bon secours ;
Ingrate dois-je me plaindre,
Si Dieu me soutient toujours ?
La guillotine inquiète
L'esprit faible, un faible cœur ;
Je peux craindre sa toilette,
Sa fin ne me fait pas peur.

Qui te craint, ô guillotine,
A mon avis, à grand tort.
Si tu nous fais grise mine,
Tu nous conduis à bon port.
Si tu nous parais cruelle,
C'est pour notre vrai bonheur :
Une couronne éternelle
Est le prix de ta rigueur.

Dans le numéro du 22 novembre 1851 de la *Commune*, journal d'Avignon, le poète Roumanille a inséré la Relation sur les 32 Religieuses et a ajouté ces mots : « Cette Relation est terminée par un cantique intitulé : *Sentiments de confiance sur la guillotine*, strophes pleine d'une naïveté navrante, que ces saintes victimes chantaient en allant au supplice, ou en s'y préparant. »

9. — Claire BLANC

Sœur Saint-Martin

Religieuse du couvent du Saint-Sacrement de Bollène

Née à Bollène le 17 janvier 1742, de M. Joseph Blanc, marchand, et de dame Marguerite Pelliard, elle fut baptisée le même jour, et elle eut pour parrain Jean-Baptiste Flaugier et pour marraine sa tante Marie-Claire Fauverge.

Elle embrassa la vie religieuse dans le couvent du Saint-Sacrement de sa ville natale, le 1er janvier 1761, à l'âge de 19 ans ; elle reçut l'habit religieux et le nom de *sœur Saint Martin*, le 1er juin suivant, et fit profession le 5 décembre 1762.

Elle partagea avec joie les privations et les souffrances de ses sœurs, dont elle ne voulut point se séparer. Elle fut avec elles transportée à Orange, le 2 mai ; elle refusa, soit à Bollène, soit devant ses juges, de prêter le serment de *Liberté-Egalité*, et elle mérita par sa constance la gloire de mourir pour la foi et pour Dieu. Elle était âgée de 52 ans et demi, elle en avait passé 33 en religion.

10. — Marie-Marguerite de BERBEGIE d'ALBARÈDE

Sœur Sainte-Sophie

Religieuse du couvent des Ursulines au Pont-Saint-Esprit

Elle naquit le 8 octobre 1740, à Saint-Laurent-de-Carnols (Gard), de noble Gabriel de Berbegie, Seigneur d'Albarède et de Marie Laplace. Elle fut baptisé le lendemain, et eut pour parrain Philippe de Berbegie Latour, et pour marraine, Marguerite Mercier.

Sa vocation bien prononcée la fit entrer au couvent des Ursulines du Pont-Saint-Esprit, où elle reçut le nom de *sœur Sainte-Sophie* [1] Elle y vécut en fervente religieuse

[1] Ce fut une pieuse domestique nommée Desdières, au service de Mademoiselle de Broche, qui obtint, le 14 juin 1610, du Père Romillon, l'envoi de quelques Religieuses ursulines d'Aix, pour fonder le couvent du Pont Saint-Esprit. Elles y arrivèrent, le 7 septembre suivant, et peu après, la Mère Anne de Luynes, sœur du Connétable Albert de Luynes, se joignit à elles, et leur apporta une pension de 1500 francs, que Louis XIV lui avait accordée, pour la dédommager de la riche abbaye de Maubuisson qu'elle avait refusée. En sa considération le roi donna, à la maison naissante des Ursulines du Pont Saint-Esprit, des lettres patentes pour la faire jouir des privilèges qu'avaient les maisons royales.

La Mère Anne de Luynes fut appelée pour venir fonder les Ursulines dites Royales de la ville d'Avignon ; elle revint ensuite mourir au couvent du Pont Saint-Esprit, le 27 décembre 1623.

Ce monastère était très florissant en 1790. Il y avait alors 34 religieuses de chœur, 5 converses et 2 tourières. La Révolution s'acharna à le bouleverser et à le détruire. La municipalité du Pont-Saint-Esprit fit d'abord notifier aux religieuses l'arrêté du conseil du département relatif à la vérification des lieux, et à l'apposition des scellés sur les portes extérieures des chapelles. Le 23 octobre 1790, M. Fuzet, vice-président et les citoyens Piniere, Ode, Andruéjols, membres du directoire du district du Pont Saint-Esprit, vinrent faire l'inventaire du monastère des Ursulines... Leur Supérieure, la Mère Saint-Régis, représenta que « comme leur maison faisait gratuitement les écoles publiques, elles ne se trouvaient pas dans le cas de l'inventaire prescrit par les décrets de l'Assemblée nationale. On lui répond que les décrets ne font aucune exception, et on fait l'inventaire « des cellulles des sœurs pauvrement meublées, des 54 alcoves des pensionnaires, de la vaisselle d'étain pour cent personnes... des 138 volumes de la bibliothèque, des archives et des titres de propriété, de la chapelle, de la sacristie, 4 calices, 2 ciboires... »

jusqu'à la Révolution. En 1791, lorsque dans toute la France on força les religieuses à sortir de leurs cloîtres, au lieu de rentrer dans le monde, elle fut heureuse d'être reçue avec quelques-unes de ses compagnes dans la Communauté des Ursulines de Bollène, ville voisine qui faisait partie du Comtat, où les lois révolutionnaires concernant les maisons des religieuses ne furent appliquées

Le 21 octobre 1772, la municipalité chargea l'ingénieur du département de lever le plan de la grande place, que l'on avait décidé de faire, et que l'on fit bientôt, sur l'emplacement du monastère des Ursulines.

Deux jours après, Jean-Baptiste Barrière membre du directoire du district, en présence du citoyen Billeroy, officier municipal délégué, vend à l'encan les meubles et effets de la maison conventuelle des cy-devant Ursulines du Pont-Saint-Esprit, et le prix de la vente est de 1067 livres, 13 sols.

Le 17 juin 1791, on avait demandé aux Ursulines chargées de l'enseignement des enfants de la ville du Pont-Saint-Esprit, de prêter le serment schismatique de la constitution civile du clergé ; elles s'y étaient refusées. Quand on vendit leurs meubles, et que l'on se mit à raser leur couvent pour en faire une grande place, elles en avaient été expulsées, et s'étaient réfugiées où elles avaient pu. Plusieurs s'étaient retirées dans leurs familles, où aux plus mauvais jours de la *Terreur*, on vint les chercher pour les emprisonner. Trois citoyens Louis Renaud, Vincent Renaud et Pierre Benoit Chalandon, pères de trois religieuses durent venir, le 11 avril 1794, déclarer devant la municipalité que leurs filles, malgré leurs représentations, avaient refusé de prêter le serment exigé par la loi, et s'étaient clandestinement sauvées de leurs maisons.

Plusieurs Ursulines du Pont-Saint-Esprit s'étaient retirées chez leurs sœurs de Bollène, dans le Comtat, où la persécution ne sévissait pas encore. Parmi elles, étaient les sœurs de Justamond et Jeanne de Romillon, natives de Bollène, avec les sœurs d'Albarède, Cartier, Roussin, Thune et Fort, Supérieure, âgée de 73 ans. Elles furent toutes emprisonnées à Orange. Les quatre premières furent condamnées à mort, la cinquième à la prison, et les deux autres ne furent pas jugées.

que plus tard, au mois d'octobre 1792. Alors elle fut obligée une seconde fois de sortir ; mais elle resta à Bollène avec ses compagnes qui continuèrent de vivre en communauté, dans une maison qu'elles avaient louée; elle fut, comme elles, mise en arrestation et conduite, le 2 mai 1794, dans la prison de la *Cure* à Orange. Le 11 juillet, elle fut jugée, condamnée comme religieuse fanatique insermentée, et le même jour, elle fut guillotinée. Dans son acte d'accusation, elle est désignée « comme étant ex-religieuse insermentée de l'ordre Sainte-Ursule au couvent de Bollène, » sans doute parce qu'on l'avait trouvée vivant en communauté avec les ursulines de cette ville.

Samedi 12 Juillet

Quatre religieuses comparurent le samedi 12 juillet, devant la sanguinaire Commission populaire d'Orange : *Madeleine Talieu,* 49 ans, et *Marie Cluse,* 33 ans, du couvent du Saint-Sacrement de Bollène; *Eléonore de Jus-tamond,* 47 ans, religieuse de l'ordre de Cîteaux, au couvent de Sainte-Catherine, à Avignon, et *Jeanne de Romillon,* 41 ans, religieuse ursuline du couvent du Pont-Saint-Esprit.

Viot formula ainsi son accusation : « *Madeleine Talieu, Eléonore Justamond, Jeanne Romillon* et *Marie Cluse,* toutes quatre ci-devant religieuses, se sont déclarées les ennemies de la Révolution et les artisannes de la tyrannie : elles se sont déclarées en rebellion contre le peuple souverain et l'autorité de la convention nationale; réfractaires à la loi, elles ont constamment et avec obstination refusé de prêter le serment qu'elle leur prescrivait, elles ont propagé le plus dangereux fanatisme, dans l'intention d'appeler l'anarchie, d'exciter la guerre civile, d'opérer la dissolution de la Représentation nationale et le renversement de la République. »

Elles furent condamnées à mort, et guillotinées le même jour. Elles allèrent à l'échafaud comme à une fête, en chantant le *Magnificat*.

11. — MADELEINE-THÉRÈSE TALIEU

Sœur Rose de Saint-Xavier

Religieuse du couvent du Saint-Sacrement de Bollène.

Elle naquit à Bollène, le 13 septembre 1746, de François Talieu et de Thérèse-Rose Durand. Elle fut baptisée le même jour et eut pour parrain son oncle Antoine Talieu et pour marraine Madeleine Fevrier, femme de Jean Meyssonnier.

Agée de 24 ans, elle entra au couvent du Saint-Sacrement, le 21 septembre 1770, elle reçut l'habit religieux et et le nom de *sœur Rose de Saint-Xavier*, le 3 décembre 1770 et le 5 décembre de l'année suivante, elle fit profession.

Expulsée de son couvent, elle continua de vivre en communauté avec ses sœurs. Elle fut conduite à Orange le 2 mai, et jugée et guillotinée le 12 juillet.

« Après avoir passé 24 ans dans la pratique de tous les devoirs religieux, dit le manuscrit des sœurs de Bollène, elle eut le bonheur de donner sa vie pour la défense de la vérité. Elle mourut à l'âge de 48 ans. »

12. — Marie CLUSE

Sœur Marthe du Bon-Ange

Religieuse converse du couvent du Saint-Sacrement de Bollène

Elle naquit à Bouvante (Drôme), le 5 décembre 1761 de Jean Cluse et de Madeleine Béguin ; elle fut baptisée le lendemain et eut pour parrain Guillaume Béguin et pour marraine Elizabeth Rimet.

Elle fut attirée au couvent du Saint-Sacrement de Bollène par sa tante Marie Béguin, religieuse converse audit couvent. Elle y entra, le 15 août 1781. C'est Mgr de Reboul de Lambert, évêque de Saint-Paul-Trois-Châteaux, qui l'admit en qualité de sœur converse, la revêtit de l'habit religieux, lui donna le nom de *sœur Marthe du Bon Ange*, le 15 octobre 1782, et qui, le 4 novembre de l'année suivante, reçut sa profession solennelle des vœux de pauvreté, chasteté et obéissance. Elle avait alors 21 ans.

En 1792, lorsque ses sœurs furent obligées de sortir de leur couvent, elle ne voulut jamais se séparer d'elles ; conduite à Orange, le 2 mai 1794, elle fut jugée et guillotinée le 12 juillet. Le manuscrit des sœurs de Bollène dit : « Cette sœur était douée d'une figure des plus intéressantes. Arrivée au pied de l'échafaud, le bourreau, la voyant, fut épris pour elle d'un amour profane ; il lui proposa de l'épouser, lui promettant, à ce prix, de lui sauver la vie. Mais cette généreuse athlète, indignée d'une telle proposition, le repoussa brusquement en lui disant : *Bourreau, fais ton devoir, parce que je veux, ce soir, aller souper avec les anges.* Elle était âgée de 32 ans et religieuse depuis 12 ans. »

13. — MARGUERITE-ELÉONORE DE JUSTAMOND

Sœur Marie de Saint-Henri

Religieuse de l'ordre de Cîteaux, au couvent de Ste-Catherine d'Avignon

Elle naquit à Bollène, le 12 janvier 1746, de noble Pierre de Justamond et de dame Françoise Thérèse Barbe de Faure. Elle fut baptisée, le 15 du même mois, et eut pour parrain M. Melchior de Justamond, et pour marraine Marguerite de Faure. Sa famille était une des plus distinguées et des plus chrétiennes de la contrée: une de ses tantes était religieuse ursuline au couvent de Pont-Saint-Esprit, et sa sœur aînée était Ursuline au couvent de Pernes ; elle entra chez les Bernardines du couvent de Sainte Catherine, à Avignon [1] où elle reçut le nom de *sœur Marie de Saint-Henri.*

Après y avoir passé un an et quelques jours, comme novice, elle y fit profession le 12 janvier 1766. « En présence de la Rév. Mère Thérèse de Saint Benoît de Rilly, légitime abbesse de ce monastère, elle promit stabilité sous clôture,

---

1 Dans son *Histoire du Diocèse d'Avignon*, pages 315 et 453, M. l'abbé Granget indique l'antique origine du couvent de Sainte-Catherine. C'est en 1060 que la comtesse Oda, dame d'Avignon, sous la direction de l'Evêque Rostaing Ier, fonda un monastère de filles suivant la règle de Saint Benoît, près de Montfavet, sur le Mont Lavenic, appelé ensuite Montdevergues *(Monasterium Virginum.)* Saint Bernard les visita et les décida à se réunir à l'ordre de Cîteaux, et à prendre la robe de bure blanche avec le scapulaire noir. Comme elles étaient exposées aux attaques des bandes de pillards, l'Evêque Zoen, afin de pourvoir à leur sûreté, leur fit quitter, en 1254, leur abbaye de Montdevergues, dont il reste encore quelques débris, au sommet de la colline, et les établit dans la ville d'Avignon. Il leur donna un local sur la paroisse de

conversion de ses mœurs, pauvreté, chasteté et obéissance perpétuelles, selon la règle de Saint-Benoît, Ordre de Cîteaux, et les constitutions faites et approuvées pour la conservation de cette abbaye, et ce en présence de la glorieuse Vierge Marie, de nos glorieux patriarches Saint Benoît et Saint Bernard, et de Sainte Catherine patronne et titulaire de ce couvent, et de vous, Monsieur Benoît Jean François Malière, vicaire général de Mᵍʳ François Marie de Manzi, notre Supérieur. » [1]

Elle attira à son couvent sa jeune sœur Madeleine Françoise, qui fit profession en 1773, et ensemble elles se préparèrent par la pratique des vertus religieuses à la mort glorieuse que Dieu leur réservait.

Lorsque la Révolution qui éclata en 1790, à Avignon, les expulsa de leur couvent de Sainte-Catherine, elles se retirèrent à Bollène, leur pays natal et se joignirent aux religieuses qui y vivaient en communauté.

Elles furent mises en arrestation et conduites, le 2 mai 1794, dans la prison de la *Cure* à Orange.

La *sœur Saint-Henri* comparut la première des religieuses de sa famille devant la commission populaire. Elle refusa

Saint-Symphorien, et les dota si richement, qu'il fut regardé comme leur second fondateur. Les Papes les comblèrent aussi de bienfaits : En 1256, Alexandre IV leur donna le prieuré de Gigognan, et confirma tous leurs privilèges ; en 1320, Jean XXII unit au monastère de Sainte Catherine la chapellenie de Saint-Pierre, celle des onze mille Vierges, et une troisième fondée par Jean d'Auzillac ; Grégoire XI leur donna aussi une maison contigüe à leur chapelle.

Le couvent de Sainte-Catherine fut un des premiers qui furent, à la fin de l'année 1790, pillés par ordre de la municipalité révolutionnaire d'Avignon ; on évalua à trente mille francs l'argenterie qu'on leur prit et on ne tarda pas de disperser les Religieuses.

1 Registre des actes de profession religieuse du monastère de Sainte-Catherine. *(Archives départementales.)*

énergiquement de prêter le serment qu'on lui demanda.
Le 12 juillet, elle fut jugée, condamnée et guillotinée. Elle
marcha au supplice avec bonheur, regardant la guillotine
comme l'instrument dont Dieu se servait pour l'introduire
au ciel. Elle était âgée de 48 ans et demi.

14. — Jeanne-Marie de ROMILLON

Sœur Saint-Bernard

Religieuse ursuline du couvent du Pont-Saint-Esprit

Elle naquit à Bollène, le 2 juillet 1753, de Gabriel
Louis de Romillon et de Françoise Thune. Elle fut baptisée
le même jour et elle eut pour marraine Rose Clément,
sage-femme, veuve de Pierre Paget.

Elle fit profession au couvent des Ursulines du Pont-
Saint-Esprit, [1] et lorsque la Révolution l'obligea de sortir
de son monastère, elle vint avec sa Supérieure Marie Port,
sœur Saint-Régis, et plusieurs de ses compagnes se réunir
aux Ursulines de Bollène. C'est là qu'elle fut mise en arrestation, le 22 avril 1794, et transférée, le 2 mai suivant,
dans la prison de la *Cure* à Orange. Elle soupirait après

---

1 Jeanne-Marie de Romillon était religieuse au couvent des Ursulines du Pont-Saint-Esprit. Dans toutes les relations manuscrites et
imprimées, elle est désignée, comme ursuline *de Bollène* ou *à Bollène*,
mais dans le jugement qui la condamna à mort, Viot, l'accusateur
public, dit expressément que « Jeanne-Marie de Romillon, âgée d'environ 40 ans, née à Bollène, y résidente, est ex-religieuse insermentée
du ci-devant Ordre de Sainte-Ursule, au couvent de Pont-sur-Rhône
(Pont-Saint-Esprit). » Nous avons suivi cette indication qui nous paraît

le jour, où la guillotine l'unirait à son céleste époux.
Quand elle vit que sa sœur était appelée devant le tribunal
avant elle : « Comment ma sœur, s'écria-t-elle, vous allez
au martyre sans moi? que deviendrai-je, seule, loin de
vous sur cette terre d'exil? »

« La sœur Bernard Romillon, dit la Relation imprimée
à Rome, en 1795, faisait depuis longtemps une prière à la
Sainte Vierge, pour mourir un samedi, ou un jour consacré par une de ses fêtes. »

Sa prière fut exaucée; deux jours après sa sœur Sylvie-
Agnès, le samedi 12 juillet, elle fut appelée devant les
juges de la Commission populaire qui la condamnèrent à
mort.

« Rien ne peut exprimer le bonheur qu'elle ressentit en
entendant prononcer sa sentence de mort; et quand l'heure
d'aller au supplice fut arrivée, sa joie éclata en saints
transports : « O quel bonheur! O quel bonheur! s'écriait-
elle, je serai bientôt dans le ciel, je ne puis contenir la
joie que j'éprouve. C'est dans ces sentiments qu'elle gravit
les marches de la guillotine. Comme elle montait sur
l'échafaud, elle entendit crier : vive la nation! elle se
retourne, et mêlant sa voix à celle du peuple, « oui,
s'écrie-t-elle, je dis comme vous, et avec plus de justice
que vous : Vive la nation! qui me procure en ce beau jour

vraie, parce que dans la liste des Ursulines du couvent de Bollène
dressée, le 4 octobre 1792, par Joseph Marchaud, maire de cette ville
qui vint demander officiellement à chaque religieuse ses noms,
prénoms, date de profession, âge..... le nom de Jeanne-Marie Romillon
ne se trouve pas, tandis qu'il est sur la liste des Ursulines du couvent
du Pont-Saint-Esprit, qui nous a été communiquée par Mgr de Villeper-
drix, vicaire-général de Nîmes, de la part de son collègue, M. le
chanoine Goiffon.

la grâce du martyre » et elle livra sa tête au bourreau. Elle était âgée de 41 ans. » (*Relation des Ursulines d'Avignon.*)

Dimanche 13 Juillet

Ce jour-là, Viot, l'accusateur public, traduisit devant la Commission populaire six religieuses : trois sacramentines : *Elisabeth Verchière*, de Bollène, *Anne Minutte* et *Henriette Faurie*, de Sérignan et trois ursulines *Marie-Anne Lambert*, de Pierrelatte, *Marie-Anne Depeyre*, de Tulette, et *Marie-Anastasie Roquard*, de Bollène. « Toutes ces ci-devant religieuses, dit-il, se sont déclarées les ennemies de la République et les artisannes de la tyrannie, elles se sont déclarées en rebellion ouverte contre l'autorité de la Convention et la souveraineté du peuple ; réfractaires à la loi, elles ont constamment et avec obstination, refusé de prêter le serment qu'elle leur prescrivait ; elles ont propagé le plus dangereux fanatisme, dans l'intention d'appeler l'anarchie, d'exciter la guerre civile, d'opérer la dissolution de la représentation nationale et le renversement de la République et de la liberté. »

Elles furent toutes six condamnées à mort. Depuis leur incarcération, elles n'avaient qu'un désir : celui du martyre. Aussi avec quelle joie, quel bonheur, elles entendirent prononcer leur sentence de mort ! Elles allèrent à l'échafaud, en chantant les litanies de la Sainte Vierge.

On lit dans le compte-rendu que la Commission, faisait de ses travaux, le 14 juillet : « Les six béates ont déclaré qu'il n'était pas au pouvoir des hommes de les empêcher d'être religieuses ; que le serment était contre leur conscience et contre leurs vœux. Nous leur avons fait observer que parmi ces vœux se trouvait celui de l'obéissance, que saint Paul lui-même avait dit, en rappelant les paroles du Christ, qu'on devait l'obéissance au souverain même injuste, et qu'ainsi leur refus de serment pouvait bien être considéré comme une révolte contre le peuple souverain. » On n'aurait pas soupçonné que les juges du tribunal d'Orange fussent si érudits et si habiles pour argumenter.

15. — Elisabeth VERCHIÈRE

Sœur Madeleine de la Mère de Dieu

Religieuse du couvent du Saint-Sacrement à Bollène

Elle naquit à Bollène, le 2 janvier 1769, de Jean-Pierre Verchière et d'Elisabeth Pradelle. Elle fut baptisée le lendemain et eut pour marraine sa tante Jeanne-Marie Verchière.

N'ayant pas encore 20 ans révolus, elle entra au couvent du Saint-Sacrement de Bollène, le 1er novembre 1778, et, le 12 février suivant, elle reçut l'habit religieux et le nom de *sœur Madeleine de la Mère de Dieu*. Elle prononça ses vœux le 21 février 1790, lorsque déjà en France on venait, le 13 février, de supprimer les vœux et les ordres religieux. Elle ne put rester longtemps dans son couvent: au mois d'octobre 1792, elle fut obligée d'en sortir avec toutes ses compagnes. Inébranlable dans sa vocation, elle ne voulut pas rentrer dans sa famille, elle préféra rester en communauté avec ses sœurs et vivre avec elles de privations. Mise en arrestation à Bollène, et bientôt emprisonnée à

Orange, elle se montra l'émule de ses compagnes en piété et en ferveur. Malgré sa jeunesse, elle n'avait que 25 ans et demi, elle fit paraître devant le tribunal la fermeté de l'âge mûr, dans la profession de sa foi, et dans son refus de prêter un serment qu'elle regardait comme une apostasie. De grand cœur elle donna sa vie pour rester fidèle à Jésus-Christ son divin époux.

16. — Thérèse-Henriette FAURIE

Sœur de l'Annonciation

Religieuse du couvent du Saint-Sacrement de Bollène.

Elle fut la plus jeune des religieuses guillotinées à Orange ; elle avait un an de moins qu'Elisabeth Verchière, et cependant elle l'avait devancée de quelques mois au couvent du Saint-Sacrement de Bollène.

Elle était née à Sérignan, près d'Orange, le 13 février 1770, de Jean-César Faurie, officier de santé, et de Françoise Anne Astier. Elle fut baptisée le lendemain et eut pour parrain et pour marraine Jacques Arnaud et Agathe-Thérèse Arnaud, fils et fille d'Andéol Arnaud et de Marianne Faurie.

A l'âge de 18 ans, le 22 mai 1788, elle fut admise au couvent du Saint-Sacrement de Bollène ; le 13 novembre suivant, elle y reçut l'habit religieux et le nom de *Sœur de l'Annonciation*, et elle prononça ses vœux, le 19 novembre 1789.

Quoique la plus jeune des sœurs de sa Communauté, elle resta fidèle à ses serments, et quand on la força à sortir du couvent, elle resta avec ses compagnes dans la maison qu'elles avaient louée. Par deux fois la municipalité leur enjoignit de prêter le serment de *Liberté-Egalité*, et par deux fois toutes s'y refusèrent, disant que ce serment était contraire à leur conscience.

Pendant ce temps, au plus fort de la Terreur, le malheur s'était abattu sur la famille d'Henriette Faurie; ses trois frères Jean-Marie Réné, Roch-André-Laurent, et Etienne Bénézet, âgés de 21, 18 et 15 ans, étaient partis pour l'armée; la mère restait à la maison paternelle, n'ayant pour soutien que ses deux filles Marie-Félicité, âgée de 23 ans et Madeleine-Séraphine qui terminait sa onzième année; son père, César Faurie, âgé de 64 ans, avait été inscrit sur la liste des suspects et incarcéré dans la prison *des Dames,* à Orange.

Le lendemain une jeune fille [1] se présentait, un panier de provisions à la main, au geolier.

— Le citoyen Faurie, dit-elle, je désire le voir.

— Et qui es-tu? belle enfant? répond le geolier.

— Je suis sa fille Madeleine; j'ai dans mon panier des provisions que je lui apporte.

— Ton père est au secret, et tu ne peux le voir; laisse-moi tes provisions, je les lui remettrai.

1 Dans son livre : *Dix-huit ans chez les sauvages,* Régis Ruffet, Paris 1870, d'après les documents de Mgr Henri Faraud, M. Fernand Michel, qui nous fournit ces précieux souvenirs de famille sur Henriette Faurie, attribue à Madeleine Faurie les visites faites et les provisions apportées à son père et à sa sœur en prison. M. Bonnel dans son livre : *les 332 victimes* est porté à attribuer ces visites à Félicité Faurie alors âgée de 23 ans, tandis que sa sœur Madeleine n'avait que 10 ans; mais étant née le 8 septembre 1783, elle terminait alors ses onze ans, et à cet âge, pouvait faire, tous les jours, le court trajet qu'il y a entre Orange et Sérignan.

— Merci; dites à mon père que, tous les jours, je lui apporterai des provisions, jusqu'à ce qu'on nous le rende; car on nous le rendra, n'est-ce pas? Il n'est pas coupable, dites, n'est-ce pas qu'on nous le rendra bientôt?

Le geôlier ne répondit pas, Madeleine retourna auprès de sa mère, et chaque jour on la vit sur la route de Sérignan à Orange portant des provisions à son père.

Henriette Faurie, ayant appris les malheurs qui affligeaient sa famille, partit de Bollène pour venir consoler sa mère. Elle arriva le soir à Sérignan et frappa à la porte, au moment où la mère et les deux filles faisaient leur prière. Madeleine se lève.

— Qui est-ce? dit-elle.

— C'est moi, Henriette, ouvre vite.

A ce nom, à cette voix, Madeleine reconnaît sa sœur la religieuse de Bollène, qui, un instant après, était dans les bras de sa mère.

— Ecoutez, ma mère, écoute Madeleine, dit-elle, notre couvent est fermé, nos sœurs sont dispersées. Hier on a voulu me faire prêter serment, j'ai refusé. Je sais le sort qui m'attend. Que la volonté de Dieu soit faite!

Henriette était une de ces femmes énergiques, capables de tous les héroïsmes et de tous les dévouements. Elle aurait pu se cacher; mais elle savait son père en prison, sa mère et ses deux sœurs seules à Sérignan; elle préféra rester dans sa famille, sachant bien qu'on ne l'y laisserait pas longtemps en paix.

En effet, on sut bientôt qu'elle était arrivée, et quelques jours après, le 10 mai, le Comité de surveillance de Sérignan décernait contre elle un mandat d'arrêt.

Sa mère et ses sœurs l'avaient engagée à fuir ou à se cacher. Non, répondit-elle, mes compagnes sont en prison, mon devoir est de mourir avec elles. Et elle attendit, sans crainte son arrestation.

Elle était assise devant la porte de sa maison, lorsque un agent de la municipalité vint lui signifier son mandat d'arrêt: C'est toi, lui dit-il, qui t'appelles Henriette Faurie? — C'est moi-même. — Tu étais religieuse à Bollène? — Oui. — Où est ton père? — Vous savez bien qu'il est en prison à Orange. — Et tes frères? — Soldats de la République. — Ton père est un aristocrate, tes frères aimeraient mieux se battre avec les chouans; toi, tu conspires avec tes singeries de prières; nous avons ordre de t'arrêter; suis-nous.

Henriette se lève, calme et sereine, et se tournant vers ses sœurs qui sanglotaient, elle leur dit: « S'il faut savoir vivre pour Dieu, il faut aussi savoir mourir pour lui. Priez pour moi, mes sœurs, et consolez notre mère. »

Quelques heures après, elle était conduite avec deux de ses compatriotes, les religieuses de Loye et Minutte, à Orange, dans la prison de la *Cure*. Là, elle fut heureuse de retrouver ses compagnes de Bollène, et elle se mit avec elles à se préparer au martyre, par la fidèle observance de toutes les pratiques de la vie religieuse.

Madeleine Faurie venait chaque jour apporter une double provision, une pour son père et l'autre pour sa sœur, espérant toujours l'élargissement de ses chers prisonniers. Mais Henriette ne se faisait pas illusion. Chaque jour la guillotine faisait des vides dans les rangs de ses compagnes. Son tour arriva le dimanche 13 juillet. A l'appel de 9 heures du matin, en entendant prononcer son nom et celui de cinq religieuses : « Courage, mes sœurs, leur dit-elle, voici le moment du triomphe. »

Sa fermeté ne se démentit pas devant ses juges. Le président Fauvety touché de son jeune âge, essaya vainement de lui faire prêter serment. — Allons, Henriette, lui dit-il, prête serment. Tu es encore si jeune! Pourquoi vouloir mourir?... un mot... un signe de tête, et demain tu retourneras auprès de ta mère. — J'ai fait serment à Dieu, répondit-elle, je n'en ferai pas d'aütre.

Elle exhortait ses compagnes pendant qu'on les interrogeait: « Courage, leur disait-elle, les portes du ciel vont s'ouvrir pour nous recevoir. »

Lorsque la sentence de mort fut prononcée contre les six religieuses, Henriette Faurie, prenant une poire qu'elle avait conservée de son repas de la veille, la partagea en six morceaux qu'elle distribua à ses compagnes. Elles en mangèrent toutes. Ce fut leur dernier repas.

A 6 heures du soir, les six religieuses avec cinq autres condamnés à mort, furent conduites à la guillotine. Elles chantaient les litanies de la sainte Vierge. Ces chants attirèrent l'attention des prisonniers détenus dans la maison d'arrêt des *Dames*, rue de *Tourre*, que le cortège suivait en allant à l'échafaud. Tout à coup, une tête apparaît derrière les barreaux, un cri de douleur se fait entendre, un prisonnier tombe évanoui. C'était César Faurie qui avait reconnu sa fille allant à la mort.

Sur le parcours, une religieuse se mit à dire: « Mon Dieu! nous n'avons pas fini nos vêpres. Eh bien! nous les achèverons au ciel, répondit Henriette. » Au moment où elle gravissait les marches de l'échafaud, une jeune fille, fendant la foule, se précipite en criant: « Henriette! Henriette! c'était sa sœur Madeleine qui arrivait de Sérignan. Henriette reconnaît la voix de cette sœur chérie, elle jette sur elle un dernier regard, puis levant les yeux au ciel : « Adieu, Madeleine, lui dit-elle, embrasse notre mère; au revoir dans le ciel, où je vais t'attendre. » [1]

17. — Anne-Andrée MINUTTE

Sœur Saint-Alexis

Religieuse du couvent du Saint-Sacrement de Bollène

Elle naquit à Sérignan, le 4 février 1740, d'Alexandre Minutte et de Marie-Anne Goudareau. Elle fut baptisée le même jour, et eut pour parrain M. Timothée Goudareau et pour marraine Claire Reboul.

Après la mort de sa mère, elle était dans sa vingtième année, lorsque le 20 novembre 1759, elle entra au couvent du Saint-Sacrement de Bollène. Le 20 mai

---

1. Madeleine Faurie a survécu 54 ans à sa sœur martyre. Le 9 septembre 1812, elle épousa M. Xavier Faraud, de Gigondas; elle eut plusieurs enfants dont le plus jeune naquit, le 17 juin 1823. Elle lui donna le nom d'Henri, en souvenir de sa sœur martyre Henriette. Elle souhaita que ce fils fut appelé au sacerdoce, et ses vœux furent exaucés. Quand elle mourut, le 24 août 1848, son fils Henri était prêtre, missionnaire oblat de Marie, évangélisant, au nord du Canada, les sauvages de l'île à la Crosse. Le 30 novembre 1863, il était sacré évêque à Tours par Mgr Guibert. Il reçut la mission d'évangéliser les sauvages des plages glacées et alors inexplorées qui s'étendent jusqu'à la mer du pôle arctique. Il fut quarante ans leur missionnaire zélé et infatigable, et il est mort à Saint-Boniface, le 20 septembre 1890, après avoir été 27 ans évêque d'Anémour, vicaire apostolique d'Athabaska Machenzie.

Un des petits fils de Madeleine Faurie, M. l'abbé Daniel, est actuellement curé de la paroisse de Séguret. Les prières d'une tante martyre attirent l'abondance des grâces sur ses neveux et petits neveux.

suivant elle fut revêtue de l'habit religieux et elle reçut le nom de *sœur Saint-Alexis*. Elle fut admise à faire profession, le 26 mai 1761.

Après avoir vécu 33 ans dans son couvent, elle fut obligée d'en sortir en 1792. Cédant aux instances de ses parents, elle revint dans sa famille à Sérignan. Elle fut mise en arrestation le 10 mai 1794 et conduite à Orange dans la prison de la *Cure*, ou elle retrouva ses compagnes de Bollène. Se considérant comme une victime destinée à la mort, elle se prépara par la prière au sacrifice de sa vie. Elle comparut avec Henriette Faurie, le 13 juillet, devant la Commission populaire, elle refusa le serment qu'on lui demanda, et fut condamnée à mort. Son énergie ne se démentit pas en face de l'échafaud. « Sa mort, dit le manuscrit de Bollène, fut aussi édifiante que courageuse. Elle était âgée de 54 ans et demi, et elle en avait passé 34 dans la vie religieuse. »

18. — Marie-Anne LAMBERT

Sœur Saint-François

Religieuse converse ursuline du couvent de Bollène

Elle était née à Pierrelatte (Drôme), le 17 août 1742, de Noël Lambert, drapier, et de Thérèse Mouraret. Elle fut baptisée le même jour, et eut pour parrain Jean Lambert, son oncle, et pour marraine Marianne Mouraret, sa tante.

Elle fut reçue chez les Ursulines de Bollène, et elle fit profession comme sœur converse, le 8 octobre 1765. Elle mérita par son attachement à ses vœux de religion et par sa fidélité aux conseils évangéliques, de partager la gloire des religieuses immolées pour la foi, à Orange.

Elle ne se trouvait pas à Bollène lorsque ses sœurs furent mises en arrestation et conduites à Orange. Elle fut arrêtée le 12 juin suivant, et amenée à Orange le lendemain, avec l'abbé Fiteau, jésuite. Elle éprouva une grande consolation d'être réunie à ses compagnes, et se prépara avec elles à faire le sacrifice de sa vie.

Elle fut appelée devant le tribunal avec sa Supérieure Madame de Roquard et quatre autres religieuses qu'elle édifia par sa fermeté à confesser sa foi. Elle souffrit la mort avec la confiance qu'elle allait recevoir au ciel la récompense méritée par son sacrifice. Elle était âgée de 52 ans.

19. — Marie-Anne DEPEYRE

Sœur Sainte-Françoise

Religieuse converse du couvent des ursulines de Carpentras

Elle naquit à Tulette (Drôme), le 2 octobre 1756, de Jean André Depeyre, ménager, originaire de Saint-Romain-de-Malegarde, et de Marie-François Audias. Elle fut baptisée le lendemain et eut pour parrain, Noël Biscarrat, de Sainte-Cécile, et pour marraine Marie-Anne Audias, sa grand'mère maternelle.

M. Isnard, curé-doyen de Suze-la-Rousse, ancien curé de Tulette, dans son ouvrage : *Saint Bertrand de Garrigue*, nous donne, sur Marie Anne Depeyre, des détails fort intéressants qu'il a recueillis, dans les archives de Tulette et d'Orange et dans les souvenirs de ses paroissiens.

Marie-Anne Depeyre, dit-il est nommée, sans particule, Peyre dans les actes officiels de sa condamnation, mais le nom de sa famille, tombée depuis longtemps en rôlure, était *de Petra* de Peyre.

Elevée au sein d'une famille chrétienne, dont les pieuses traditions se conservent encore dans ses descendants, Marie-Anne Depeyre, reçut au foyer domestique les premiers principes d'une éducation basée sur la foi, qui, en se développant dans son jeune cœur, devaient la conduire au ciel.

Après sa première communion, elle s'associa, en 1770, à la confrérie du Saint Rosaire, et choisit le jour de l'Annonciation, à deux heures du soir, pour réciter à son tour, le Rosaire perpétuel établi dans la paroisse. Ce premier acte d'association lui fut inspiré par l'exemple de sa mère, qui était alors la seconde Supérieure de la Congrégation. Elle en contracta un second, en 1773, tandis qu'elle remplissait avec diligence et dévouement la charge de sacristine et de prieure du Rosaire, elle fut jugée digne d'entrer la première dans la Congrégation des jeunes filles les plus pieuses de la paroisse. Cette confrérie fonctionnait comme une petite communauté, sous le vocable de Notre-Dame de Pitié, et tenait régulièrement ses assemblées, le dimanche, dans la chapelle de ce nom, située à l'est hors des murs de la ville.

C'est là que, le 24 mai, fête de la Pentecôte, après vêpres, Marie-Anne Depeyre, vêtue de blanc, et les yeux fixés sur le tableau de Notre-Dame-des-Sept-Douleurs qui encadrait l'autel, prononça, en son nom, et au nom de ses compagnes, cet acte de consécration : « Mère de Pitié et de miséricorde, dont le cœur a été si vivement percé d'un glaive de douleur, au jour de la passion de votre très cher fils Notre-Seigneur Jésus-Christ, je vous choisis aujourd'hui pour ma Reine, ma Patronne et mon Avocate auprès de Dieu... Recevez-moi donc pour toujours, je vous en supplie, au nombre de vos servantes ; assistez-moi dans toutes les actions de ma vie, et ne m'abandonnez pas surtout à l'heure de ma mort. »

Ces dernières paroles firent une vive impression sur le cœur de la jeune fille, elles devinrent le *Memorare* qu'elle adressait chaque jour à la Sainte Vierge, dont elle s'appliqua à imiter les vertus.

Sa piété lui attira, le 2 juillet 1775, les voix unanimes de ses compagnes qui la nommèrent première assistante de Mademoiselle Alexandrine Ribail, leur Supérieure. Elle se montra si digne de cet honneur, que les dames du Rosaire, en 1777, voulurent l'avoir aussi pour première Assistante de leur congrégation, charge qu'elle conserva jusqu'en 1779. En 1780, nous la trouvons dans l'église paroissiale de Saint-Pierre, dirigeant, avec Marie-Anne Boudon, le chœur des jeunes filles durant une mission donnée par les Révérends Pères Gardistes. (*Archives de la Paroisse*).

Elle avait alors 24 ans, et Dieu qui n'avait cessé de posséder son cœur, l'attira vers la vie religieuse. Elle choisit le couvent des Ursulines de Carpentras, où elle fut admise en 1781, en qualité de sœur converse, et elle reçut le nom de *sœur Sainte-Françoise* patronne de sa pieuse mère. [1]

---

1 Les Ursulines furent appelées à Carpentras, en 1627, par Mgr Bardi. Elles s'établirent d'abord, comme Congrégation, rue de la *Fournaque*, dans la maison que leur donna Etienne de Pol, et bientôt elles vinrent habiter leur nouveau couvent situé à côté de la *Rectorerie*. En 1632, le cardinal Bichi les établit comme ordre religieux. En 1792, elles étaient 16 religieuses de chœur et 2 converses.

Obligée d'abandonner son cloître, par l'application des lois révolutionnaires, elle se retira à Tulette dans sa famille, continuant de donner à ses concitoyens l'exemple de toutes les vertus. Sa principale occupation était de visiter et de consoler les malades, de les disposer au repentir de leurs fautes, et à la réception des Sacrements de la main d'un prêtre insermenté. A ces devoirs de charité elle joignait la prière et la pratique de la mortification ; elle ne craignait pas d'aller prier dans les chapelles qu'elle avait autrefois coutume de fréquenter, elle portait le cilice, et se servait de la discipline pour déchirer son corps.

Elle savait bien qu'elle s'exposait à être traitée de *fanatique*, de *réfractaire* aux lois, et d'entraver ainsi la marche de la République, crime qu'alors on punissait de mort.

Mais dans l'ardeur de sa foi, elle aspirait au martyre, et Dieu, en lui accordant des grâces extraordinaires, l'encourageait à faire le sacrifice de sa vie. Des personnes dignes de foi racontent que Marie-Anne Depeyre, allant un jour faire ses dévotions à Notre-Dame-du-Roure avec une de ses amies, tomba en extaxe. Sa compagne, Marie-Anne Boudon, qui marchait la première, n'entendant plus le bruit de ses pas, se retourne, et la voit élevée à un mètre au-dessus du sol, les mains jointes et les yeux fixés au ciel. « Ma sœur, ma sœur, s'écrie-t-elle, que faites-vous ? — Silence, ma fille, lui dit-elle... écoutez les douces harmonies de la cour céleste... que le ciel est beau ! »

Marie Boudon n'entendit rien, si ce n'est les paroles de la voyante, dont les pieds ne touchaient plus la terre.

Cette première vision fut comme le Thabor de la *sœur Sainte-Françoise*. Son divin maître la préparait à monter au calvaire. Dénoncée par ses concitoyens dont quatre étaient membres du comité de surveillance du canton de Visan, et deux étaient administrateurs du comité révolutionnaire d'Orange, elle fut arrêtée par le comité de surveillance, le 27 mars 1794, et conduite à Visan, où on l'emprisonna pour y passer la nuit, dans la maison de Messieurs de Seguins Cabassole, alors mise sous séquestre comme bien d'émigrés. La *sœur Sainte-Françoise* obtint de ses gardes, dont le chef s'appelait Jean-Etienne Monier, d'avoir pour compagne, pendant la nuit, Marie-Anne Depeyre sa nièce et sa filleule, alors âgée de 13 ans.

Cette jeune fille devint sucessivement femme et veuve d'un militaire en retraite, Louis-Calvier, et elle mourut le 6 août 1835. Jusqu'à sa mort elle a bien souvent raconté le trait suivant : « Pendant la nuit que je passais avec ma tante dans la maison de Monsieur Seguins, elle était en prière près de mon lit, lorsque l'appartement où nous étions fut tout-à-coup éclairé par une vive, mais douce lumière, qui fut suivie de l'apparition d'un personnage céleste tout resplendissant de gloire. Je fus saisie de frayeur, et je cherchais à cacher ma tête sous les couvertures. — Ne crains rien, me dit ma tante, c'est Notre-Seigneur Jésus-Christ qui daigne nous visiter. » L'apparition s'approcha de moi et me toucha la main en signe de paix. Puis s'adressant à ma tante, elle lui dit : « Marie tu m'as demandé de t'associer à ma passion pour expier les crimes de la terre. Te voilà entre les mains de mes ennemis. Si tu trouves mon calice trop amer, dis une parole, et les portes de la prison s'ouvriront devant toi. — Seigneur, répondit ma tante, seule, sans vous et votre croix, la vie la plus douce me paraît insupportable; mais avec vous et votre croix, la mort la plus cruelle fera mes délices. »

Il y eut un moment de silence. Je croyais être au ciel. Peu après l'apparition s'évanouit, et nous continuâmes de prier dans l'obscurité profonde de la nuit. Le garde national Monier, âgé de 36 ans, n'avait point aperçu l'apparition, mais il avait vu les flots de lumière qui remplissaient la maison. Il était persuadé que la prisonnière avait reçu une communication qui ne venait pas des hommes. Aussi le lendemain, s'empressa-t-il de dire à la sœur : « Marie Anne, je sais que Dieu, dont il n'est plus permis de prononcer le nom, est avec toi. J'ai obtenu la permission de t'accompagner jusqu'à Orange. Je réponds sur ma tête qu'en route tu seras respectée. »

Le lendemain, 28 mars, Marie-Anne Depeyre fut conduite à Orange dans la prison de la *Cure* où elle fut incarcérée avec deux sœurs ursulines de Carpentras, natives de Valréas, *Mélanie Collet* et la *sœur Emeranciane*. Elles y trouvèrent la Supérieure des Ursulines de Sisteron qui était emprisonnée depuis cinq jours. Le 2 mai suivant, 29 religieuses de Bollène furent amenées dans la même prison. Marie Anne Depeyre fut heureuse de se joindre à elles pour vivre en communauté, et suivre le même règlement que toutes avaient adopté. C'est ainsi qu'elles se préparaient au martyre.

L'amie la plus intime de Marie-Anne Depeyre, Marie Anne Boudon, née à Tulette le 21 avril 1761, fut aussi mise en arrestation comme *fanatique* et *suspecte*, et conduite à Orange, dans la prison du *Cirque*, le 24 messidor, 12 juillet. [1]

---

1 A la même époque on conduisit dans les prisons d'Orange cinq personnes de Tulette : Marguerite Audran, Marie Philibert, Catherine Farnier, Marie Mondon et Jean Mondon.

La Providence l'amenait dans cette prison pour recevoir le dernier adieu de la *sœur Sainte-Françoise*. Elle ne la vit pas, le jour de son arrivée ; mais les deux amies purent se voir, le lendemain.

Dieu avait fait connaître à la *sœur Sainte-Françoise* le jour et l'heure de sa mort. Le soir du 12 juillet, au moment où quatre de ses compagnes étaient immolées, elle s'écria dans le transport d'une joie céleste : « O mes chères sœurs, quel bonheur ! Nous allons voir notre époux !

En effet le lendemain, 13 juillet, la *sœur Sainte Françoise* fut appelée devant ses juges avec deux sœurs ursulines et trois sœurs sacramentines. Toutes, même ces pauvres sœurs converses qui ne s'occupaient guère de politique, mais beaucoup de remplir leurs devoirs de chrétiennes et de religieuses, furent accusées « d'être les ennemies de la République... d'être réfractaires à la loi, en refusant de prêter le serment qu'elle prescrivait, de propager le plus dangereux fanatisme... »

Ces saintes filles répondent qu'elles n'ont rien fait de pareil, qu'engagées par des vœux et des serments à demeurer fidèles à Dieu, les hommes n'ont pas le droit de les menacer de mort, pour les rendre parjures par un nouveau serment, au mépris de la liberté qui règne en souveraine dans la conscience de chaque citoyen... Elles furent toutes condamnées à mort.

En attendant l'heure de l'exécution de cette sentence, les six religieuses sont conduites dans la prison du *Cirque*. L'accusateur public Viot, les accompagne, les manches retroussées, le sabre nu à la main : il les introduit dans une petite cour. Là, assisté de l'huissier, il les fait dépouiller, et se rend lui-même dépositaire de l'argent et des effets qu'elles peuvent avoir.

Pendant cette opération la *sœur Sainte-Françoise* aperçoit dans la cour son amie Marie Boudon, qu'on avait amenée la veille. Dès qu'elle est libre, elle va l'embrasser avec joie, en lui exprimant le bonheur qu'elle a de la revoir, au moment ou elle va mourir et gagner le ciel. Puis détachant le cilice et la discipline en fer qu'elle portait sur son corps virginal, elle lui dit: « Mes plus beaux joyaux ont échappé à la rapacité de mes juges. Prends-les, tu en es l'héritière. » [1] Après s'être fait de ses habits de dessous un double caleçon, pour se préserver de l'impudeur du bourreau, elle se met en prière avec ses compagnes.

Vers 5 heures du soir, lorsque l'exécuteur des hautes œuvres vint les garrotter pour les conduire à la guillotine, une d'entre elles s'écria : « Nous n'avons pas dit nos vêpres. — Nous les dirons au ciel, » répondit une autre sœur.

A 6 heures, leurs têtes étaient tranchées, et leurs âmes s'étaient envolées au ciel. Marie-Anne Depeyre fut guillotinée l'avant dernière, après Henriette Faurie et avant Marie-Anastasie de Roquard qui fut exécutée la dernière.

Robespierre ayant été renversé, le 9 thermidor, 28 juillet, et décapité le lendemain, le tribunal sanguinaire d'Orange fut suspendu ; les juges furent emprisonnés, et les prisonniers qui n'avaient pas été jugés furent bientôt mis en liberté.

---

1 Cette discipline et ce cilice en fer ont été religieusement conservés par la pieuse Mademoiselle Joséphine Nogier, petite nièce et unique héritière de Marie-Anne Boudon, qui, avant sa mort arrivée, le 20 mai 1881, a bien voulu les remettre, comme de précieuses reliques, entre les mains de M. Isnard, alors curé de Tulette, et maintenant curé-doyen de Suze-la-Rousse (Drôme).

Marie-Anne Boudon sortit de sa prison, le 17 fructidor, 3 septembre 1794, et pendant plus de 30 ans jusqu'à sa mort, 20 novembre 1827, elle imita la piété et les vertus de la *sœur Sainte-Françoise*, laissant à sa famille, avec le dépôt de ses pieux souvenirs, son cilice et sa discipline, probablement les mêmes instruments de pénitence que lui avait légués son amie la *sœur Sainte-Françoise de Peyre*, quelques heures avant de monter au ciel.

On aime à rappeler le souvenir de ces illustres martyres de la foi chrétienne : leur prison et leur mort ont ennobli leurs familles, tandis qu'on ne peut prononcer le nom de leurs juges et de leurs bourreaux, sans flétrir leurs descendants. C'est donc bien vrai que l'irréligion conduit l'homme au déshonneur, à toutes les scélératesses et à l'état sauvage, et que la croyance en Dieu enfante des héros, même dans le sexe faible.

20. — Marie-Anastasie de ROQUARD

Sœur Saint-Gervais

Supérieure du couvent des ursulines de Bollène.

Sa famille jouissait à Bollène d'une grande considération, qu'elle avait acquise par ses services militaires et l'emploi de sa fortune. Elle avait contribué à la fondation du couvent du Saint-Sacrement, en 1725, et lui avait donné ses deux premiers aumôniers, qui en furent les bienfaiteurs, et de ferventes religieuses qui furent des modèles de vertus.

Marie-Anastasie de Roquard, naquit à Bollène, le 5 octobre 1749, de Paul Joachin de Roquard, écuyer, et de noble dame Marie-Gabrielle de Faucher. Elle fut baptisée le même jour et eut pour parrain Paul-Joseph de Roquard, son frère, et pour marraine, Marie-Sophie de Roquard, sa sœur.

Elle fut admise au couvent des Ursulines de Bollène, où elle reçut le nom de *sœur Saint-Gervais* et fit profession, le 24 juin 1766, âgée de 17 ans. Elle remplissait les fonctions de sœur dépositaire, lorsque, le 21 septembre 1772, la sœur des Anges de Rocher fut admise à la profession. Elle était Supérieure de sa Communauté, lorsque en 1792, elle fut forcée, avec toutes ses sœurs, d'abandonner son monastère. Femme d'une haute vertu, d'une piété éclairée, elle avait, par la sagesse de son gouvernement, gagné la confiance et l'amour de ses filles qui ne voulurent point se séparer d'elle. Comme Madame de la Fare qui avait réuni ses sacramentines dans une maison particulière, Madame de Roquard logea ses chères compagnes dans diverses maisons de Bollène, où elles continuèrent à suivre leurs saintes règles. Elle eut la charité d'accueillir d'autres religieuses expulsées de leurs couvents, qui lui demandèrent de partager avec ses filles les privations et les joies de la vie commune. Deux fois la municipalité de Bollène leur intima l'ordre de prêter le serment prescrit par la loi; toutes s'y refusèrent énergiquement, et bientôt elles furent d'abord mises en arrestation dans les maisons qu'elles habitaient, et ensuite, le 2 mai 1794, transférées au nombre de 29 dans la prison de la *Cure*, à Orange.

Pendant sa détention, la *sœur Saint-Gervais* donna à ses compagnes les plus beaux exemples de piété, d'abnégation et de fidélité aux exercices, par lesquels elles se disposaient toutes à verser leur sang pour Jésus-Christ. Déjà quatorze d'entre elles avaient cueilli la palme du martyre, lorsqu'elle fut appelée devant le tribunal sanguinaire, avec deux ursulines et trois sacramentines. Elle y comparut avec autant de calme et de dignité que si elle avait rempli une des plus importantes fonctions de sa charge. Ne pouvant surpasser ses compagnes en constance, elle les égala en fermeté. Elles furent condamnées à mort, comme *insermentées, réfractaires et fanatiques :* et la sentence fut exécutée le même jour, 13 juillet. La *sœur Saint-Gervais* fut guillotinée la dernière; elle était dans sa quarante-cinquième année. Sa mère, Marie-Gabrielle de Faucher, et sa sœur Madeleine de Roquard, furent amenées dans la prison de la *Cure*, et elles apprirent que depuis trois jours, la *sœur Saint-Gervais* avait fait glorieusement le sacrifice de sa vie. Elles ne furent pas jugées, et après quelques mois de détention, elles furent mises en liberté.

Mercredi 16 Juillet

Après trois jours de relâche, Fauvety faisait comparaître devant la Commission populaire sept religieuses qui furent toutes pour le même motif condamnées à mort. C'étaient *Marguerite-Rose de Gordon, Thérèse Charransol* et *Marie Anne Béguin Royal*, Sacramentines du couvent de Bollène, *Marie-Anne Doux* et *Marie-Rose Laye*, Ursuline du couvent de la même ville; *Dorothée-Madeleine de Justamond*, Ursuline du couvent de Pernes et sa sœur *Madeleine Françoise de Justamond*, religieuse de l'Ordre de Citeaux, à l'abbaye de Sainte-Catherine, à Avignon.

L'accusateur Viot les comprit toutes dans la même accusation : « Ces ci-devant religieuses : *Marie-Anne Doux*,

Marie Laye, Marie-Thérèse Charransol, Françoise-Madeleine Justamont, Julie-Dorothée-Madeleine Justamont, Marie-Anne Béguin, Marguerite-Rose Gordon, toutes insermentées, ont tramé dans le crime, depuis le commencement de la Révolution, la perte de la République; ennemies jurées de toute espèce de liberté, elles ont tenté continuellement de la renverser et de rendre ses anciennes chaînes à la France libre, elles ont sans cesse propagé le plus dangereux fanatisme, elles ont prêché l'intolérance et la superstition la plus affreuse; réfractaires à la loi, elles ont refusé de prêter le serment qu'elle exigeait d'elles; ainsi elles ont tenté d'avilir les autorités constituées et la représentation nationale, ainsi elles ont conspiré contre l'unité et l'indivisibilité de la République. »

C'est sous ces traits abominables, de criminelles, d'ennemies du peuple, d'insurgées, de conspiratrices et de rebelles, que Viot dénonce d'un ton ampoulé ces saintes religieuses; il reconnaît cependant que tous ces crimes ne provenaient que de leur refus de prêter un serment illicite, et du fanatisme qu'elles propageaient, c'est-à-dire de toutes les vertus chrétiennes et religieuses, dont elles donnaient d'efficaces exemples.

21. — Marguerite-Rose de GORDON

Sœur Aimée de Jésus

Religieuse du couvent du Saint-Sacrement de Bollène.

Elle naquit à Montdragon, le 29 septembre 1733, de noble Maurice de Gordon et de dame Marie-Anne de Bouchon.

Elle fut baptisée le lendemain et eut pour parrain M. Jean-Joseph Tissot, et pour marraine Marie-Anne de Gordon, sa sœur.

Elle n'avait que quatre ans quand sa mère mourut, et alors elle fut confiée par son père aux Religieuses du Saint-Sacrément de Bollène qui firent son éducation, et reconnurent bientôt ses heureuses dispositions pour la piété et la vie religieuse. Elles lui donnèrent le nom de *sœur Aimée de Jésus*, et l'admirent à revêtir l'habit religieux le 15 février 1751, et à la profession, le 20 février de l'année suivante.

Le manuscrit des sacramentines de Bollène dit que « la *sœur Aimée de Jésus* exerçait l'emploi d'Assistante, lors de la sortie du monastère. Vivant en communauté avec ses sœurs dans une petite maison qu'elles avaient louée, elle continua sa charge auprès d'elles, et leur servit de mère, surtout depuis qu'elles furent privées de la présence de la Révérende Mère de la Fare, leur Supérieure. Elle les encourageait et les consolait dans leurs peines, et tâchait de leur être utile en toutes choses. Après une vie de mérites et de vertus, ayant passé quarante-trois ans en religion, elle eut le bonheur d'offrir au Seigneur le sacrifice de son sang et de sa vie. Elle était dans sa 61me année. »

22. — Marguerite-Thérèse CHARRANSOL

Sœur Marie de Jésus

Religieuse du couvent du Saint-Sacrement de Bollène.

Elle naquit à Richerenches, le 28 février 1758, de M. Jean Etienne Charransol et de Marie Rocher ; elle fut baptisée le même jour et eut pour parrain Joseph-Félix Charransol, de Saint-Maurice, et pour marraine Jeanne-Marie Martinel Charransol, de Valréas.

Elle était jeune encore, lorsque son père et sa mère moururent. Son frère aîné, Jean-Esprit Charransol, prêtre à Bollène, prit soin d'elle et la confia aux Religieuses du Saint-Sacrement. Elle ne voulut plus se séparer d'elles. Elle fut admise, le 26 juillet 1780, aux épreuves de la postulance. Le 14 novembre suivant, elle reçut le nom de *Sœur Marie de Jésus*, et fut revêtue de l'habit religieux par Mgr l'Evêque de Saint-Paul, qui présida aussi la cérémonie de sa profession, le 15 novembre 1781. M. le chanoine Charransol, son frère, assista à ces deux cérémonies, dont il signa les actes. [1]

La *sœur Marie de Jésus* demeura avec ses compagnes, lorsqu'elles furent forcées à sortir de leur couvent, elle refusa comme elles le serment, et fut conduite, le 2 mai 1794, dans la prison de la *Cure*, à Orange. Traduite devant les juges de la Commission populaire, le 16 juillet, elle persista énergiquement dans son refus de prêter serment. Elle fut condamnée à mort et obtint la palme du martyre. Elle était âgée de 36 ans, et en avait passé 14 en religion.

---

1 M. Jean-Esprit Charransol était doyen du chapitre de la collégiale de Bollène, lorsque la révolution éclata. Il avait succédé à M. de Guilhermier, mort le 22 février 1791. Il ne voulut prêter aucun serment, et il émigra dans les Etats Pontificaux. Il fut pendant une vingtaine d'années curé de Valréas, où il mourut le 2 août 1831, âgé de 85 ans. Il avait un frère prêtre, qui mourut curé de Villedieu, le 19 mai 1813, âgé de 59 ans.

23. — Marie-Anne BÉGUIN-ROYAL

Sœur Saint-Joachim

Religieuse converse du couvent du Saint-Sacrement de Bollène.

Son acte d'accusation indique qu'elle était née à Bouvante, Drôme, et il est dit dans les actes de sa vêture et de sa profession, conservés au couvent du Saint-Sacrement de Bollène, qu'elle naquit en 1736, à Vals-Sainte-Marie, en Dauphiné, de Guillaume Béguin-Royal et d'Elisabeth Rimet. Mais Vals-Sainte-Marie, était un des hameaux de la paroisse de Bouvante.

Le 1er novembre 1759, elle fut admise comme postulante au couvent du Saint-Sacrement de Bollène, et le 20 mai suivant, âgée de 24 ans, elle reçut l'habit religieux et le nom de *sœur Saint-Joachim*. Elle fit profession comme sœur converse, le 24 mai 1761.

Elle eut la consolation de voir trois de ses nièces embrasser la vie religieuse dans sa communauté du Saint-Sacrement : *Marie Cluse*, qui fut guillotinée le 12 juillet ; *Madeleine Cluse*, qui accompagna au Pont-Saint-Esprit la Révérende Mère de la Fare, et *Louise Béguin*, tourrière, qui fut aussi emmenée et emprisonnée à Orange, le 2 mai, mais elle ne fut pas jugée, et fut mise en liberté le 1er janvier 1795.

La *sœur Saint-Joachim*, après deux mois et demi de détention, comparut devant ses juges, le 16 juillet, elle fut jugée digne par sa fermeté d'être condamnée à mort, et mérita ainsi la palme du martyre. Elle avait 53 ans, et depuis 34 ans, elle était religieuse.

24. — MARIE-ANNE DOUX

Sœur Saint-Michel

Religieuse converse du couvent des Ursulines de Bollène.

Elle naquit à Bollène, le 8 avril 1739, de Jean-Louis Doux, et d'Elisabeth Mourenas. Elle fut baptisée le même jour et eut pour parrain Philippe Mourenas, et pour marraine Anne Laforce.

Elle fut reçue, le 30 juin 1761, comme sœur converse, au couvent des Ursulines de sa ville natale, qui lui donnèrent le nom de *sœur Saint-Michel*. En 1792, quand elles durent sortir de leur couvent, Marie-Anne Doux ne voulut point se séparer d'elles. Elle continua de vivre sous la direction de sa Supérieure, dans la prière, le travail et toutes sortes de privation. Amenée à Orange, le 2 mai 1794, elle se prépara à faire à Dieu le sacrifice de sa vie; elle fut jugée, condamnée et guillotinée le 16 juillet. Elle était âgée de 55 ans.

25. — MARIE-ROSE LAYE

Sœur Saint-André

Religieuse converse du couvent des Ursulines de Bollène.

Son nom de famille a été défiguré dans plusieurs relations qui l'appellent aussi *Sage*. Mais d'après son acte de baptême, son nom est Marie-Rose Laye. Elle naquit à Bollène le 26 septembre 1728, de Joachim Laye et de

Marie-Anne Valier. Elle fut baptisée le même jour et eut pour parrain Pierre Pélegrin et pour marraine Marguerite Billard.

Elle fut aussi admise, le 14 janvier 1753, comme sœur converse, par les Ursulines de sa ville natale, qui lui donnèrent le nom de *sœur Saint-André*. Elle ne voulut jamais se séparer de ses compagnes; elle leur resta inséparablement unie et dévouée jusqu'à la prison à Orange, jusqu'à la mort sur l'échafaud.

La relation imprimée à Rome, cite ce trait: « La *sœur converse Saint-André* Sage (Laye), tomba la veille de sa mort dans une grande tristesse, et dit à une de ses compagnes: Je crains que Dieu ne me juge pas digne du martyre. » D'autres relations donnent quelques détails de plus: « La veille de sa condamnation, la *sœur Saint-André* tomba dans une grande tristesse, on craignit qu'ayant vu périr un grand nombre de ses compagnes, elle n'appréhendât de mourir; mais on fut vite détrompé. Uue des sœurs lui ayant demandé la cause de son abattement: Je crains, répondit-elle, que Dieu ne me trouve pas digne de la couronne du martyre. Son humilité fut bien récompensée. Autant elle avait été triste et abattue, la veille, autant le lendemain elle se montra ferme et inébranlable devant ses juges. Le président Fauvety l'ayant engagée à prêter serment: Non, répondit-elle, je ne le prêterai pas: ma conscience et la loi de mon Dieu me le défendent. » Elle fut condamnée à mort et guillotinée le 16 juillet, elle était âgée de 66 ans.

26. — Dorothée-Madeleine-Julie de JUSTAMOND

Sœur du Cœur de Marie

Religieuse du couvent des Ursulines de Pernes

Elle naquit à Bollène, le 27 mai 1743, de noble Pierre de Justamond et de noble dame Françoise Barbe de Faure. Elle fut baptisée le même jour et elle eut pour parrain noble Jérome-Louis-Maurice Dorothée de Camaret, et pour marraine noble Madeleine Barbe de Faure.

Elle entra au couvent des Ursulines de Pernes [1] où elle reçut le nom de *sœur du Cœur de Marie*. Lorsque la Révolution éclata et la força de sortir de son couvent, elle se retira dans son pays natal. Là, avec sa tante et ses deux sœurs, elle se réunit aux Ursulines de Bollène et vécut en communauté avec elles, sous la direction de leur Supérieure, Madame de Roquard. Comme ses compagnes, elle fut mise en arrestation dans la maison qu'elles habitaient, et le 2 mai, elle fut une des 29 religieuses qui furent conduites à Orange dans la prison de *la Cure*.

1 Le couvent des Ursulines de Pernes fut fondé en 1617, par Mᵐᵉ Félice de Sainte-Marie, veuve de M. de Pichony. Les premières religieuses vinrent de l'Isle-sur-Sorgues, avec Mᵐᵉ de Cambis-Velleron ursuline d'Avignon, d'où elle fut envoyée pour organiser le nouveau monastère. La Mère Sybille de Buissy, de Pernes, en fut la première Supérieure

Ce couvent prospérait, en 1789. Marie-Rose Proal, de Pernes, était Supérieure, et elle avait 24 religieuses de chœur et trois sœurs converses. Mais la Révolution vint tout bouleverser et détruire; elle dispersa les religieuses, confisqua leurs biens et les vendit.

On admirait sa piété, dit l'abbé Guillon, et on était porté, malgré soi, à l'appeler *sainte Justamond*. Elle avait 51 ans, lorsqu'elle fut appelée avec six de ses compagnes, devant le farouche tribunal. Elles furent toutes condamnées à mort et marchèrent au supplice, avec la pleine confiance de recevoir aussitôt la récompense promise par Jésus-Christ, à ceux qui l'auront confessé devant les tyrans.

27. — MADELEINE-FRANÇOISE DE JUSTAMOND

Sœur Madeleine du Saint-Sacrement

Religieuse de l'Ordre de Citeaux, à l'abbaye
de Sainte-Catherine à Avignon

Elle était sœur de Dorothée-Madeleine Julie, dont nous venons de parler. C'était la plus jeune des trois sœurs martyres. Elle était née à Bollène, le 26 juillet 1754. Elle fut baptisée le lendemain et eut pour marraine Mademoiselle Françoise Barbe de Faure, de Pierrelatte, sa tante.

Elle avait suivi sa sœur Marguerite Eléonore à l'abbaye de Sainte-Catherine d'Avignon, où elle se consacra à Dieu et reçut le nom de *sœur Madeleine du Saint-Sacrement*. Elle fit profession, le 24 octobre 1773.

A la suppression de son Ordre, elle vint à Bollène se réunir aux sœurs ursulines. Avec elles, elle fut arrêtée et conduite dans la prison de la *Cure* à Orange, et elle comparut devant les juges, avec sa sœur Dorothée et cinq autres religieuses.

Les deux plus anciennes Relations rapportent que : la *sœur Madeleine du Saint-Sacrement Justamond* avait, pendant quinze ans, demandé à la Sainte-Vierge la grâce de mourir le jour d'une de ses fêtes. Sa prière fut exaucée : Elle eut le bonheur de consommer son sacrifice, non pas un samedi, (comme le disent plusieurs manuscrits), mais le 16 juillet, fête de Notre-Dame du Mont-Carmel.

« *Nous avons*, dit-elle, en présence de ses gardes, *plus d'obligations à nos juges, qu'à nos pères et mères, puisque ceux-ci ne nous ont donné qu'une vie temporelle, au lieu que nos juges nous procurent une vie éternelle.* Un des gardes en fut attendri jusqu'aux larmes, et un paysan voulut lui toucher la main. L'amour divin dont son cœur était embrasé, la faisait s'écrier : *Oh quel bonheur ! je suis bientôt au ciel, je ne puis soutenir les sentiments de ma joie.* » (*Relation de Rome*).

« Les six religieuses qui furent condamnées en même temps que la *sœur Madeleine du Saint-Sacrement Justamond*, partageaient ses sentiments de reconnaissance et d'allégresse. Un paysan qui les voyait passer s'inclina respectueusement et demanda qu'on lui permit de toucher l'extrêmité de leur vêtement, comme d'autant de saintes. Mais leur humilité repoussant cette espèce de culte, elles s'écrièrent à l'instant : Ah ! plutôt, priez Dieu pour nous. Dans moins d'un quart d'heure, tous les siècles auront passé à notre égard, le temps sera fini et nous serons dans l'éternité. Priez pour nous, priez ce Dieu qui va nous juger dans un moment, ce Dieu, qui trouva des taches dans ses Anges. » (*Relation des Sacramentines de Bollène*).

C'est dans ces sentiments qu'elles allèrent faire le sacrifice de leur vie. La *sœur du Saint-Sacrement Justamond* était âgée de 40 ans.

8 Thermidor, samedi 26 Juillet 1794

Pendant dix jours, la Commission populaire sembla oublier les religieuses. Elle envoya chaque jour à l'échafaud de nombreuses victimes de Valréas, de Caromb, elle avait de plus à pourvoir au logement d'un grand nombre de prisonniers qu'on lui amenait d'Arles. Pour cela, on transféra les religieuses dans la prison de la maison de *Chièze*, et à leur place, dans la prison de la *Cure* on installa les arlésiens. Quand tous furent logés, Viot, l'accusateur public s'occupa activement des religieuses qui attendaient leur jugement. Il en fit comparaître neuf à la séance du 26 juillet, fête de Sainte Anne. Parmi celles qui restaient il choisit les plus anciennes, ce furent : *Marguerite Bonnet*, 75 ans, *Madeleine Justamond*, 70 ans, *Marie Claire Dubac* 68 ans, *Anne Cartier*, 61 ans, *Thérèse Consolin*, 58 ans, *Marie-Anne Roussin*, 53 ans, *Madeleine Talieu*, 53 ans, *Marie-Anne Bastet*, 43 ans et *Jeanne-Françoise-Barbe Desplans*, veuve de Roquard, 43 ans.

L'accusateur public les comprit toutes dans une seule et même accusation : « *Roussin*, dit-il, *Bastet, Cartier, Justamond, Bonnet, Desplans, Consolin, Dubac* et *Talieu* toutes ci-devant religieuses ont toujours été les ennemies jurées de la révolution et de toute espèce de liberté, fanatiques outrées, elles ont sans cesse employé des moyens de pervertir l'esprit public, elles ont égaré les bons citoyens ; réfractaires à la loi, elles ont constamment et avec obstination refusé de se soumettre aux dispositions de celles, qui prescrivaient au ci-devant religieuses le serment de fidélité, elles ont ainsi entravé la marche du gouvernement et l'exécution de la loi ; elles ont par leurs principes et leur conduite propagé des maximes de superstition et d'intolérance; elles ont voulu allumer la guerre civile, perpétuer l'anarchie, enfin, elles ont conspiré contre l'unité et l'indivisibilité de la République et la souveraineté du peuple. »

Ainsi le seul crime dont on les accusait, c'était de refuser de prêter le serment illicite qu'on exigeait d'elles, et d'être fidèles à pratiquer leur religion et leurs vœux ; c'est par ces moyens qu'elles étaient ennemies de la République, entravaient la marche du gouvernement, allumaient la guerre civile, et conspiraient contre la République.

Après les débats dans lesquels toutes ces religieuses affirmèrent également leur foi et persistèrent à refuser le serment exigé, le tribunal prononça son jugement, dans lequel, cette seule fois, il prit en considération une inculpation nouvelle. Il déclara :

« Que après avoir entendu chacun des accusés, il est constant qu'il a existé en France une conspiration tendante à détruire et anéantir la liberté... en cherchant à corrompre l'esprit public, en invoquant judiciairement la puissance du *tyrdn à thiare...* (sic.) »

Mais cette inculpation ne concernait qu'un seul des accusés, Alexis Berbiguier, avocat à Carpentras, qui fut condamné à mort, parce qu'il avait dit, qu'il ne reconnaissait que les lois papales.

Marie-Anne Roussin, Anne Bastet, Madeleine Talieu, Jeanne-Françoise Desplans, n'étant pas convaincues d'être les auteurs et complices de la dite conspiration furent acquittées de l'accusation portée contre elles par l'accusateur public ; mais d'après les dispositions de la loi du 9 nivôse, elles furent privées de leurs pensions, regardées comme *suspectes,* et en conséquence détenues jusqu'à la paix.

Parmi ces neuf religieuses, les cinq plus âgées furent condamnées à mort, et les quatre plus jeunes furent déclarées *suspectes* et retenues en prison. Elles furent bien affligées de se voir privées de la gloire du martyre. Quel motif porta les juges à faire une distinction entre ces neuf religieuses ? Les sœurs Roussin, Bastet et Talieu étaient sœurs converses. Cette considération fut-elle pour les juges un motif d'indulgence ? Cependant ils avaient déjà condamné à mort plusieurs sœurs converses.

28. — Marguerite BONNET

Sœur Saint-Augustin

Religieuse du couvent du Saint-Sacrement de Bollène

Elle était née à Sérignan, le 18 juin 1719, de Pierre André Bonnet et de Marie-Anne Saussac. Elle fut baptisée le même jour et eut pour parrain Joseph Alauze, curé de la Roque-Alric, et pour marraine Spirite d'Hugues.

Après la mort de ses parents, âgée de 32 ans, elle se présenta au couvent du Saint-Sacrement de Bollène, où elle fut admise à la vêture, le 24 mai 1751, et à la profession religieuse, le 29 mai de l'année suivante. On lui donna le nom de *sœur Saint-Augustin*.

Ce ne fut pas sans un grand déchirement de cœur qu'elle fut obligée, en 1792, de sortir de son ministère, où depuis plus de 40 ans elle donnait l'exemple de toutes les vertus. Liée à ses sœurs d'une sainte affection, elle ne voulut pas les quitter, elle vécut en communauté avec elles dans la maison louée par leur Supérieure Madame de la Fare ;

avec elles, elle refusa deux fois de prêter le serment exigé
par la municipalité de Bollène. Le 22 avril 1794, elle fut
mise en arrestation dans la maison qu'elle habitait ; mais
le 2 mai suivant, elle était malade et elle ne fut pas du
nombre des 29 religieuses qui furent transférées à Orange.
On la laissa à Bollène avec d'autres religieuses malades :
*Jeanne-Françoise-Barbé Desplans, Madeleine-Françoise
de Roquard, Marie-Gabrielle de Serre, Catherine de
Simiane, Suzanne Fort, Anne Thune.* Elles furent toutes
conduites à Orange et enfermées dans la prison de la *Cure*,
le 27 messidor, 15 juillet.

Marguerite Bonnet n'y resta pas longtemps. Dix jours
après, le 26 juillet elle comparaissait devant ses juges, et
sans qu'on eût le moindre égard pour ses 75 ans, elle fut
condamnée à mort et guillotinée.

29. — Marie-Madeleine de JUSTAMOND

Sœur Catherine de Jésus

Religieuse du couvent des Ursulines du Pont-Saint-Esprit

Elle était née à Bollène de noble Jean-Baptiste de Justamond et de Anne Ursule de Camaret. Elle fut baptisée le
10 septembre 1724, et eut pour parrain Jean-Pierre de
Guilhermier et pour marraine Marie-Madeleine de
Justamond.

Elle se consacra à Dieu dans le couvent des Ursulines du
Pont-Saint-Esprit, où elle reçut le nom de *sœur Catherine
de Jésus.* Après de longs jours passés dans le cloître, elle
se vit chassée de son couvent par la révolution, et elle vint

se joindre aux Ursulines de Bollène, et vivre en communauté avec elles.

Quoique âgée de 70 ans, elle fut conduite, le 2 mai, 1794, dans la prison de la *Cure* à Orange. Là, cette vénérable religieuse se prépara à donner sa vie pour rester fidèle à Dieu. Déjà elle avait vu ses trois nièces cueillir la palme du martyre, et vingt-sept de ses compagnes envoyées au supplice. Elle soupirait après le moment où elle pourrait confesser sa foi.

Ce fut le 26 juillet qu'elle fut appelée devant les juges. Par la fermeté de ses réponses et son refus inébranlable de prêter serment, elle mérita d'être envoyée au supplice. Elle y alla non seulement sans regret, mais avec une grande joie, et la ferme confiance qu'elle allait recevoir la récompense éternelle.

« Encore une martyre du nom privilégié de Justamond ! dit l'abbé Carron. « Quelle admirable miséricorde en faveur de cette heureuse famille ! Une tante, avec ses trois nièces, filles de son frère, immolées sur le même autel, ont été réunies par leur mort glorieuse dans la famille céleste, où il n'y a plus qu'une paix inaltérable et un bonheur éternel ! »

30. — Anne CARTIER

Sœur Saint-Basile

Religieuse du couvent des Ursulines de Pont-Saint-Esprit

Elle naquit à Livron (Drôme), le 19 novembre 1733, de maître Jacques Cartier avocat au Parlement et de dame

Françoise-Thérèse Préclos. Elle fut baptisée le même jour et eut pour parrain maître Louis Cartier, Conseiller du roi, pour marraine Anne Reboullet, épouse de Jacques Cartier capitaine au régiment de Foix.

Dans son acte d'accusation Viot dit que « Anne Cartier était présumée noble, ex-religieuse insermentée du ci-devant couvent de sainte Ursule de Bollène, mais c'est au couvent des Ursulines du Pont-Saint-Esprit qu'elle s'était consacrée à Dieu et avait reçu le nom de *sœur Saint-Basile*.

Quand elle fut forcée par les révolutionnaires de quitter son couvent, elle fut reçue par les Ursulines de Bollène, qui purent rester encore quelque temps dans leur monastère. Elle ne se sépara plus d'elles, et on put la regarder comme membre de leur communauté, lorsque, le 2 mai 1794, on la conduisit avec elles dans la prison de la *Cure* à Orange. Aussi intrépide qu'elles, elle refusa de prêter serment et fut envoyée à la mort, qu'elle accepta avec action de grâces. Elle était âgée de 60 ans et 8 mois.

31. — Marie-Claire DUBAC

Sœur Claire de Sainte-Rosalie

Religieuse du couvent des Ursulines de Bollène.

Elle naquit à Laudun (Gard), le 9 janvier 1727, de M. Edouard [1] Dubac et de Anne Fauverge. Elle fut baptisée par M. l'abbé d'Argiliers, le 16 du même mois, et eut

---

1 Les Dubac ajoutaient à leur nom celui de Pradines; de même, ils écrivaient quelque fois leur nom du Bac.

pour parrain Monsieur Edouard de Julien, et pour marraine Catherine Dubac.

Sa famille étant venue habiter Bollène, elle entra au couvent des Ursulines de cette ville, qui lui donnèrent le nom de *sœur Claire de Sainte-Rosalie*, et l'admirent à la profession le 12 février 1746.

Quand en 1792 elles furent forcées de sortir de leur couvent, Claire Dubac resta en communauté avec elles et partagea leurs privations et leur glorieux sort; incarcérée à Orange, le 2 mai 1794, elle s'appliqua par sa ferveur à se rendre digne de la gloire du martyre. Elle comparut le 26 juillet devant ses juges. Les deux plus anciennes Relations rapportent que le président Fauvety lui demanda: « Qui es-tu? — Je suis, répondit-elle, religieuse, et le serai jusqu'à la mort. » D'autres relations ajoutent que le Président lui demanda encore: « Veux-tu prêter serment? — Non, dit-elle, ma conscience me le défend. » Sur cette réponse, Fauvety n'insista plus et prononça la sentence qui envoya Claire Dubac à la mort. Elle était âgée de 67 ans et 6 mois.

32. — ELIZABETH-THÉRÈSE CONSOLIN

Sœur du Cœur de Jésus

Supérieure du couvent des Ursulines de Sisteron

Elle était la fille aînée de Jean Consolin, avocat au Parlement, et de Marie-Anne Guérin. Elle naquit à Courthézon, le 6 juin 1736, et fut baptisée le même jour. Elle eut pour parrain Jean-Louis Consolin, et pour marraine

Elisabeth Guérin. Elle embrassa la vie religieuse dans le couvent des Ursulines de Sisteron (Basses-Alpes), et fut nommée en religion *sœur du Cœur de Jésus*.

Le monastère des Ursulines de Sisteron fut fondé par celui de Grenoble, le 20 mai 1642. Il eut pour première Supérieure la *sœur Anne de la Passion, Bon de Saint-Didier*. Quand la révolution éclata, il y avait dans ce couvent treize sœurs de chœur et deux converses, et la *sœur du Cœur de Jésus* Thérèse Consolin était Supérieure. En 1791, quand on vint leur signifier que les vœux et les ordres religieux étaient abolis, deux sœurs infirmes se retirèrent dans leurs familles, les autres déclarèrent vouloir rester, et demandèrent au Directoire du département de fixer leurs pensions de retraite. Dans sa délibération du 8 Juillet 1791, le Directoire attribua 449 livres à chaque sœur de chœur, et la moitié moins à chaque sœur converse. On ne les paya pas longtemps.

Le 6 août 1791, on ferma leur chapelle, et elles continuèrent à rester dans leur maison. Le 10 septembre 1792, on vint arracher les grilles de leur chœur pour en fabriquer des piques; alors les Ursulines déclarèrent qu'elles ne pouvaient plus rester, et le 27 septembre, elles se retirèrent dans leurs familles. Dans ces pénibles circonstances, leur Supérieure, Thérèse Consolin se montra aussi ferme, aussi courageuse que prudente. Quel déchirement pour son cœur de mère, lorsqu'elle dut se séparer de ses chères filles, qu'elle ne devait plus revoir! Elle revint à Courthézon son pays natal, auprès de son père et de sa mère, chargés d'années, qui l'accueillirent avec bonheur.

On ne l'y laissa pas longtemps tranquille: le 23 mars 1794, deux officiers municipaux la dénoncèrent au Comité de surveillance, en déclarant que Thérèse Consolin n'avait pas prêté le serment exigé par les lois du 14 août et du 9 nivose (29 décembre 1793).

Sur cette dénonciation, le Comité de surveillance prit la délibération suivante: « D'après le rapport des officiers municipaux, il est dit que ces deux officiers ont fait comparaître ladite Thérèse Consolin, qui a persisté dans son refus. En conséquence nous avons nommé deux membres du Comité, pour se transporter chez Consolin, pour lui demander la résidence de sa fille. Il a répondu qu'elle a été à une grange pour se procurer une fille de service; il a demandé deux heures, après quoi elle comparaîtrait. Après deux heures, comme personne ne vint, on envoya une garde armée, et le père Consolin fit la même réponse, que sa fille avait été chercher une fille de service...

Le surlendemain 25 mars, le Comité lança un mandat d'arrêt contre Thérèse Consolin, prévenue d'avoir manqué à l'article 1er de la loi du 9 nivose.

Elle fut immédiatement arrêtée et conduite à Orange. On la mit d'abord dans la prison du *Cirque* et trois jours après on la transféra dans la maison de la *Cure* avec trois autres religieuses: *Marie-Anne Depeyre, Mélanie Collet* et la *sœur Eméranciane*, de Valréas. Le 2 mai, 29 religieuses de Bollène furent amenées dans la même prison. Le nombre des religieuses prisonnières s'accrut encore jusqu'au 19 juillet et s'éleva au chiffre de 55.

Le 17 juin, le Comité de surveillance de Courthézon répondant à la demande du proconsul Maignet donna les renseignements suivants:

« La citoyenne Thérèse Consolin, ci-devant religieuse domiciliée en cette commune, âgée d'environ 60 ans, (elle n'en avait que 58), s'étant égarée de cette commune, on l'envoya chercher, et elle fut saisie chez son père.

Elle fut traduite dans la maison du district d'Orange, le 25 mars 1794, par l'ordre du Comité, à cause qu'elle n'a pas voulu obéir aux lois du 14 août et du 9 nivose, qui exigent le serment des ci-devant religieuses, malgré toutes les sollicitations que la municipalité fit, ainsi qu'elle l'atteste; elle leur répondit que d'autres fois elle avait été sollicitée par eux, qu'elle ne l'avait pas voulu prêter, qu'elle ne le prêterait pas.

« *Profession* : Auparavant la Révolution, elle était religieuse à Sisteron, et elle veut persister dans ce culte, *malgré la loi, ou non, elle saura lutter : à Dieu sa persévérance.*

« *Revenu* : Son père et sa mère étant vivants, elle n'a point de portion encore faite, mais elle aura environ 16.000 livres de sa portion de droit.

« *Relations, liaisons, caractère* : tout au contraire de la loi; d'abord elle a été une fanatique comme on ne peut l'être, et elle a trouvé encore dans ses *intrigantes d'opinions*, à ne point se soumettre à ce que la loi ordonne. Nous ne croyons pas qu'elle ait signé aucun arrêté, ni pétition liberticide, rien en est encore venu à notre connaissance. »

Le Comité de surveillance certifiait ainsi qu'on ne reprochait à Thérèse Consolin que son refus de prêter serment et sa fidélité à remplir ses devoirs de chrétienne et de religieuse.

Amenée la première dans les prisons d'Orange, elle comparut la dernière devant ses juges, le 8 thermidor, 26 juillet, après plus de quatre mois de détention.

Viot l'accusa ainsi que les huit religieuses citées à la même audience, de *fanatisme* et de *refus de serment*. Sur la couverture de son dossier, n° 663, il avait écrit cette

note: « Thérèse Consolin, ci-devant religieuse, non asser-
mentée, détenue à Orange. Prévenue de s'être montrée la
fanatique la plus obstinée, en refusant de prêter le serment
exigé par la loi, au mépris de diverses sollicitations faites
à cet effet par la municipalité. » C'était bien le résumé des
renseignements fournis par le Comité de surveillance de
Courthézon.

Viot donnait à cette conduite de Thérèse Consolin un
motif qui est tout-à-fait inventé par lui « c'était, ajoutait-il
dans sa note, dans l'espoir de retour à l'ancien régime,
qui aurait entraîné la République dans une guerre civile,
le tout en haine de la Révolution. »

Thérèse Consolin ne fut pas moins ferme et fidèle devant
ses juges à Orange, que devant les municipaux de Courthézon. Les deux plus anciennes *Relations* contemporaines
rapportent que le président Fauvety lui demande: « qui
es-tu? — Je suis, répondit-elle, fille de l'Eglise. » D'autres
relations ajoutent deux questions et deux réponses. —
Veux-tu prêter serment? — Jamais! Ma municipalité me
l'a demandé, je l'ai refusé parce que ma conscience me le
défend. — La loi te l'ordonne. — La loi humaine ne peut
me commander des choses opposées à la loi divine. »
Voyant que tous ses efforts seraient impuissants, Fauvety
ne lui demanda plus rien et la condamna à mort.

Les cinq religieuses condamnées à mort, le 26 juillet,
allèrent à la guillotine, le soir à 6 heures, en chantant des
cantiques d'actions de grâces, comme leurs sœurs qui les
avaient précédées à l'échafaud, et de là, au ciel.

Elles furent les dernières religieuses immolées par la
Commission populaire d'Orange. Le lendemain 9 thermidor,
Robespierre était renversé du pouvoir, et traîné, le jour
suivant, avec ses complices, à la guillotine.

Dix jours après, le 5 août, la Commission populaire d'Orange était suspendue, et bientôt les juges qui la composaient, étaient mis en prison. Ils furent jugés par le tribunal criminel d'Avignon, condamnés à mort et guillotinés sur la place du palais, le 26 juin 1795, c'était la peine que la justice humaine infligeait à leurs forfaits.

Trois d'entre eux: Ragot, Viot et Barjavel demandèrent pardon, et se confessèrent avant d'aller à l'échafaud. Les martyres avaient prié pour leurs bourreaux.

Cinquante-cinq religieuses furent emprisonnées à Orange:

Une seule fut acquittée,

Quinze ne furent pas jugées,

Sept furent condamnées à la prison,

Sur les trente-deux qui furent condamnées à mort, *vingt-quatre* d'entre elles étaient natives du diocèse *d'Avignon:*

Dix-sept étaient nées à Bollène

Marie-Madeleine DE JUSTAMOND, le 10 septembre 1724
Marie-Rose LAYE,   le 6 septembre 1728
Marie-Anne-Madeleine DE GUIL-
    HERMIER,   le 30 juin   1733
Marie-Anne DOUX,   le 8 avril   1739
Marie-Elisabeth PÉLISSIER,   le 6 avril   1741
Marie-Claire BLANC,   le 7 février   1742
Dorothée-Madeleine-Julie DE JUS-
    TAMOND,   le 27 mars   1743
Marguerite-Eléonore DE JUSTA-
    MOND,   le 5 janvier   1746
Madeleine-Thérèse TALIEU,   le 13 septembre 1746
Marie-Anastasie DE ROQUARD, le 5 octobre   1747

Sylvie-Agnès DE ROMILLON,	le 15 mars	1750
Jeanne DE ROMILLON,	le 2 juillet	1753
Madeleine-Françoise DE JUSTA-MOND,	le 27 juillet	1754
Marie-Anne-Marguerite DE ROCHER	le 20 janvier	1754
Marie-Gertrude DE RIPERT D'ALAU-ZIER,	le 16 novembre	1757
Suzanne DE GAILLARD,	le 24 septembre	1761
Elisabeth VERCHIÈRE,	le 3 janvier	1769

Quatre étaient nées à Sérignan

Marie-Marguerite BONNET,	le 19 juin	1719
Anne-Andrée MINUTTE,	le 4 février	1740
Suzanne-Agathe DE LOYE,	le 4 février	1741
Thérèse-Henriette FAURIE,	le 14 février	1770

Une à Courthézon

Elisabeth-Thérèse CONSOLIN,	le 6 juin	1736

Une à Mondragon

Marguerite-Rose DE GORDON,	le 29 septembre	1733

Une à Richerenches

Thérèse-Marguerite CHARRANSOL,	le 28 février	1758

Six étaient natives du diocèse de Valence

Anne CARTIER, née à *Livron*,	le 19 novembre	1733
Marie-Anne BÈGUIN-ROYAL, née à *Bouvante*,	le	1735
Marie-Anne LAMBERT, née à *Pier-relatte*,	le 17 août	1742
Marie-Anne DEPEYRE, née à *Tu-lette*,	le 2 octobre	1746
Rosalie-Clotilde BÈS, née à *Bau-mes-de Transit*,	le 30 juin	1755
Marie CLUSE, née à *Bouvante*,	le 5 décembre	1761

Deux étaient natives du diocèse de Nîmes

Marie-Claire Dubac, née à *Laudun*,   le 9 janvier   1727
Marguerite-Marié de Berbegie
D'Albarède, née à *S.-Laurent
de Carnols*,   le 8 octobre   1740

Les religieuses qui ne furent pas jugées, ou qui ne furent condamnées qu'à la prison, ne tardèrent pas à être mises en liberté. Plusieurs revinrent à Bollène, où elles achevèrent le reste de leur vie, regrettant de n'avoir pu suivre leurs compagnes dans la carrière du martyre, et racontant les beaux exemples de vertus, de fermeté et de généreux sacrifices, qu'elles avaient donnés dans la prison, devant leurs juges et sur l'échafaud.

CHAPITRE DOUZIÈME

On n'a pas cessé de regarder comme martyres les 32 Religieuses guillotinées à Orange en 1794.

Elles ont elles-mêmes attesté les premières que leur mort était un vrai martyre. Elles croyaient qu'en mourant pour rester fidèles à leurs devoirs de chrétiennes et de religieuses, le coup qui leur tranchait la tête leur ouvrait, à l'instant, les portes du ciel, et cette ferme espérance leur donnait une joie et une force surhumaines.

« La *sœur Madeleine du Saint-Sacrement* Justamond disait en présence de ses gardes: *Nous avons plus d'obligations à nos juges, qu'à nos pères et mères, puisque ceux-ci ne nous ont donné qu'une vie temporelle, au lieu que nos juges nous procurent une vie éternelle.* L'amour divin dont son cœur était embrasé, la faisait s'écrier: *Oh! quel bonheur! Je suis bientôt au ciel. Je ne puis soutenir les sentiments de ma joie.*

« La *sœur Françoise* Depeyre, ursuline de Carpentras, disait la veille de son martyre: *Quel bonheur! nous allons voir notre Époux.*

« La *sœur Gertrude* d'Alauzier remercia ses juges du bonheur qu'ils lui procuraient, et baisa la guillotine en y montant.

« La *sœur des Anges* de Rocher, après la lecture de sa sentence de mort, remercia avec une grande satisfaction ses juges, de ce qu'ils lui procuraient le bonheur d'aller se réunir aux Saints Anges. » (*Relation imprimée à Rome en 1795*).

Le 6 juillet 1794, on guillotina la première des Religieuses, Suzanne de Loye, à partir de ce jour, « Dès le moment que leurs chères compagnes étaient conduites devant le tribunal, celles qui restaient se mettaient en prières, pour obtenir les lumières de l'Esprit Saint au moment du combat..... Lorsque le tambour annonçait que les victimes étaient conduites au supplice, on récitait les prières de la recommandation de l'âme. Après 6 heures, on se félicitait réciproquement, celles surtout qui étaient de la Communauté, dont les sœurs venaient de monter au ciel. » (*Relation imprimée à Rome.*)

Ainsi les sœurs qui restaient en prison avaient la pleine confiance que celles, qui étaient guillotinées, étaient tout de suite admises dans le ciel, parce que leur mort était un vrai martyre. Elles ne priaient pas pour celles qui venaient de mourir, elles ne disaient pas des *De profundis*, « elles récitaient le *Laudate* avec une jouissance toute céleste, et chacune des victimes de ce troupeau d'élite se préparait à son sacrifice par la plus grande pureté de conscience. » (*Relation de Rome*).

Les témoins, les contemporains de la mort des Religieuses la regardèrent aussi comme un vrai martyre. La Relation en fut faite dix-huit jours après que les cinq dernières des 32 Religieuses eurent été guillotinées, car nous avons constaté que plusieurs copies de cette première rédaction sont datées du 14 août 1794. Or dans tous ces vieux manuscrits et dans la Relation imprimée à Rome, on affirme que les Religieuses, dès leur arrivée dans la prison d'Orange « commencèrent à se préparer à leur grand sacrifice » que lorsque quelques-unes d'entre elles l'avaient consommé, les survivantes se réjouissaient du bonheur de leurs sœurs « qui venaient de monter au ciel. » La veille de leur mort est appelée la veille de leur *martyre*. »

Dans la première et courte Relation que M. l'abbé d'Auribeau inséra dans ses Mémoires, en 1795, il est dit que « l'on vit les Religieuses aller tranquillement au supplice, que ce spectacle était digne de l'admiration du ciel et de la terre; que ces saintes victimes, en arrivant au lieu de leur *triomphe*, embrassèrent l'échafaud, remercièrent les juges, pardonnèrent à leurs bourreaux, et, la paix dans le cœur, la sérénité sur le front, elles consommèrent leur sacrifice. »

Nous trouvons un autre témoignage contemporain dans un registre que les sacramentines de Bollène ont pu sauver pendant la Révolution, et sur lequel, depuis leur fondation en 1725, jusqu'à nos jours, elles ont inscrit tous les actes de vêture, de profession et de décès de leurs sœurs. A la page 195, après l'acte de décès de la *sœur Louis de Gonzague*, de Goiran de la Beaume, décédée en mars 1792, et avant celui de la *sœur du Verbe Incarné* Guille, décédée à Rochegude, au commencement d'avril 1795, il y a l'acte de décès des 13 Religieuses du Saint-Sacrement, qui furent guillotinées à Orange, au mois de juillet 1794. Nous le transcrivons.

MORTUAIRE TRIOMPHANT

« Le 2 mai 1794, plusieurs de nos sœurs résidentes dans cette ville de Bollène furent traduites avec plusieurs autres dans la maison d'arrêt à Orange, pour n'avoir pas voulu prêter le serment de *liberté* et *d'égalité* contraire à leur conscience. Elles commencèrent dès lors à se préparer au sacrifice de leur vie, par l'exercice de toutes les vertus, et par une prière continuelle, prenant peu de repos, gardant le silence, observant tous leurs devoirs, autant que leur position le permettait. Leur conduite édifiante doit nous servir à jamais de modèle, à marcher sur leurs exemples de ferveur, de générosité et d'amour envers Dieu qu'elles ont plus aimé que leur propre vie, et qui les a rendues dignes, et leur a mérité la grâce de lui en faire le sacrifice par une mort sanglante. N'oublions jamais, que le ciel nous a donné en elles des protectrices, qui ne peuvent refuser de s'intéresser pour cette maison, où elles avaient travaillé à acquérir les vertus, qui les ont rendues triomphantes des tourments et de la mort. »

A la suite de ce préambule, on a inscrit les noms des 13 Religieuses sacramentines, avec leur âge et la date exacte du jour où elles ont été guillotinées.

« Ce *Mortuaire triomphant*, dit M. le chanoine Bouyac, (*Vie de Madame de la Fare*), c'est le triomphe dans la mort, c'est le livre d'or et la gloire de l'Ordre du Saint Sacrement qui puise dans le sang de ses martyres un germe de vie et d'immortalité. » Ce n'est pas un *Acte de décès*, c'est un *Acte de martyre*, qui constate que ces 13 Religieuses ont été persécutées, pour avoir refusé de prêter un serment *contraire à leur conscience*, et que Dieu, qu'elles ont *plus aimé que leur propre vie*, les a rendues dignes, et leur a mérité la grâce de lui en *faire le sacrifice*, par *une mort sanglante*. N'ont-elles pas ainsi rempli toutes les conditions du véritable martyre?

Cet acte de martyre a été consigné à sa place dans le livre des Actes de décès des sacramentines de Bollène, par Madame de la Fare, qui fut leur supérieure, avant, pendant et après la Révolution. Elle ne fut pas témoin de la mort de ses 13 Religieuses, car pendant que ses filles étaient emprisonnées, jugées, condamnées et exécutées, elle était aussi incarcérée, en attendant son jugement, dans la prison du Pont-Saint-Esprit, et c'est là qu'elle apprit la mort des Religieuses guillotinées à Orange.

Rendue à la liberté, quelques mois après la mort de Robespierre, elle reprit sa vie de communauté, d'abord au Pont-Saint-Esprit, et, en 1801, à Bollène, dans son ancien couvent, avec plusieurs de ses religieuses qui avaient échappé à la mort, pendant la Révolution. Parmi elles il y en avait six qui étaient sorties des prisons d'Orange : deux n'avaient été condamnées qu'à la prison, et quatre n'avaient pas été jugées. Elles pouvaient témoigner ce qu'elles avaient vu et entendu à Orange, dans la prison et devant les juges. « La Rév. Mère de la Fare apprit d'elles les détails à la fois si émouvants et si glorieux de la mort de ses filles, leur fidélité inviolable aux saints vœux, à la règle et aux vertus religieuses, leur apostolat si fructueux auprès des prisonniers, leur désir impatient du martyre, leur constance inébranlable et cette vivacité de foi qui les faisait mourir en chantant. » [1]

Madame de la Fare était heureuse d'apprendre, que ses 13 Religieuses étaient de vraies martyres. « L'envie et l'admiration se mêlaient à la douleur, en entendant ces récits dont elle était avide. Combien j'eusse été plus heureuse, disait-elle de partager le sort de mes filles, que d'être condamnée à les pleurer ! Ce sera là l'éternel regret de mon âme ; je n'étais pas digne d'être associée à leur gloire. » [2]

Sa communauté de Sacramentines, qu'elle avait rétablie au couvent de Bollène, avait aussi la ferme persuasion que leurs 13 sœurs guillotinées à Orange étaient de vraies martyres. En effet, lorsque en 1807, la Mère de la Fare

1 Vie de la Mère de la Fare.
2 Id.

LA RÉV. MÉRE DE LA FARE OFFRE AU CŒUR DE MARIE SES 13 FILLES
MARTYRES

vint fonder un couvent de son Ordre à Avignon, elle voulait y amener ses sœurs du couvent de Bollène; « Mais quelle ne fut pas sa surprise, en apprenant que deux de ses filles, sur qui elle comptait le plus pour fonder le couvent d'Avignon, étaient bien décidées de rester au couvent de Bollène. La *sœur Saint Antoine* lui disait: Ma Mère, comment pouvez-vous vous résoudre à quitter une maison d'où sont sorties treize martyres vos filles! » [1]

La Mère de la Fare ne cessa, toute sa vie, de vénérer et d'invoquer ses 13 filles martyres. Peu de temps avant sa mort, elle fit faire et donna au couvent du Saint-Sacrement de Carpentras qu'elle avait fondé en 1817, un grand tableau peint sur toile. [2] La sainte Vierge y est représentée entourée de treize sacramentines et de leur Supérieure, auxquelles elle montre son aimable cœur. Par ce nombre de 13 religieuses, la Mère de la Fare voulait rappeler et conserver le souvenir de ses 13 filles martyres. Elle mourut au couvent de Carpentras, le 23 février 1828, et dans sa dernière maladie elle pensait encore à ses 13 filles immolées à Orange. « Elle enviait leur sort et murmurait cette plainte: Faut-il mourir dans son lit, quand on a touché de si près au martyre? Elle s'unissait aux prières qu'on faisait pour elle, et elle se recommandait aux saints fondateurs de sa congrégation et à ses 13 martyres. La racine et le tronc sont au ciel, disait-elle, ils ne manqueront pas d'y attirer la pauvre branche. Nos cœurs si étroitement unis sur la terre vont se retrouver là-haut. » [3]

[1] Courtes notes de la Mère du Saint-Esprit.

[2] On croit que l'auteur de ce tableau, c'est une Religieuse du couvent du Saint-Sacrement d'Avignon, la sœur Saint-Mathieu, Augustine Angelot. Elle était espagnole, et elle est morte le 10 décembre 1870, âgée de 81 ans.

[3] Vie de la Mère de la Fare.

Dans les trois couvents des Religieuses du Saint-Sacrement, à Bollène, à Avignon et à Carpentras, on a toujours regardé les Religieuses guillotinées à Orange comme de vraies martyres. Les vieux manuscrits que l'on y conserve leur donnent tous le nom de martyres. La mère du Saint-Esprit dans sa *Relation*, en parlant de la vie des Religieuses de Bollène après qu'elles eurent été expulsées de leurs monastères, dit : « celles de nos sœurs, qui continuèrent de vivre en communauté, attiraient sur elles les regards du céleste Epoux, par leur ferveur et leur générosité à supporter toutes les privations auxquelles leur triste et pénible position les soumettait. Le Seigneur qui les destinait presque toutes à *la gloire du martyre*, les préparait depuis longtemps à cette grâce, par les sacrifices qu'il leur imposait journellement. » Après avoir donné les noms, l'âge de chacune des 13 sacramentines et la date de leur mort, la Mère du Saint-Esprit ajoute cette réflexion. « Toutes ces saintes filles s'étaient disposées à *la grâce du martyre* par une grande ferveur. Depuis plusieurs années, on les voyait marcher à grands pas dans la voie de la perfection, et quoique la communauté se fût conservée dans sa ferveur primitive, néanmoins celles qui étaient destinées au *martyre* se distinguaient parmi toutes les autres, d'une manière particulière, d'après le rapport qui nous a été fait par nos anciennes mères qui nous ont transmis tous ces détails. »

Après cette réflexion, la Relation de la Mère du Saint-Esprit donne :

Le Tableau du martyre *des Religieuses de différents Ordres et de différentes Communautés, décapitées à Orange, dans le courant du mois de juillet de l'année 1794.*

Un an après qu'on eut guillotiné à Orange les 32 Religieuses, la Relation de leur mort fut publiée à Rome, dans les *Mémoires* de M. l'abbé d'Auribeau, mais, pendant près de trente ans, elle fut très peu connue en France, et aucune autre Relation ne fut alors imprimée. Dans les couvents du Saint-Sacrement et dans les familles des victimes, on conservait leur souvenir et des Relations manuscrites toutes intitulées: *Martyre* des Religieuses guillotinées à Orange, contenant tout ce qu'il y a dans la Relation imprimée à Rome, corrigeant la plupart des erreurs concernant les noms des Sœurs, et le jour de leur mort. On en donnait des copies mais personne ne faisait rien imprimer. C'est que le silence était prescrit, et l'oubli désiré. Sous le Directoire le Consulat et l'Empire, il ne fallait pas parler des glorieuses victimes de la Révolution; leur éloge eût été la condamnation de leurs persécuteurs, dont la plupart avaient su adorer le soleil levant, et se maintenir dans les fonctions les plus importantes du gouvernement. Ils ne voulaient pas que l'on rappelât le souvenir des martyrs de la foi, et Napoléon faisait saisir les Relations que l'on voulait publier.

Après la chute de Robespierre, l'abbé Guillon avait commencé de recueillir des documents, sur les victimes des tribunaux révolutionnaires. En 1799, il voulut les faire imprimer, mais on ne le lui permit pas; et quand il renouvela sa tentative, quelques années plus tard, la police de Napoléon confisqua ses manuscrits. Il put les retrouver, dans les premières années de la Restauration, et en 1821, il publia en quatre volumes *les Martyrs de la Foi*. Dans cet ouvrage, il cite la *Relation* sur les Religieuses guillotinées à Orange, qui fut imprimée à Rome en 1795, et dans la biographie qu'il fait de chaque religieuse, il les appelle expressément *Martyres*, et il célèbre leurs louanges, parce qu'*elles ont fait généreusement le sacrifice de leur vie, pour la défense de la foi.*

Un an auparavant, en 1820, l'abbé Carron avait publié *les Confesseurs de la foi dans l'Eglise Gallicane*. Au tome II, pages 82-90, il consacre un article aux : « *Trente-deux Religieuses de divers monastères, condamnées à mort par le tribunal révolutionnaire d'Orange, en 1794*. Il donne une forme oratoire à la *Relation* première si touchante dans sa simplicité. Il « *raconte les derniers combats et l'immortel triomphe de ces précieuses victimes.* » Il parle en dernier lieu de la sœur Catherine de Jésus, Madeleine de Justamond, qui avait vu ses trois nièces aller courageusement à la mort, avant elle, et il ajoute cette réflexion finale : « Encore une *martyre* de ce nom privilégié (de Justamond)! Quelle admirable miséricorde en faveur de cette heureuse famille! Des tantes, des nièces, des sœurs immolées en un même jour, et sur le même autel, vont se retrouver ensemble dans la même famille, où il n'y a plus qu'une paix inaltérable et un bonheur éternel. »

A la même époque, les fils, les frères, les neveux des 332 victimes du tribunal révolutionnaire d'Orange pouvaient manifester leurs sentiments, ils voulurent ériger un monument expiatoire sur leur tombeau. Elles avaient été ensevelies dans les fosses creusées au champ de Laplane. Leurs parents, leurs amis ne tardèrent pas, après la chute de Robespierre, de venir s'agenouiller et prier sur cette terre désormais sacrée, qui renfermait les restes d'un père, d'une mère, d'un fils, d'une fille injustement mis à mort. Ces visites, d'abord isolées et faites en cachette, devinrent bientôt publiques, et à l'approche de l'octave des morts de l'année 1794, elles formèrent des rassemblements importants qui offusquèrent les révolutionnaires. Le Comité d'Orange les fit interdire, et eut recours à la force armée pour faire exécuter ses ordres; mais bientôt on continua de venir prier sur les fosses de Laplane. [1]

En 1824, MM. Gabriel de Vidaud et Joseph Rosty inspirés par des sentiments de piété filiale, [2] et de respect pour la mémoire de tant de victimes innocentes, prirent l'initiative de leur faire élever un monument. Ils s'adressèrent d'abord à M. le comte de Pontbriant, alors sous-préfet d'Orange, qui avait des motifs de s'intéresser aussi vivement qu'eux à leur projet. Il avait été incarcéré dans la prison de la Baronne, et il était sur le point d'être cité devant les juges et de suivre à l'échafaud sa sœur Gertrude d'Alauzier, lorsque après la mort de Robespierre, les pouvoirs de la Commission populaire ayant été suspendus et bientôt révoqués, il fut mis en liberté.

On se proposa d'abord d'élever un monument sur le champ de Laplane. Le 16 juillet 1824, M. le comte de Pontbriant écrivit à M. Millet, propriétaire du champ. « Les restes des victimes de la trop fameuse Commission d'Orange ont été déposés dans un champ qui fait partie de vos propriétés. Je sais que la charrue n'a point bouleversé les cendres précieuses de *ces martyrs de la Religion et de leur fidélité*, et que non-seulement il a été pris des précautions, pour les mettre à l'abri de toute espèce d'outrage, mais que profondément pénétré du respect qu'elles doivent inspirer, le chef de votre famille, accom-

---

1 La terre de Laplane faisait partie du duché de Caderousse appartenant à M. d'Ancezune; elle passa à la famille des Gramont-Caderousse, et fut ensuite achetée par M. Millet, de Gabet. Elle est maintenant la propriété d'une de ses petites filles, Madame Santon, à Carpentras.

2 Leurs pères avaient été guillotinés à Orange.

pagné de ses enfants et de ses serviteurs, allait à certaines époques de l'année, faire les touchantes prières des morts sur les fosses de ces nombreuses victimes des funestes égarements révolutionnaires. Ces sentiments si honorables me permettent d'espérer, que vous voudrez bien me seconder dans le projet, que j'ai formé de conserver par un monument la place où reposent leurs dépouilles. »

M. Millet consentit à céder l'emplacement du monument projeté, et offrit généreusement de participer aux frais de sa construction. Il fallait obtenir l'autorisation du gouvernement. M. de Pontbriant s'en chargea, et dans sa correspondance il exprima ses sentiments à l'égard des victimes du tribunal révolutionnaire d'Orange, et spécialement à l'égard des religieuses qui expièrent de leur vie le crime d'être fidèles à leurs vœux. Il écrivait à M. le vicomte de Suléau, Préfet de Vaucluse, le 17 juillet 1824 : « Les ossements sacrés des victimes de l'atroce commission d'Orange ne sont point délaissés, profanés et exposés aux insultes du fanatisme révolutionnaire.... M. Millet, propriétaire de ce champ, le regarde comme un dépôt, dont la garde lui est confié. Il a pris toutes les précautions, pour que la charrue ne bouleverse pas les cendres de ces *Martyrs de la Religion* et de la fidélité... J'ai été le compagnon et l'ami des infortunés dont un sanguinaire tribunal, composé de juges étrangers à cette ville, a versé le sang par torrent. J'ai partagé leur captivité, ma sœur (Gertrude d'Alauzier), dont le crime était d'être fidèle à Dieu et aux devoirs qu'elle s'était imposés, en se dévouant à la retraite du cloître, y a péri avec ses compagnes.... Les juges du tribunal révolutionnaire envoyèrent au supplice, au gré de leurs cruels caprices, non seulement les hommes qu'ils pouvaient considérer comme les ennemis de leur sauvage république, non-seulement les femmes qui pouvaient partager les sentiments de leurs époux, mais des vieillards, malgré les infirmités de leur âge, de jeunes garçons, malgré la loi qui ne permet pas que la peine capitale puisse les atteindre, et une *foule de religieuses, qui expièrent de leur vie, le crime d'être fidèles à leurs vœux.* » [1]

Le 9 novembre 1824, le Ministre de l'Intérieur nomma une Commission présidée par M. le Comte de Pontbriant qui décida, le 18 mai 1825, que le monument projeté serait érigé non sur les fosses de Laplane, mais sur la place publique où furent consommées les exécutions; que les restes des victimes seraient transférés dans le caveau creusé sous le monument; que des messes seraient célébrées, chaque année, pendant les jours correspondant à ceux auxquels les exécutions ont eu lieu.

Le monument fut construit, d'après les plans de M. Caristie architecte, sur le cours Saint-Martin; mais sous le gouvernement de 1830, sa vue était un reproche pour les révolutionnaires revenus au pouvoir. « Par une nuit obscure, un vagabond italien s'introduisit dans le monument, et avec de la poudre fit sauter les colonnes, et ébranla le reste de l'édifice. A plusieurs reprises le Conseil municipal d'Orange demanda au gouvernement l'autorisation de démolir le monument, il l'obtint, le 14 mars 1848 et la mit à exécution. Sur son emplacement, que les convenances auraient dû faire respecter, on a élevé un casino-théâtre. » [2]

Les corps des innocentes victimes n'avaient pas été transférés dans le monument élevé à Orange. On n'y avait

1 Archives de M. le comte A. de Pontbriant.
2 Histoire de la Principauté d'Orange par le comte A. de Pontbriant.

pas touché, ils étaient restés à *Laplane*. M. Pierre Millet de Gabet, propriétaire de ce champ, y fit construire, en 1832, une chapelle d'une grande simplicité. Elle est bâtie sur les trois fosses qui renferment les trois cents premières victimes. Un carré délimité par des cyprès en forme l'enceinte.

C'est là le tombeau des Religieuses de Bollène. Leurs corps devenus cendre et poussière, à cause de l'humidité du sol et de la chaux vive, dont on les avait couverts en les ensevelissant, sont mêlés et confondus avec les cendres des autres victimes.

On vient à cette chapelle surtout pour prier et invoquer les Religieuses martyres, car à Orange le peuple n'appelle cette chapelle que *la chapelle des martyrs*. Mais on ne leur rend aucun culte. On y célèbre quelquefois la messe, mais c'est toujours la messe de *Requiem*, ou celle du jour.

Lorsque les abbés Carron et Guillon eurent les premiers publié la Relation sur la mort des Religieuses guillotinées à Orange, tous les auteurs qui ont écrit l'histoire de l'Eglise, pendant la Révolution de 1789, ont reproduit ce récit, et appelé *Martyres* ces victimes de la Commission populaire.

Picot dans ses *Mémoires pour servir à l'histoire ecclésiastique pendant le XVIIIe siècle*, tome VI, donne un résumé de la Relation imprimée à Rome.

Rohrbacher, à la table du tome XXVIIe de son *histoire universelle de l'Eglise catholique*, indique le *martyre* des Carmélites de Compiègne et le *martyre* des Religieuses guillotinées à Orange, et à la page 580, après avoir fait le récit de la mort des premières, il passe au martyre des secondes en se servant de cette transition : « *A l'extrémité méridionale de la France, on vit un spectacle, pour ainsi*

LA CHAPELLE DE LAPLANE A ORANGE

dire plus admirable encore. On avait réuni dans les prisons d'Orange 42 Religieuses..... »

Dans le diocèse d'Avignon, tous les écrivains, qui ont parlé des Religieuses de Bollène, les ont appelées *martyres.*

En novembre 1851, la *Commune,* journal d'Avignon, publia, d'après un vieux manuscrit, une Relation tout-à-fait semblable à celle qui se trouve à la bibliothèque du Musée Calvet.

M. l'abbé Granget dans son *Histoire du diocèse d'Avignon* publiée en 1862, reproduit le récit de Rohrbacher, et donne le titre de *martyres* aux Religieuses de Bollène.

Le Père Marie Ambroise Potton, dominicain du couvent de Carpentras, publia, en 1864, les *OEuvres choisies du V. Père Antoine Le Quieu,* fondateur des Religieuses du Saint-Sacrement, et il y inséra la Relation concernant les 13 sacramentines de Bollène. Il se servit des manuscrits de ce couvent: « Nous laisserons, dit-il, parler la Sœur qui nous a conservé l'histoire de ces jours de sacrifice et de victoire. La simplicité courageuse qui caractérise son récit, nous permettra d'apprécier mieux encore l'Institut du Père Antoine. » Il termine ainsi sa Relation: « Voilà les noms de nos chères sœurs *martyres,* toutes professes de la Communauté du Saint Sacrement de Bollène, heureuse d'avoir pu donner un si beau présent au ciel.

« Tel est dans son éloquente simplicité le récit de la bonne sœur historienne. On y chercherait en vain une seule parole d'amertume contre les bourreaux des Sœurs. Victimes et narratrice, la charité de Jésus-Christ possède tout; il ne reste plus de place pour ce qui touche à la terre.

« Nous avons pensé qu'il était nécessaire de citer avec détail les noms de ces treize *Martyres,* dont le supplice est un titre d'honneur pour leur famille, et dont la mort forme une des principales gloires de l'Ordre du Saint-

Sacrement. En lisant cette nomenclature, nous pouvons remarquer deux choses : la première est la férocité de ces inventeurs de *droits de l'homme*, qui ne se laissaient émouvoir ni par l'intérêt qu'excite ordinairement la jeunesse des victimes, ni par la vieillesse vénérable de sœurs âgées de 75 ans ; la seconde est la générosité avec laquelle, les bonnes Sœurs avaient consacré à l'Adoration perpétuelle les plus belles années de leur vie. Toutes, à l'exception d'une seule qui était entrée en religion à l'âge de 31 ans, avaient pris le voile des épouses de Jésus-Christ entre 17 et 24 ans. Dieu les en récompensa par le *martyre*. »

M. V. de Baumefort publia en 1875 un volume : *Episodes de la Terreur. Tribunal révolutionnaire d'Orange.* Il parle des 32 Religieuses qui furent guillotinées. « Nous devons, dit-il, à l'obligeance de M. le docteur Martial Millet la communication d'un mémoire, écrit évidemment de la main même de l'une de ces *saintes* recluses, qui échappèrent à la mort par la chute de Robespierre. Ce manuscrit nous fait assister aux scènes d'intérieur de la prison. Nous donnons ici un extrait de ces souvenirs où respire la plus touchante et la plus suave piété... Pour rendre encore plus longue leur agonie, on leur annonçait, avant le jugement, le sort auquel elles devaient s'attendre ; mais rien ne pouvait les intimider, et elles marchaient au *martyre* avec autant de joie que de courage. »

Ainsi M. de Baumefort, dont le livre n'est pas une histoire ecclésiastique, mais surtout une collection de documents historiques, dit sans hésitation que les 32 Religieuses « étaient de *saintes recluses*, qui ont marché au *martyre* avec autant de joie que de courage. »

Au Congrès eucharistique qui se réunit à Avignon, du 11 au 17 septembre 1882, un Rapport fut présenté sur les Communautés des Religieuses du Saint-Sacrement, et sur les Confréries de leurs associés, et l'on n'oublia pas de rappeler le souvenir des Religieuses immolées à Orange.

L'année suivante, le 30 novembre, à la séance des Œuvres eucharistiques du diocèse d'Avignon, M. le chanoine Grimaud, curé de Sorgues, lut en langue provençale, une ode en l'honneur des Religieuses martyrisées à Orange. Nous en citons les deux premières et les deux dernières strophes.

> Avans tout vous salude, e vous beise la man,
>   O Vierge de la guihoutino !
> Sias l'ounour de la Glèiso e lou plus bèu diamant
>   De sa courouno countadino !
>
> En intrant dins lou cèu, lis Ange vous an dis.
>   « Qu'es bèu lou sang de vòsti raubo !
> « *Martiro* de la Fe, Roso dóu Paradis,
>   « Venes ié brilla coumo uno aubo.
>
> . . . .
>
> Trento-dos sus lou plot, vòu d'ange magnifi
>   Versèron soun sang pèr soun Dièu !
> Jamai vers lou cèu pur encens eucaristi
>   Èro mounta plus agradiéu.
>
> . . . .
>
> De plour moun amo vous arroso,
> Penso i bourrèu, e li maudis...
> Mai noun, ai tort : fau res maudire !
> Es lou bourrèu, dins soun délire,
> Que vous a courouna di rampau dóu *martire*
> E que vous a durbi l'eternau Paradis. 1

1 Avant tout, je vous salue, et je vous baise la main, — O Vierges de la guillotine ! — Vous êtes l'honneur de l'Eglise, et le plus beau diamant — De sa couronne comtadine !

La poésie provençale a célébré avec enthousiasme le *martyre* des Religieuses guillotinées à Orange. On ne lui en fera pas un crime.

Pictoribus atque poetis
Quidlibet audendi semper fuit œqua potestas.

(HORACE, *Art poétique*.)

En 1888, M. l'abbé S. Bonnel, vicaire à Orange, publia deux volumes grand in-8° sur *les 332 victimes de la Commission populaire d'Orange*, et à la fin du second volume, dans un chapitre de soixante pages, il a réuni tout ce qui avait été écrit sur les 32 Religieuses, il a corrigé les erreurs de noms et de dates, et puisant le premier aux sources officielles, il a complété la biographie de chacune des sœurs, en indiquant les accusations qui furent portées contre elles, et motivèrent leur condamnation à mort. Il admire ces *glorieuses victimes qui donnèrent leur vie pour la défense de la Religion*. Il termine le chapitre qu'il leur a consacré, en citant la poésie de M. le chanoine Grimaud avec ce préambule :

« Le courage des Religieuses, en présence de leurs juges et au pied de l'échafaud, a inspiré à un de nos amis une

A votre entrée dans le ciel, les anges vous ont dit : — « Qu'il est beau à voir le sang de vos robes! — *Martyres* de la Foi, roses du Paradis — Venez y resplendir comme l'aurore.

. . . .

Trente-deux sur le billot, vol d'anges magnifique — Versèrent leur sang pour leur Dieu! — Jamais, vers le ciel pur, encens eucharistique — N'était monté plus agréable.

. . . .

Mon âme vous arrose de ses pleurs — Elle pense aux bourreaux, et les maudit. — Mais non, j'ai tort, il ne faut maudire personne ! — C'est le bourreau qui, dans son délire — Vous a couronnées des palmes du *martyre* — Et vous a ouvert l'éternel Paradis !

ode poétique, en langue provençale, que nous déposons respectueusement, comme une couronne, sur le front de nos *martyres*.

La même année, M. le chanoine Bouyac, curé de Saint-Pierre à Avignon, publia la vie de la Rév. Mère de la Fare, Supérieure du couvent du Saint-Sacrement à Bollène. La suite de son sujet l'a tout naturellement amené à parler de la persécution endurée pendant la Révolution, par la Rév. Mère de la Fare, par les religieuses du couvent de Bollène dont elle était la Supérieure, et surtout par celles qui furent emprisonnées et guillotinées à Orange. M. le chanoine Bouyac a traité avec le plus grand soin cette partie de son livre, en se servant de tous les documents fournis par les couvents du Saint-Sacrement, et il a exprimé son sentiment très affirmatif sur le martyre des treize sacramentines. « La relation de leur *martyre*, dit-il, page 163, est consignée avec honneur dans les Annales de l'Ordre, elle fait suite aux actes de décès des religieuses mortes à Bollène, depuis la fondation du couvent, et porte le titre de MORTUAIRE TRIOMPHANT. C'est le triomphe dans la mort, c'est le livre d'or, c'est la grande gloire du Saint-Sacrement; qui puise dans le sang de ses *martyres* un germe de vie et d'immortalité.

« Nous allons, ajoute-t-il, raconter simplement le glorieux *Martyre* de chacune de nos religieuses. » et il termine son récit par ces mots : « Ici se clôt pour les religieuses du Saint-Sacrement la liste des victimes immolées par la Révolution en haine de Dieu et de l'Eglise. »

Le dernier livre qui ait rappelé le souvenir des Religieuses de Bollène, c'est l'*Histoire de la Principauté d'Orange, par le comte A. de Pontbriant, Avignon, Seguin Frères, imprimeurs, 1891*. L'auteur ne pouvait manquer de parler du tribunal révolutionnaire. Il en a fait le sujet des deux derniers chapitres de son livre; il juge, comme elle le mérite, la Commission populaire, et il glorifie les nombreuses victimes qu'elle envoya à l'échafaud. Mais il a pour les Religieuses qui furent guillotinées, une prédilection, dont on ne peut lui faire un reproche: il compte parmi elles trois parentes. « Il faudrait, dit-il, remonter au temps du paganisme et de la persécution contre les premiers chrétiens, pour trouver un holocauste de vierges innocentes comparable à celui que fit le tribunal d'Orange. Trente-deux Religieuses condamnées à mort! Quel est leur crime? Elles prient Dieu; elles sont catholiques, elles n'ont pas voulu prêter le serment d'apostasie. Jamais la haine satanique de la Révolution contre le Christ et son Eglise n'apparut plus manifeste, que dans l'immolation de toutes ces victimes pures et sans tache. Ce sont bien des *martyres* pour la foi.

« Honneur à Bollène qui en a fourni le plus grand nombre! »[1]

M. le comte A. de Pontbriant ne pouvait mieux, comme historien, affirmer le martyre des Religieuses de Bollène, et comme parent de trois d'entre elles, exprimer le sentiment qui s'était perpétué dans sa famille. Dans plusieurs pays, à Carpentras, à Orange, à Sérignan, à Gigondas, et surtout à Bollène, il y a de nombreux petits neveux et petites nièces des 32 Religieuses, et partout ils conservent le souvenir de leurs vénérables tantes; ils n'ont jamais cessé de les regarder comme de vraies *martyres* et de les

---

[1] Parmi les 32 Religieuses qui furent guillotinées, 17 étaient nées à Bollène, 12 y avaient été religieuses, et 3 seulement n'étaient ni natives ni religieuses de Bollène.

invoquer. C'est à leur protection qu'ils attribuent la grâce d'être restés fidèles à leurs sentiments et à leurs devoirs religieux, et d'avoir vu germer et fructifier dans leurs familles de nombreuses vocations sacerdotales et religieuses. Ne pouvant discerner leurs ossements, qui sont mêlés et confondus, avec les os et les cendres d'autres victimes de la Commission populaire d'Orange, toutes ensevelies dans les fosses creusées au champ de Laplane; ils gardent et se transmettent de génération en génération, comme des reliques, les livres, les meubles et autres objets qui ont été à l'usage de ces vénérables servantes de Dieu.

La famille de Camaret, parente des quatre sœurs Justamond, possède le crucifix de l'une de ces victimes. « Ce sont, nous a écrit M. le chanoine Octave de Camaret, ancien curé de Bollène et de Saint-Florent, à Orange, ce sont les enfants de mon frère aîné qui gardent ce crucifix. Il a servi à consoler l'agonie de mon père, de ma mère et de mon frère aîné. Je possède moi-même une statue de la sainte Vierge, devant laquelle priaient les religieuses, lorsque chassées de leurs couvents, elles se réunirent à Bollène.

« Nous avons toujours regardé ces victimes de la révolution comme de véritables martyres. Ma mère les invoquait dans ses prières; et je suis son exemple. Ce serait un grand honneur pour ma famille, si elles étaient proclamées martyres. »

Tous les neveux et parents des trois Religieuses souhaitent et espèrent de voir leur *martyre* reconnu par l'Eglise, et de pouvoir bientôt leur adresser les hommages du culte public, qui est rendu aux *Saintes Vierges et Martyres.*

Un des petits neveux de la sœur Gertrude d'Alauzier, à la veille du jour, où la loi de 1901 allait le forcer à sortir du couvent des Dominicains à Carpentras, dont il fut plusieurs fois prieur, nous écrivait : « Je suis extrêmement consolé de voir que l'on s'occupe de la cause des *saintes* victimes d'Orange. Je suis consolé et fortifié, comme religieux, et fier, comme petit-neveu de celle qui voulut baiser l'échafaud, en y arrivant, et de là, prit son essor pour s'envoler au ciel. »

CHAPITRE TREIZIÈME

Fêtes du Centenaire
de la mort des 32 Religieuses guillotinées à Orange
célébrées en 1894

Il y a cent-dix ans que les 332 victimes de la *Commission populaire* d'Orange sont mortes, et cependant leur souvenir et surtout celui des Religieuses qui furent immolées, est toujours conservé, non seulement dans les familles de leurs petits neveux et dans les couvents des Ursulines et des Sacramentines, mais aussi dans les paroisses où elles naquirent, et par les populations du diocèse d'Avignon et des diocèses voisins. On en eut la preuve, il y a dix ans, lorsque en 1894, arriva le centenaire de leur mort. L'affluence des fidèles fut grande aux fêtes que l'on fit à Carpentras, à Orange, à Bollène, et dans les chapelles des Ursulines et des sacramentines.

On célébra une messe solennelle de *Requiem* dans les églises cathédrales de Saint-Siffrein, à Carpentras, et de Notre-Dame, à Orange, où l'on fit le centenaire des 332 victimes de la *Commission populaire;* parmi lesquelles il y en a une partie, probablement la moins considérable, dont la mort n'est pas regardée comme un martyre, parce que l'on peut l'attribuer à des motifs politiques et humains.

Le journal le *Comtat* relata ainsi la fête que l'on fit à Carpentras: « Un service solennel a été célébré, samedi dernier, 14 juillet, dans la cathédrale de Saint-Siffrein.

Une assistance nombreuse et recueillie dans laquelle se trouvaient confondus tous les rangs de la société carpentrassienne, avait répondu à l'appel des organisateurs de de cette cérémonie.

« Monsieur le curé de Saint-Siffrein célébra le saint sacrifice entouré de tout le clergé des deux paroisses de la ville, et, avant l'absoute, il monta en chaire, et précisa en quelques mots la cérémonie du jour : L'église nous invite, dit-il, à prier pour les morts, et c'est pour cela que se sont réunis les parents, les amis, les compatriotes des victimes de 1794. Rappelons-nous toutefois que la plupart des condamnés ont payé de leur tête le seul crime d'avoir bien vécu. S'ils sont déjà en possession du bonheur qui ne finit pas, prions-les de nous obtenir la grâce de bien vivre et de bien mourir. » (*Extrait du journal le Comtat*, nº du 15 juillet 1894).

A Orange, en juillet 1894, on fêta le centenaire des 332 victimes, par une messe solennelle de *Requiem*. Il y eut une grande affluence de fidèles, et les associés de la communion réparatrice, y communièrent en grand nombre. Le lendemain on célébra un service pour le Président Carnot, avec les ornements et décorations dont on s'était servi la veille.

Dans les monastères, les fêtes du centenaire eurent pour objet la mort glorieuse des 32 Religieuses guillotinées en 1794, que tous regardent comme de vraies martyres ; on ne pria pas pour les morts, on ne chanta pas de messe de *Requiem* ; on fit ce que faisaient ces saintes victimes dans leur prison : au moment où leurs compagnes consommaient leur sacrifice sur l'échafaud, elles se réjouissaient « et se félicitaient de ce que quelques-unes d'entre elles avaient été admises aux noces de l'agneau sans tache : Elles chantaient avec joie le *Te Deum laudamus*, le psaume

laudate Dominum omnes gentes... Elles s'exhortaient
mutuellement à mourir de même le lendemain. » *(Relation
du couvent de Bollène).*

De même, aux fêtes du centenaire dans les chapelles
des Ursulines et des Sacramentines : il n'y eut rien de
triste et de lugubre, tout fut à la joie et à la reconnaissance ;
on remercia Dieu des grâces dont il avait comblé ses fidèles
servantes, et de leur mort glorieuse ; mais on ne leur rendit
aucun culte, on chanta la messe du jour et les hymnes
d'action de grâces ; les prédicateurs firent le panégyrique
des victimes et proposèrent leur générosité et leur vertus
à l'admiration et à l'imitation des fidèles.

Parmi les 32 Religieuses guillotinées à Orange, il y a :

1 Religieuse de l'Ordre de Saint-Benoit du monastère de l'Assomption Notre-Dame, à Caderousse

Sœur *Marie-Rose* — Suzanne-Agathe de Loye. 53 ans

2 Religieuses de l'Ordre de Citeaux, selon la règle
de Saint-Benoit de l'abbaye de Sainte-Catherine
à Avignon :

Sœur *Marie de Saint-Henri* — Marguerite
Eléonore de Justamond . . . . . 48 ans

— *Madeleine du Saint-Sacrement* — Madeleine-Françoise de Justamond. . . 40 ans

16 Ursulines dont 9 du couvent de Bollène :

Sœur *Sainte-Mélanie* — Marie-Anne-Madeleine
de Guilhermier. . . . . 61 ans

— *des Anges* — Marie-Marguerite de Rocher 39 ans

— *Sainte-Sophie* — Marie-Gertrude de Ripert
d'Alauzier . . . . 36 ans

— *Saint-Louis* — Sylvie-Agnès de Romillon. 44 ans

— *Saint-François* — Marie-Anne Lambert. . . 52 ans

— *Saint-Gervais* — Marie-Anastasie de Roquard, supérieure . . . . 45 ans

Sœur *Saint-Michel* — Marie-Anne Doux. . . . 59 ans
— *Saint-André* — Marie-Rose Laye. . . . 66 ans
— *Sainte-Rosalie* — Marie-Claire Dubac . . . 67 ans
4 du couvent du Pont-Saint-Esprit :
Sœur *Sainte-Sophie* — Marie-Marguerite de Ber-
begie d'Albarède . . . . 52 ans
— *Saint-Bernard* — Jeanne-Marie de Romil-
lon. . . . . 41 ans
— *Catherine de Jésus* — Marie-Madeleine
de Justamond. . . . . 70 ans
— *Saint-Basile* — Anne Cartier. . . . 61 ans
1 du couvent de Carpentras :
Sœur *Sainte-Françoise* — Marie-Anne Depeyre. 38 ans
1 du couvent de Pernes :
Sœur du *Cœur de Marie* — Dorothée-Madeleine
Julie de Justamond. . . . . 51 ans
1 du couvent de Sisteron :
Sœur du *Cœur de Jésus* — Elisabeth-Thérèse
Consolin, supérieure . . . . 58 ans

Les Ursulines ne manquèrent pas de faire le centenaire de leurs seize sœurs guillotinées. Nous avons pu recueillir quelques souvenirs des fêtes qui furent célébrées dans trois de leurs couvents.

A celui de Valréas, d'où étaient parties les sœurs qui vinrent fonder le couvent de Bollène, il y eut un *triduum* les 7, 8 et 9 décembre 1894. Pendant trois jours, le samedi, le dimanche et le lundi, dans la chapelle du couvent magnifiquement ornée, il y eut à tous les exercices une affluence si grande, que beaucoup de fidèles ne purent y entrer. Le dernier jour, Monsieur le curé-doyen de Vaison, entouré de M. Martel, curé-doyen de Valréas et d'une quinzaine de prêtres, célébra la grand'messe très solennelle, et le soir, M. l'abbé Berger, vicaire de Saint-Pierre, à Avignon, fit le panégyrique des victimes. « Il montra les saintes Religieuses en butte à l'intolérance, à la persécution, à la misère, à la prison, à la mort, sans jamais se départir de la fermeté de leur foi, de l'héroïsme de leur courage, de la sérénité de leur conscience. Quel beau sujet! Et quel poignant contraste! entre l'élévation d'âme, la beauté morale des victimes et le cynisme écœurant des juges et des bourreaux.

« Un *Magnificat* enthousiaste a fait écho, à un siècle de distance, à ces chants de triomphe que les chastes héroïnes entonnaient en allant à la mort. Une dernière fois, Jésus a béni l'assistance prosternée, et la Cantate du Centenaire a salué les héroïques martyres :

Salut, Vierges du Christ, phalange glorieuse,
Tombée au champ d'honneur, comme Ursule jadis :
A vous les chants d'amour de notre âme pieuse,
Souriez à nos voix, du seuil du Paradis. »

(Semaine Religieuse d'Avignon.)

Le 24 décembre 1894, les Ursulines de Saint-Sever-sur-l'Adour adressaient cette circulaire aux monastères de leur Ordre :

A nos sœurs de Sainte-Ursule.

« Il y a cent ans, vingt-six de nos Mères religieuses des couvents d'Orange et de Valenciennes montèrent courageusement sur l'échafaud. Nos Annales ont pieusement conservé le souvenir de leur captivité et de leur mort. Il nous a semblé que nous ne devions pas laisser passer, inaperçu, un centenaire si glorieux pour l'Ordre de sainte Ursule. Nous avons donc sollicité de Monseigneur l'Evêque d'Aire et de Dax, l'autorisation de fêter nos

14

martyres. Sa Grandeur a bien voulu nous l'accorder, en nous prescrivant simplement de nous conformer aux règles liturgiques et canoniques. Cette solennité a eu lieu dans notre chapelle, le 13 décembre dernier, avec tout l'éclat que nous avons pu lui donner..... Les cérémonies ont été présidées par Monsieur l'archiprêtre de Saint-Sever, entouré d'un nombreux clergé. Le soir, le discours a été prononcé par M. Froment, archiprêtre de Mont-de-Marsan, ancien aumônier du couvent. C'est ce discours que nous sommes heureuses de publier et d'offrir à nos sœurs de sainte Ursule, à nos anciennes élèves et aux amis de notre Communauté. »

« ... Vous connaissez, dit le prédicateur, l'objet de la solennité qui nous réunit aujourd'hui : c'est la fête de la force chrétienne dans la virginité : la fête des Religieuses Ursulines, mortes il y a cent ans, pour leur Dieu et pour leur patrie : *Tradiderunt animas suas pro nomine Christi.* Je mettrai sous vos yeux le tableau de leurs souffrances et de leur sanglant sacrifice.... »

L'orateur résume les anciennes Relations concernant les Ursulines guillotinées à Orange. Il cite la réponse de M. de Rocher à sa fille la *sœur des Anges*, et il s'écrie : « O pauvre père, héroïque vieillard aux cheveux blanchis par l'âge, qui immoles toi-même ta fille chérie, mais qui l'immoles pour Dieu, je salue ta mémoire, avec une émotion qui étreint et mon cœur et ma voix, car, je l'affirme, je ne connais rien dans l'histoire de l'Eglise, qui surpasse la sublimité de ta foi, de ton courage et de ton sacrifice. » Après avoir fait le récit de la mort des Religieuses, il les admire. « Leur martyre, dit-il, qu'il fut glorieux ! il rappelle le martyre des Agathe, des Cécile, des Lucie. C'est la même fermeté, le même mépris de la mort, le même désir du ciel... Encore une fois, ô sainte Ursule de Saint-Sever, que Dieu te garde! qu'il rende les filles dignes des *martyres*, dont tu viens de célébrer le glorieux et sanglant sacrifice! »

Le monastère de Sainte-Ursule de Lyon, nous a donné la relation de la fête, qu'il fit, le 17 décembre 1894, pour célébrer « *le Centenaire des Mères Ursulines emprisonnées et mises à mort pour leur attachement à l'Eglise Romaine en 1794.* Il y eut, le matin, une *Messe* en musique et une communion générale, et, dans l'après-midi, un Salut solennel, présidé par son Eminence le cardinal Coullié, archevêque de Lyon, entouré d'un nombreux clergé. Le prédicateur fut M. l'abbé Berger, vicaire de la paroisse Saint-Pierre, à Avignon. Il s'inspira de ces paroles: *Deus noster Refugium et Virtus, adjutor in tribulationibus quæ invenerunt nos nimis,* et il développa cette thèse: *La Vertu de Religion a fait la force des martyrs.*

« Après la Bénédiction du Saint-Sacrement, on fait, en chantant les Litanies de la sainte Vierge, la procession dans le cloître intérieur au fond duquel sont dessinés les flots de la mer....., et là, comme amarrée sur la rive, la barque d'Ursule, emplie de roses rouges et de lys, se présente en hommage symbolique à Marie Reine des Martyrs et des Vierges. De chaque côté de la barque, un cartouche transparent, orné de pourpre et d'hermine, fait resplendir le nom de nos héroïnes et le lieu de leur martyre.

« A droite, appuyé à l'arceau du cloître, se dresse le trône de son Eminence.

« Une poésie, entremêlée de chœurs, exécutés par les élèves, traduit alors le sentiment de toutes les âmes unies dans l'action de grâces et la croyance au *martyre* des Religieuses.

« Nous en citons quelques strophes.

« On présente d'abord à là Très Sainte Vierge les Ursulines immolées :

Elles sont de cette phalange
Que vous conduisez au Grand Roi
Et qui pour conserver leur Foi
Ont su mourir, le cœur débordant de louange

« On fait ressortir leur foi et leur amour pour l'Eglise,
leur fidélité aux Règles monastiques, leur élan vers la
mort.

En Provence au cœur chaud,...
. . . .
Là, d'immolation, mainte Victime éprise
S'offrit à la Patrie en expiation,
Se donna pour témoin, pour martyre à l'Eglise,
Se laissa pour modèle, et pour protection
A l'Ordre glorieux, où s'est inscrit son nom.
. . . .

L'une d'entre elles, un jour, de son cloître arrachée,
Chez son vieux père s'est cachée.
Ce père voit en elle une nouvelle Esther,
Et sa foi l'en rend fier.
« Bien plus qu'à mes vieux ans, vous êtes à la France,
Dit-il, allez mourir ; le sang de l'innocence
Doit devenir sa caution ;
Vous devez la servir par l'immolation. »
Elle, digne d'Ursule et digne de son père,
Du tribunal sanglant va chercher la colère

. . . . . . , ...
. . . . . On pouvait se reporter, se croire
Aux siècles des martyrs.
Là, point de voix tremblante et de tristes soupirs

« *L'Eglise romaine est ma mère* »
Répond celle, à qui la première
On demande : « *Qui donc es-tu?*
« *Prête le serment convenu.*
Dit-on à celle-là : « *tu sauveras ta vie.*
Aux dépens de ma foi, je ne veux la sauver,
Vous pouvez l'achever.

. . . .

C'est donc pour Jésus-Christ, pour sa loi, pour l'Eglise
Que tour à tour ainsi chacune rivalise,
Et provoque la mort. Voilà le premier trait
Dont le martyre se revêt.

. . . .

On les vit se laisser conduire
Toutes à l'échafaud, comme d'humbles brebis
Sur leurs lèvres, ce sont des chants qu'on a surpris.
Elles baisent les mains du bourreau qui les serre
De liens : ..... L'une dit, en merci gracieux :
Moi je vous dois bien plus qu'à mon père à ma mère:
Eux m'ont donné cette terre,
Vous allez me donner les cieux.

. . . .
. . . .

Enfin, comme en extase, attendant la victoire
Elles disent : « *Demain nous montrera la gloire*
Et la face de notre Dieu.
Ce demain pour toujours réalisa leur vœu!

Parmi les 32 Religieuses guillotinées à Orange, il y a
13 sacramentines, toutes du couvent de Bollène :
Sœur *Iphigénie de Saint-Mathieu* — Françoise-
Gabrielle-Marie-Suzanne DE GAILLARD. . 34 ans
— *Sainte-Pélagie* — Rosalie-Clotilde BÈS . . 41 ans

Sœur *Sainte-Théotiste* — Marie-Elisabeth PÉLLIS-
SIER . . . . 53 ans
— *de Saint-Martin* — Claire BLANC. . . . . 52 ans
— *Rose de Saint-Xavier* — Madeleine Thérèse
TALIEU . . . . 48 ans
— *Marthe du Bon Ange* — Marie CLUSE . . 32 ans
— *Madeleine de la Mère de Dieu* — Elisabeth
VERCHIÈRE . . . . 25 ans
— *de l'Annonciation* — Thérèse-Henriette
FAURIE. . . . . 24 ans
— *de Saint-Alexis* — Anne-Andrée MINUTTE . 54 ans
— *Aimée de Jésus* — Marguerite-Rose DE GOR-
DON. . . . . 61 ans
— *Marie de Jésus* — Thérèse-Marguerite CHAR-
RANSOL. . . . . 36 ans
— *de Saint-Joachim* — Marie-Anne BÉGUIN-
ROYAL . . . . 58 ans
— *de Saint-Augustin* — Marie-Marguerite
BONNET. . . . . 75 ans

Tous les couvents des Religieuses de l'Adoration perpétuelle du Saint-Sacrement ont célébré, au mois de
juillet 1794, le centième anniversaire de la mort de leurs
treize sœurs.

« Nous nous attendions, écrivait la sœur annaliste du
couvent de Carpentras, à fêter le centenaire de nos
glorieuses sœurs. Il convenait cependant que le couvent de
Bollène donnât le mouvement, et en quelque sorte le
programme ; d'abord parce que toute la virginale phalange
de nos martyres est sortie de son sein ; ensuite pour rester
dans un cadre uniforme et conforme aux règles de la
Sainte Eglise, qui ne s'est point prononcée sur le mérite
des victimes de la Révolution. »

Le 6 juin 1894, les Religieuses du couvent de Bollène donnaient le mouvement désiré : elles avaient demandé à Mgr l'archevêque d'Avignon l'autorisation de célébrer le centenaire de leurs sœurs, et fait approuver le programme des cérémonies. La Mère Assistante, *sœur Marie du Saint Sacrement*, écrivait aux sœurs de Carpentras : « M. Charrasse, notre vénéré Supérieur, a réglé définitivement le centenaire de nos Sœurs, et M. le curé de Bollène l'a fixé au 17 juillet.

« Dès la veille, nous aurons les vêpres chantées par le clergé de Bollène, et la Bénédiction du Saint-Sacrement. Le jour de la fête, le Très Saint-Sacrement restera exposé toute la journée. Après plusieurs messes basses, il y aura une grand'messe d'actions de grâces. Le soir, chant des secondes vêpres, panégyrique de nos martyres, et enfin Bénédiction du Très Saint-Sacrement.

« Nos sœurs font des préparatifs d'ornementation pour notre église, car elles veulent, disent-elles, fêter cette phalange bienheureuse de la famille sacramentine. »

Ce programme fut exactement suivi dans les couvents, du diocèse d'Avignon, et, dans les couvents même les plus éloignés, on s'y conforma autant que les circonstances locales le permettaient.

La Mère Mary of the Angels, Supérieure du Couvent de Taunton (Angleterre), écrivait à ses sœurs de Carpentras : « Nous aussi, chères Mères, nous avons voulu célébrer nos trois semaines du centenaire, avec le plus de dévotion possible. A partir du 5 juillet, jusqu'au 26 du même mois, nous avons récité ensemble chaque jour les litanies où les invocations de nos saintes martyres. Pour cela nous nous réunissions autour de l'autel de notre V. Père, en dehors de la porte du chœur. Chaque jour aussi, en l'honneur de nos Sœurs, nous nous sommes imposées treize actes de mortification spéciale ; le dernier jour enfin, nous avons eu l'exposition du Très Saint-Sacrement, la bénédiction et le chant du *Te Deum*. Nous espérons que nos fêtes, en l'honneur de nos glorieuses Sœurs, nous auront attiré leur protection particulière, et que désormais elles nous aideront à suivre les beaux exemples qu'elles nous ont tracés. »

La Mère Marie-Antoinette, Supérieure du couvent de Bernay, diocèse d'Evreux, écrivait à la fin du mois de juillet 1894 :

« Nous nous sommes associées de notre mieux aux fêtes du centenaire. Mais tout s'est passé ici en famille. Monsieur notre Supérieur nous avait organisé des exercices et des adorations particulières, pour chacun des jours consacrés par le sacrifice de nos saintes Sœurs. Nous avons eu de plus un jour d'adoration, le 12 juillet, en union avec vous ; mais nous n'avons rien eu d'extérieur et de public. »

Du couvent de Marseille, on écrivait aussi : « Notre fête du centenaire de nos saintes Sœurs martyres a été une fête tout intime, bien que nous l'eussions annoncée dans la *Semaine Religieuse*. »

Une Revue du diocèse d'Avignon a relaté, que les Religieuses sacramentines du couvent d'Aix ont fait la fête commémorative de leurs Sœurs martyres, le 9 juillet, en terminant l'octave de Notre-Dame de la Seds.

A Saint-Rémy-en-Provence, diocèse d'Aix, la petite Communauté des Religieuses du Saint-Sacrement, voulut aussi célébrer le centenaire : La fête fut fixée au 26 juillet, le jour où furent immolées les dernières victimes. « La bénédiction du Saint-Sacrement fut donnée à 5 heures. Une sœur (Marie-Raphaël) était agonisante dans une chambre, à côté de l'autel ; elle mourut la nuit suivante.

Les saintes victimes, dont nous célébrions la mémoire, l'avaient préparée au dernier passage, pour la recevoir dans leur chœur, comme une sœur bien-aimée. »

Dans le diocèse d'Avignon les trois couvents du Saint-Sacrement célébrèrent le centenaire de leurs treize sœurs avec la plus grande solennité.

Les Sacramentines de Carpentras firent leur fête, le 12 juillet; elles s'y préparèrent par un *triduum* de prières, et de prédications faites par le Père Chérasse, jésuite de la résidence de Marseille. Le jour principal de la fête, après plusieurs messes basses, la messe de communauté fut célébrée, à 7 heures, par le R. Père d'Alauzier, Prieur des Dominicains de Carpentras, un des petits-neveux d'une des victimes, la *sœur Sainte-Sophie*, Gertrude d'Alauzier. « Dans l'allocution qu'il a faite, dit la sœur annaliste, le Rév. Père a loué nos saintes Sœurs, de ce qu'elles avaient si bien vécu, si bien gardé leurs observances religieuses, que la fidélité de leur vie leur avait mérité une mort glorieuse. Leur passé leur avait valu leur couronne.

« A 9 heures, la grand'messe a été célébrée par M. Illy, archiprêtre de Saint-Siffrein, assisté des ministres sacrés et entouré de plusieurs membres du clergé.

« Notre Seigneur, du haut de son trône eucharistique brillant de lumière, savait bien qu'Il était l'objet direct de toute la pompe de ce beau jour... C'était bien lui que nous voulions glorifier dans ses humbles épouses.

« A 4 heures, nouvelle réunion; notre chapelle était littéralement pleine. Après le chant des vêpres, le prédicateur, le Père Chérasse, a d'abord averti ses auditeurs, que la *nombreuse réunion des fidèles, dans cette chapelle pompeusement parée, n'était pas pour glorifier des martyrs dans le sens absolu du mot, car à l'Eglise seule appartient le droit de décider du mérite et de la sainteté des âmes.*

Mais ce n'était pas non plus, a-t-il ajouté, une simple fête commémorative qui faisait la solennité du jour. La Communauté du Saint-Sacrement voulait bénir Dieu d'avoir été si grand dans les treize Vierges sacramentines montées sur l'échafaud, il y avait cent ans. Il a dit ensuite que nos victimes immolées donnent au monde un exemple de l'énergie, avec laquelle nous devons affirmer notre foi.

« Le Salut solennel du Saint-Sacrement a terminé cette mémorable journée de prières et de souvenirs puisés dans les plus belles pages de notre histoire. »

Dans le courant du mois de juillet 1894, plusieurs journaux, la *Semaine Religieuse* d'Avignon, la *Croix*, le *Courrier du Midi*, le *Comtat*, reproduisirent la Relation des 32 Religieuses guillotinées à Orange et rendirent compte des fêtes du centenaire. Nous trouvons dans la *Semaine Religieuse*, n° du 28 juillet 1894, le récit de la fête qui fut célébrée, le 23 juillet, au couvent du Saint-Sacrement d'Avignon. Le rédacteur en indique d'abord l'objet : « Bien qu'il n'appartienne qu'à l'autorité infaillible de l'église de déclarer d'une manière authentique, que la mort soufferte dans telles et telles conditions, constitue le martyre proprement dit, il est des circonstances où le caractère de cette mort soufferte pour la religion, se manifeste avec tant d'éclat que, sans prévenir le jugement de l'Église, et tout en réservant ses décisions futures, les fidèles, livrés aux inspirations de leur piété, croient pouvoir mettre en pratique cet adage, que nous a légué l'antiquité ecclésiastique, que c'est faire injure à un martyr que de prier pour lui. *Injuriam facit martyri, qui orat pro martyre.*

« Dans ces circonstances, les cérémonies commémoratives de la mort des héros ou des héroïnes du christianisme dépouillent toute pensée de deuil, tout appareil lugubre, pour devenir des sacrifices d'actions de grâces et de louange, en l'honneur de Dieu, qui a été la force des martyrs, reste à jamais leur récompense.

« Ce ne sont plus des suffrages ordinaires pour des défunts qui peuvent avoir besoin de nos prières, ce ne sont pas encore les honneurs du culte public rendu aux serviteurs de Dieu béatifiés ou canonisés; c'est une sorte de terme moyen entre ces hommages de natures si différentes. Or, de toutes les victimes de la Révolution, il en est peu, dont la mort puisse être plus légitimement envisagée à ce point de vue, que celle des 32 Religieuses qui périrent sur l'échafaud à Orange. L'héroïsme de leur mort frappa à ce point leurs contemporains et leurs bourreaux, que tous les témoignages qui remontent à cette période, et tous les ouvrages qui en traitent, lui rendent hommage... Tandis que pour plusieurs de ceux qui furent condamnés à mort par la même Commission populaire, on invoque des motifs d'ordre politique, et la participation au mouvement fédéraliste de 1793, nos 32 Religieuses sont jugées dignes de la mort, pour avoir refusé de prêter *un serment* que leur conscience réprouvait, ou pour leur *fanatisme*, expression qui, dans l'argot du temps, voulait dire attachement à la religion.

« Par les vertus admirables qu'elles pratiquèrent, jusqu'au seuil de l'échafaud, par les sentiments qu'elles exprimèrent dans leur captivité et devant leurs juges, et enfin par la joie qu'elles firent paraître au moment de souffrir la mort, nos courageuses Vierges rappellent les plus beaux types des vierges martyres de la primitive Église. Aussi le centenaire de leur mort n'a ressemblé en rien à un jour de deuil; il n'a été qu'un jour d'action de grâce et de triomphe.

« C'est le spectacle que nous avons vu, le 23 juillet, dans la gracieuse chapelle du couvent du Saint-Sacrement à Avignon..... Plusieurs messes ont été célébrées dans la matinée, et le soir, à 5 heures, l'église est absolument pleine. Vingt prêtres, sous la présidence de M. le vicaire général Charrasse, occupent le sanctuaire. Après les chants, M. le chanoine Grimaud, curé de Sorgues, prononce l'éloge des religieuses martyres.

« Son texte précise quel va être le caractère de son discours: *Hæ sunt quæ venerunt de tribulatione magna, et laverunt stolas suas et dealbaverunt eas in sanguine Agni: ideò sunt antè thronum Dei.* Il dit d'abord que dans l'ordre habituel des choses divines, la grâce du martyre présuppose une sainteté acquise et consommée. Il applique ce principe aux Religieuses de Bollène, et les montre d'abord fidèles à la grâce de Dieu, dans la période qui a précédé leur martyre, et ensuite fermes dans la persécution... L'orateur décrit leur vie dans la prison qui est une préparation à confesser le nom de Jésus... Devant leurs juges, elles refusent de prêter un serment contraire à leur conscience. Condamnées à mort, elles ne font paraître aucun signe de faiblesse... elles marchent à l'échafaud en chantant... une d'entre elle baise la guillotine teinte du sang de ses compagnes.

« Le panégyriste montre ensuite que nos Religieuses sont arrivées, par leur martyre, à la gloire, à la possession du Dieu, pour lequel elles ont versé leur sang... Nous pouvons, dit-il en terminant, espérer pour elles la gloire ecclésiastique, au jour connu de Dieu seul, où leurs noms seront inscrits par l'Eglise, au rang des martyrs, et où nous vénérerons leurs images sur les autels.

« A la suite de ce discours, un salut solennel a été donné, et l'auditoire s'est écoulé sous l'inoubliable impression de cette magnifique fête. »

Les Religieuses du couvent dn Saint-Sacrement de Bollène célébrèrent leur fête, le 17 juillet; elles en ont consigné la relation dans leurs Annales, nous la transcrivons :

CENTENAIRE DE NOS SŒURS MARTYRES
1794-1894

« A l'occasion du Centenaire de la glorieuse mort de nos Sœurs martyres, nous avons célébré, les 15, 16 et 17 juillet, un *triduum* de prières et d'actions de grâces, pour remercier Dieu d'avoir donné à nos sœurs le courage de verser leur sang pour Jésus-Christ.

Notre petite chapelle était richement ornée. Des tentures rouges tapissaient entièrement le sanctuaire, des bannières et des oriflammes étaient disposées tout autour de l'église, aux murailles et sur nos grilles. On remarquait surtout une bannière placée près de l'autel, sur laquelle on voyait treize lis, à la tige brisée, entrelacés dans un faisceau d'épines, d'où sortaient treize roses vermeilles.

« Le mardi 17, avait été fixé pour la grande solennité commémorative. Dès la veille, au soir, à l'issue des premières vêpres chantées par un nombreux clergé, M. le chanoine Grimaud, curé de Sorgues, lut une poésie en provençal, sur le martyre de nos sœurs. Cette poésie touchante fut écoutée avec une religieuse émotion et un Salut solennel termina cette journée.

« Nous avions obtenu pour le lendemain la faveur d'avoir le Saint-Sacrement exposé toute la journée. Dès 6 heures du matin, les messes se succédaient dans notre chapelle, et chaque célébrant revêtait le précieux ornement brodé par nos saintes martyres elles-mêmes, chère relique que nous conservons comme un riche trésor. M. Charrasse, vicaire général et notre Supérieur, était venu rehausser de sa présence notre fête de famille, il dit la messe de communauté. A 9 heures, la grand'messe fut célébrée par M. de Camaret, curé-doyen de Bollène, assisté de MM. les Curés de Saint-Blaise et de Saint-Pierre. Quatorze prêtres groupés autour de notre digne Supérieur exécutaient les chants liturgiques. Il en est de même le soir aux vêpres, après lesquelles l'éloge de nos sœurs martyres est prononcé par M. le chanoine Grimaud.

« Dans son exorde, il fait ressortir l'opportunité et la grandeur de la fête du Centenaire, au point de vue de *la Famille*, que forment les Communautés des Religieuses de l'Adoration du Saint Sacrement, en leur rappelant le souvenir des jours, où leurs devancières ont signé de leur sang le titre de noblesse de leur Institut; — au point de vue de l'*Histoire*, en faisant revivre le spectacle des plus fermes caractères, en regard de l'affaissement qui courbait alors tant de têtes, devant le déploiement de la force brutale; — au point de vue de la France, en considérant que l'immolation des victimes a été comme la rançon de la Patrie, et par là même, le principe de son salut; enfin, au point de vue de l'*Eglise*, qui fait retentir le chant de sa propre immortalité, en montrant que l'œuvre de l'Adoration perpétuelle se continue à travers les âges, par la résurrection des couvents du Saint-Sacrement.

« L'orateur dit ensuite, qu'à part de rares exceptions, qu'on peut considérer comme des coups d'Etat de la Providence, Dieu n'accorde la grâce du martyre que comme couronnement de mérites antérieurs. Les Religieuses de Bollène, ainsi que l'attestent les anciens manuscrits, étaient de ferventes religieuses. La grâce de Dieu en avait fait des âmes de saintes, pour les préparer à devenir des âmes de martyres.

« Il montre comment leur *martyre* s'est épanoui dans le sacrifice et s'est déployé sur quatre théâtres principaux :

dans la *prison*, où elles ont suivi un règlement qui nous a été conservé dans ses moindres détails, et qui est une reproduction de la règle de la Communauté, augmentée des prières des agonisants, pour les sœurs qui étaient sur le point d'être exécutées, et du *Te Deum* d'action de grâces, quand leur exécution était consommée; — au *tribunal*, où, devant les juges, elles n'avaient qu'une même réponse : Je suis fille de l'Eglise catholique, je ne veux pas prêter un serment contraire à ma conscience; — dans le *Cirque*, où elles encouragèrent à la résignation les personnes du monde condamnées à mort, comme elles; — au *Cours Saint-Martin*, où se dressait l'échafaud, que l'une d'entre elles baisa, comme l'échelle qui la faisait monter au ciel. « Dans la dernière partie de son discours, le panégyriste démontre, qu'indépendamment de la *gloire céleste*, les martyres ont conquis la *gloire historique*, à laquelle leur humilité ne pensait nullement. Leur héroïsme a été si éclatant, que l'histoire de l'Eglise n'a pu manquer d'en transmettre le souvenir à la postérité. Elles ont enfin conquis l'espérance de la *gloire ecclésiastique*, qui consiste dans la sentence du Souverain Pontife proclamant leur martyre, en les inscrivant sur les diptyques de l'Eglise. Enfin elles ont mérité la *gloire de la résurrection*. Par une permission particulière de Dieu, dans la phalange des héroïnes, la plus élevée par le rang, l'intelligence et le caractère, la Mère de la Fare fut l'instrument prédestiné, pour faire renaître son Institut, à Bollène, à Avignon et à Carpentras.

La cérémonie se termina par la bénédiction du Saint-Sacrement donnée par notre vénéré Supérieur.

« La chapelle était comble et ne pouvait contenir tous ceux qui auraient voulu assister à notre fête. On remarquait aux premiers rangs plusieurs parents de nos martyres;

ils étaient heureux et fiers de cette solennité qui les intéressait légitimement, car nos illustres devancières ont été l'honneur de leurs familles, comme elles ont été la gloire de notre Institut.

« Pour perpétuer la mémoire de cet heureux évènement, nous avons fait graver des images qui rappellent les noms de nos saintes martyres et la date de leur exécution. »

Parmi les 32 Religieuses guillotinées à Orange, 17 étaient natives de Bollène. Les habitants de cette ville ont voulu aussi honorer la mémoire de leurs compatriotes martyres. Ils ont célébré leur centenaire, le 18 juillet, le lendemain de la fête à laquelle ils avaient assisté au couvent du Saint-Sacrement. Ils se sont réunis dans la chapelle vénérée de Notre-Dame du Pont. » Avant la grand'messe, on a fait l'inauguration d'une grande plaque de marbre due aux souscriptions de la plupart des familles des religieuses martyres, et sur laquelle M. le chanoine de Camaret, curé de Bollène, et un des petits-neveux de quatre Religieuses victimes, les *sœurs Justamond*, a eu l'heureuse inspiration de faire graver les noms des 17 martyres natives de Bollène. Cette cérémonie fut aussi présidée par M. Charrasse, vicaire général, entouré de tout le clergé du canton.

« Le soir à 8 heures, il y eut un nouveau discours de M. le chanoine Grimaud, qui impressionna vivement l'assistance. » (La *Croix d'Avignon*, 22 juillet 1894.)

Ces fêtes du centenaire qui furent célébrées avec tant d'empressement et de solennité dans les villes d'Orange, de Carpentras et de Bollène, et dans les couvents des Ursulines et des Sacramentines, sont une manifestation éclatante du souvenir qu'on avait conservé des 32 Religieuses de Bollène, et de la croyance générale qui les a toujours regardées comme de glorieuses martyres.

CHAPITRE QUATORZIÈME

Les 32 Religieuses guillotinées à Orange
sont de vraies martyres

Ce que c'est que le Martyre

Le martyre dans le sens le plus strict, *c'est la mort infligée par le persécuteur, in odium fidei, en haine de la foi, de Dieu, de la religion, et soufferte volontiers par le martyr, pour la foi de Jésus-Christ, ou pour quelque autre acte de vertu se rapportant à Dieu.*

Par *religion ou foi de Jésus-Christ*, on entend l'Eglise Catholique, Apostolique et Romaine, sa hiérarchie, ses dogmes, sa morale, ses sacrements, son culte, ses droits, ses lois, ses institutions, le ministère sacerdotal et l'Etat religieux. Par *vertu chrétienne*, on entend toute bonne habitude et tout acte bon connexes à la doctrine, aux préceptes et aux conseils évangéliques, tels qu'ils sont proposés par l'Eglise, et spécialement les actes qui se rattachent aux vertus de foi, d'espérance, de charité, de religion, de justice.

Cette définition du martyre s'applique exactement aux 32 Religieuses qui furent guillotinées à Orange en 1794.

Benoît XIV (*de Beatificatione*, libro III, cap. XIII, n° 1) dit que « lorsqu'il s'agit de constater un martyre, il faut

15

discuter si le martyre a eu lieu. » c'est-à-dire si la mort a été infligée, « et quelle en a été la cause. » *Quando agitur de martyrio, disputandum an constet de Martyrio, et de Causa Martyrii.* Il est facile de prouver d'abord que

I. Nos 32 Religieuses ont souffert la mort

Elles ont été guillotinées par l'ordre de leurs persécuteurs, sur la place de la *Justice*, à Orange, du 6 au 26 juillet 1794. Toutes les Relations et tous les historiens parlent de leur mort. Elle est attestée par les procès-verbaux des jugements de la Commission populaire d'Orange, qui les condamna, et ordonna « que, dans les vingt-quatre heures, elles seraient livrées à l'exécuteur des jugements criminels (au bourreau), et mises à mort, sur la place de cette commune d'Orange appelée *Justice*. »

De plus, aux registres de l'État-civil à Orange, il y a *l'acte de décès* de chacune des 32 Religieuses, dans lequel l'officier de l'état-civil a écrit que, « En suite de l'envoi du jugement de la Commission populaire qui a condamné à la peine de mort X..., ex-religieuse insermentée, et la signification faite par X..., officier ministériel attaché à la dite commission, constatant que ladite religieuse a été exécutée le...., du courant, vers six heures du soir, sur la place de la *Justice* de cette commune, il a dressé le présent *Acte de décès.*

L'identité de chacune des 32 Religieuses guillotinées à Orange est constatée, par la concordance de ses noms, prénoms et âge qui sont les mêmes sur le procès-verbal de son jugement, sur son acte de décès, et sur les actes de son baptême, de sa vêture et de sa profession religieuse. Il est tout-à-fait certain que ces 32 Religieuses ont souffert la mort.

Mais dit saint Augustin: *Martyrem non pœna facit, sed causa*: ce n'est pas la peine, la mort infligée et soufferte qui fait le martyr; c'est la Cause, le motif pour lequel la mort a été infligée et soufferte. Car, ajoute-t-il, la peine est commune, est la même pour le voleur et pour le martyr: *Pœna enim latroni et martyri communis est.*

Celui qui administre le sacrement de baptême doit avoir l'intention de faire ce que fait l'Eglise, et celui qui le reçoit, s'il est adulte, pour en recevoir les effets, doit avoir les dispositions requises. De même pour le martyre qui est le baptême de sang, celui qui en est le ministre en infligeant la mort, et celui qui la reçoit doivent avoir l'intention que l'Eglise requiert pour produire le martyre.

II. Conditions requises de la part du persécuteur qui inflige la mort

Benoît XIV (*de Beatificatione*, libro III, cap. XI-XIX) a précisé ce que l'Eglise requiert du persécuteur qui inflige la mort, pour que cette mort soit un vrai Martyre.

« Deux personnes, dit-il, doivent intervenir au Martyre; le persécuteur ou tyran, et le martyr. [1] « Et quand il s'agit de constater un martyre, il faut savoir pour quel motif le tyran a infligé la mort, et pour quel motif le martyr l'a subie. Il faut que l'un et l'autre soient poussés par un motif capable et suffisant pour produire le martyre. [2]

---

1 *Martyrio duæ personæ debent intervenire hoc est persecutor seu Tyrannus* (Cap. XI, n° 1.)

2 *Quando agitur de Martyrio, inquiritur, quænam causa fuerit in Tyranno ut mortem infligeret, et quænam in Martyre, ut mortem obiret. Tùm mortem infligens, tùm eamdem subiens moveri debent à causâ, quæ sit apta et ad Martyrium sufficiens* (Cap. XIII, n° 1.)

Le motif qui doit pousser le tyran a infliger la mort, c'est la haine de la Foi, ou d'une *œuvre* bonne prescrite par la Foi du Christ. [1]

Toutes ces conditions du Martyre, requises par Benoît XIV, se trouvent réunies et accomplies, dans la persécution et la mort que subirent les 32 Religieuses guillotinées à Orange.

Elles furent persécutées, in odium Fidei, en haine de Foi.

Elles eurent à subir la persécution exercée en France contre la Religion, par l'Assemblée constituante, l'Assemblée législative et la Convention ; et ce fut au plus fort du règne de la Terreur, lorsque Robespierre était tout-puissant, qu'elles furent emprisonnées à Orange, où elles furent jugées, condamnées à mort et guillotinées.

1° Persécution exercée par les Assemblées Constituante et Législative.

L'assemblée Constituante était en majorité composée de philosophes, disciples de Voltaire et de Rousseau, de Jansénistes et de francs-maçons. Tous, les uns par leurs doctrines, les autres par l'application des lois qu'ils fabriquaient, s'efforçaient de détruire le pouvoir du Pape et la religion catholique. Ils abolirent d'abord l'ordre politique du clergé, et pour lui enlever son indépendance et mieux l'asservir, ils mirent tous ses biens à la disposition de la nation, c'est-à-dire qu'ils les confisquèrent. Ils décrétèrent, le 13 février 1790, « que la loi constitutionnelle ne recon-

---

1 *Causa requisita ex parte Tyranni debet esse odium in Fidem, vel in opus bonum prout a Fide Christi præscriptum.* (Cap. XII, n° 2).

naissait plus les vœux monastiques des religieux et des
religieuses, et que les Ordres et Congrégations dans les
quels on fait de pareils vœux étaient supprimés en France,
avec défense d'en établir de semblables à l'avenir. »

Ils s'arrogèrent le droit de réorganiser l'Eglise de France
à leur gré, et ils votèrent, le 12 juillet 1790, une loi
appelée *Constitution civile du clergé*, qui bouleversait et
détruisait tous les droits du Saint Siège et de l'Eglise, qui
devenait une institution humaine.

Les évêques, les curés et les ecclésiastiques en fonction
devaient prêter le serment de fidélité prescrit par ladite
Constitution civile, « et tous ceux qui, dans le délai fixé,
ne l'avaient pas prêté étaient reputés avoir renoncé à leur
office, et il était pourvu à leur remplacement, comme en
cas de vacance par démission. »

Les Evêques n'étaient plus nommés par le Pape, ni les
curés par les Evêques; ils étaient élus par le *corps électoral*,
le même qui nommait les membres de l'Assemblée nationale
et de l'Assemblée du département. C'était l'organisation du
schisme.

Ces lois et ces décrets de l'Assemblée nationale furent
vraiment inspirés par la haine de la religion et de la Foi.
Pie VI en condamnant, par son Bref du 13 avril 1791, la
Constitution civile du clergé, déclara que, dans plusieurs
de ses décrets, elle était *hérétique et schismatique*, et il
ajoutait qu'elle n'avait été conçue et publiée, que pour
détruire complètement la religion catholique.

Les auteurs de ces lois de persécution affectaient de ne
pas prononcer le mot de religion. Ce n'est pas la *religion*
qu'ils voulaient détruire, c'était la *superstition*, le *fanatisme*. Cependant plus d'une fois, ils ne purent s'empêcher
d'exprimer clairement ce qu'ils pensaient et ce qu'ils

voulaient. « Un de leurs chefs, l'impie Condorcet, espérant les plus beaux résultats de la Constitution civile du clergé, faisait ce dilemme : « Ou les prêtres prêteront le serment, ou non. S'ils le prêtent, il nous sera aisé de prouver qu'ils ont trahi leur foi, et vendu leur conscience ; s'ils le refusent nous les déclarons déchus de leurs places, et nous nommons des ministres à notre manière. Ainsi de quelque manière qu'ils se conduisent, nous *détruisons la religion catholique*. [1] Voilà nettement avoué le but des lois de persécution.

Mirabeau fut plus clairvoyant ; il disait au janséniste Camus, le principal auteur de la Constitution civile du clergé : « Votre détestable constitution détruira la nôtre ; ce serment que vous voulez imposer en sera le tombeau. » [2]

En effet, lorsque, le 4 janvier 1791, on demanda la prestation du serment aux ecclésiastiques, membres de l'Assemblée Constituante, sur 300 qu'ils étaient, 60 seulement prêtèrent le serment, tous les autres s'y refusèrent énergiquement. Dans toute la France, la grande majorité du clergé resta fidèle, et sur 135 Evêques, il n'y en eut que quatre qui prêtèrent serment. Mirabeau admira la fidélité et la fermeté des membres du clergé. « Nous avons pris leur argent, disait-il, mais ils ont conservé leur honneur ; » et dans son dépit contre les auteurs de la Constitution civile, il s'écriait : « Ils ont tout gâté avec leur serment. »

Mais l'entêté Camus et ses disciples jansénistes et révolutionnaires, ne pouvant plus dominer leur haine contre la religion, s'obstinèrent à faire mettre à exécution leur Constitution civile du clergé, et ce fut le point de départ

1 Mémoires de l'abbé d'Auribeau, tome 1, p. 441.
2 *Ibid.*

d'une persécution qui ira jusqu'aux derniers excès de la violence et de la cruauté.

On remplaça par des intrus jureurs les évêques et les curés, qui avaient refusé de prêter un serment schismatique, et, comme les fidèles en grande majorité avaient horreur des prêtres intrus, et ne voulaient recourir qu'au ministère des légitimes pasteurs insermentés, on se mit à les persécuter. Le décret des 20 et 28 juin 1791 ordonnait « aux accusateurs publics de poursuivre devant les tribunaux, les ecclésiastiques insermentés qui, depuis leur remplacement, ou la nomination de leurs successeurs, auront continué leurs fonctions publiques. »

L'Assemblée législative qui remplaça l'Assemblée constituante, le 1er octobre 1791, fut encore plus acharnée à persécuter la religion ; elle fit de nouvelles lois plus hostiles. Elle décréta le 29 novembre 1791, que, dans le délai de huit jours, tous les ecclésiastiques qui n'avaient pas prêté le serment, devaient le prêter, et le 27 mai 1792, elle fit une loi encore plus tyrannique qui avait pour but la destruction de la religion catholique, en se débarrassant, par la proscription et la déportation de tous les prêtres fidèles, qui refusaient de prêter un serment schismatique.

Après la chute de la royauté, au 10 août, la Commune de Paris tourna sa fureur contre les prêtres insermentés ; elle en fit arrêter un grand nombre ; et tous ceux qui refusaient de prêter le serment, étaient emprisonnés. On savait bien le sort qu'on leur réservait ; c'était les massacres du 2 septembre ; de sorte que le refus de prêter le serment était alors une *seconde confession de foi.*

Comme on ne pouvait plus prêter serment de fidélité au roi, qu'on venait de détrôner le 10 août, l'Assemblée législative décréta, le 14 août 1792, que la nouvelle formule du serment serait celle-ci : « *Je jure d'être fidèle à la nation, et de maintenir la liberté et l'égalité, ou de mourir en les défendant.*

Trois jours après, le 17 août, elle prescrivait l'évacuation des maisons occupées par des religieuses ou des religieux.

Le 18 août, elle abolissait et prohibait les costumes ecclésiastiques et religieux pour l'un et l'autre sexe.

Le 26 août, elle décrète que les prêtres insermentés devaient sortir de France dans le délai de 15 jours, sinon ils seraient déportés à la Guyane. C'était un moyen efficace pour les faire disparaître et abolir le culte catholique.

2° *Persécution exercée par la Convention.*

La Convention qui succéda à l'Assemblée législative, le 21 septembre 1792, donna à la persécution religieuse un caractère bien plus violent. Elle fit appliquer toutes les lois déjà votées, et spécialement celle du 17 août précédent, qui prescrivait de faire évacuer, le 1er octobre prochain, les maisons encore occupées par les religieuses, et de les mettre en vente.

Après avoir d'abord proclamé la République, elle voulut avant tout faire le procès du roi Louis XVI, qu'elle envoya à l'échafaud, le 21 janvier 1793. Pour accélérer le jugement de tous ceux qu'elle regardait comme contre-révolutionnaires, elle créa le 10 mars 1793, un tribunal criminel extraordinaire, qui jugeait sans appel, et reçut bientôt, avec des pouvoirs plus étendus, le nom de tribunal révolutionnaire.

Les membres de la Convention se divisèrent en plusieurs partis, qui se disputèrent le pouvoir et se firent une guerre acharnée. Les Jacobins qui étaient les plus violents, triomphèrent des Girondins, leurs adversaires; ils les firent mettre en arrestation, le 31 mai, et quand ils s'en furent débarrassés, en faisant guillotiner les derniers d'entre eux, le 31 octobre, ils furent les maîtres à la Convention et au Comité de Salut Public, et ils donnèrent un libre cours à leur haine contre la religion.

Ils votèrent, le 17 septembre 1793, la loi qui déclarait « *Suspects* tous ceux qui s'étaient montrés les ennemis de la liberté, et ordonnait aux Comités de surveillance d'en dresser la liste, et de décerner contre eux des mandats d'arrêt. »

Ils décrétèrent, le 21 octobre, que « tous les prêtres sujets à déportation, qui seront trouvés sur le territoire de la République, seront emprisonnés et jugés conformément à l'article 5, c'est-à-dire, « Seront dans les vingt-quatre heures, livrés à l'exécuteur des jugements criminels, après que les juges les auront déclarés convaincus d'avoir été sujets à la déportation. »

Jusqu'alors on n'avait pas demandé de serment aux Religieuses, mais par ses lois du 3 octobre et du 29 décembre, (9 nivôse) 1793, la Convention les y assujétit toutes, et ordonna que celles qui ne l'auraient pas prêté, dans le délai d'une décade, seraient regardées comme *Suspectes*, et traitées comme telles, c'est-à-dire emprisonnées et déférées aux tribunaux révolutionnaires.

Les Jacobins s'acharnaient contre les prêtres, les religieux et les religieuses, parce qu'ils voulaient déchristianiser la France. Ils avaient, par leur Comité de Salut public, installé au-dessus des pouvoirs délégués, réguliers et légaux, un pouvoir anonyme dont l'arbitraire était absolu. D'après Taine, (*Origines de la France contemporaine*, tome III) « Le jacobin enivré de lui-même s'érige en dictateur: dictature de quelques-uns, proscription de tous les autres: On est hors la loi, quand on est hors de la secte. La chose publique est à lui, et, à ses yeux la chose publique comprend toutes les choses privées : corps et biens, âmes et conscience, tout lui appartient. Il veut régner à tout prix. L'Eglise catholique lui apparaît comme une rivale ; on la déshonorera, on la désignera aux colères aveugles de la foule, comme l'asile de la superstition et du fanatisme, on s'attaquera à tout ce qui la manifeste ou la rappelle, on voudra la noyer dans le sang.... « Et pour atteindre les âmes, pour les pétrir à sa fantaisie, alors qu'elles sont encore molles, l'Etat se fera éducateur unique et commun, imposant à tous ses méthodes, sa pensée, sa conscience... Le jacobinisme aboutit à une religion laïque, la plus intransigeante qu'on puisse concevoir, la plus oppressive des consciences et aussi la plus effroyablement altérée de vies humaines, à la *religion du crocodile.* » [1]

1 Taine, dans ses *Origines de la France contemporaine*, tome III. *Le gouvernement révolutionnaire,* a rédigé le programme des Jacobins, d'après les lois qu'ils ont votées et l'acharnement avec lequel ils en ont poursuivi l'application. Voici le résumé de ce qu'il dit, pages 83 à 89, de leur lutte violente contre la Religion.

« Aux prises avec l'institut ecclésiastique, l'Assemblée Constituante, toujours timide, n'a su prendre que des demi-mesures; elle a entamé l'écorce, elle n'a osé porter la hache jusque dans l'épaisseur du tronc. Confiscation des biens du clergé, dissolution des ordres religieux, répression de l'autorité du Pape, à cela se réduit son œuvre; elle a voulu établir une Eglise nouvelle et transformer les prêtres en fonctionnaires assermentés de l'Etat, rien de plus, comme si le catholicisme, même administratif, cessait d'être le catholicisme... On n'a pas détruit la vieille officine, on en a patenté une autre, en sorte qu'au lieu d'une, on en a deux... Voilà justement ce que nous ne pouvons tolérer.

Comme on ne détruit bien que ce que l'on remplace,
les jacobins tentèrent, sans y réussir, de mettre à la place
de la religion et du culte chrétien, un culte païen, une

« Nous avons à garder les apparences, et, en parole, nous décrète-
rons de nouveau, la liberté des cultes. Mais en fait et en pratique,
nous détruirons l'officine, il n'y aura plus de culte catholique en
France, pas un baptême, pas une confession, pas un mariage, pas une
extrême-onction, pas une messe ; nul ne fera ou n'écoutera un sermon;
personne n'administrera ou ne recevra un sacrement, sauf en cachette,
et avec l'échafaud ou la prison pour perspective.

« Nous procéderons par ordre. Pour l'église qui se dit orthodoxe,
point d'embarras : ses membres, ayant refusé le serment, sont hors la
loi; ils ont perdu leur qualité de citoyens... il suffit de les frapper comme
rebelles. A ce titre, nous avons déjà banni de France les ecclésiastiques
insermentés, environ 40.000 prêtres, et nous déportons tous ceux qui
n'ont pas franchi la frontière, dans le délai fixé; nous ne souffrons sur
le sol français que les sexagénaires et les infirmes, et encore à l'état
de détenus et de reclus; peine de mort contre eux, s'ils ne viennent
pas s'entasser dans la prison de leur chef-lieu ; peine de mort contre
les bannis qui rentrent; peine de mort contre les recéleurs de prêtres.
Faute de clergé orthodoxe, il n'y aura plus de culte orthodoxe:

« Nous poursuivons non seulement les pasteurs, mais encore les
fanatiques du troupeau; s'ils ne sont pas les auteurs de la rebellion
ecclésiastique, ils en sont les fauteurs et les complices. Or, grâce au
schisme, nous les connaissons d'avance, et, dans chaque commune,
leur liste est faite. Nous appelons *fanatiques* tous ceux qui repoussent
le ministère du prêtre assermenté, les religieuses qui ne se confessent
pas à lui, les paysans qui ne vont pas à sa messe... Tous ces gens là,
hommes ou femmes, sont séditieux et partant, *suspects*. Nous les inter-
nons chez eux, nous les emprisonnons par milliers, nous les guilloti-
nons par centaines. Peu à peu on renoncera à pratiquer un culte
impraticable.

« Nous n'aurons besoin que d'une poussée pour abattre l'Eglise
constitutionnelle. Nous discréditerons ses prêtres, nous leur interdirons
le costume ecclésiastique, nous les obligerons par décret à bénir le
mariage de leurs confrères apostats; nous emploierons la terreur et la
prison, pour les contraindre à se marier eux-mêmes; nous ne leur
donnerons point de répit qu'ils ne soient rentrés dans la vie civile,

Religion naturelle prônée par Rousseau et les encyclopédistes. Le 10 août 1793, ils firent un essai du culte de la *Nature*. La fête fut présidée par Hérault de Séchelles, au nom de la Convention; mais elle avait laissé indifférente l'âme du peuple, qui restait attaché aux cérémonies et aux fêtes du christianisme. Les jacobins comprirent que leur entreprise échouerait, tant que le culte catholique subsisterait, et, comme les ennemis du peuple de Dieu, dont parle le Psalmiste, ils se dirent que, pour établir leur nouveau culte, ils devaient d'abord « faire cesser de dessus la terre tous les jours de fêtes de Dieu : *Dixerunt in corde suo: quiescere faciamus omnes festos Dei a terra.* » (Psaume 73.)

Ils se mirent à l'œuvre : par le décret du 24 octobre 1793, ils supprimèrent le calendrier Grégorien, et ils inventèrent un calendrier républicain, qui faisait table rase de tous les usages, de toutes les institutions du culte catholique : toutes les fêtes étaient abolies, le dimanche était remplacé par le décadi, les noms des saints par ceux des plantes, des animaux. Ceux qui observaient le repos du dimanche

quelques-uns en se déclarant imposteurs, plusieurs en remettant leurs lettres de prêtrise, le plus grand nombre en se démettant de leurs places. Privé de conducteurs, le troupeau catholique se laissera aisément mener hors de la bergerie, et pour lui ôter la tentation d'y rentrer, nous démolirons le vieil enclos. Dans les communes où nous sommes maîtres, nous ferons demander par les Jacobins du lieu l'abolition du culte, et nous l'abolirons d'autorité, dans les autres communes, par nos représentants en mission. Nous fermerons les églises, nous fondrons les cloches, nous briserons les saints, nous profanerons les reliques; nous prescrirons le repos du décadi et le travail du dimanche; nous proscrirons tous les cultes,.. Toute religion positive est une maîtresse d'erreur... C'est la catholique qui est la pire, la plus opposée à l'institution démocratique, puisque chez elle les pouvoirs se délèguent de haut en bas. C'est donc sur elle qu'il faut s'acharner. »

et travaillaient le jour du décadi, étaient regardés comme fanatiques, *suspects* et punis comme tels.

C'était l'oubli complet de Dieu, la glorification de la Nature, un véritable paganisme. Chaumette proposa alors le culte de la déesse Raison, et la Convention décréta, le 10 novembre, sur la demande des citoyens de Paris, que l'Eglise métropolitaine (de Notre-Dame) était désormais le temple de la Raison. C'est là que Chaumette inaugura le culte dont il était l'inventeur, et après la cérémonie, il disait dans sa harangue à la Convention : « Nous n'avons pas offert nos sacrifices à de vaines images, à des idoles inanimées. Non, c'est un chef-d'œuvre de la Nature (une actrice de l'Opéra) que nous avons choisi pour la représenter. »

Ne voulant plus d'autre culte que celui de la déesse Raison, trois jours après l'avoir inauguré, la Convention fit plusieurs décrets en faveur des prêtres constitutionnels qui apostasiaient et se mariaient. Elle décrétait, le 20 novembre, que « les ministres du culte catholique, qui sont actuellement mariés, ou qui auront réglé les conditions de leur mariage, ne seront pas assujéttis à la déportation ou à la réclusion, quoique ils n'aient pas prêté le serment prescrit. »

Elle invita les ministres du culte constitutionnel à abdiquer leurs fonctions; elle décréta, le 13 novembre, que: « Toutes les autorités constituées sont autorisées à recevoir, des ecclésiastiques ministres de tout culte, la déclaration qu'ils abdiquent leur qualité. Les listes de ces déclarations seront envoyées tous les quinze jours au Comité d'Instruction publique. »

Les prêtres constitutionnels s'empressèrent de répondre à cette invitation; ils abdiquèrent leurs fonctions, plusieurs livrèrent leurs lettres de prêtrises, et se marièrent. D'ailleurs la Convention les mettait dans l'impossibilité de continuer leur ministère. Elle leur enlevait leurs ressources, et les expulsait de leurs presbytères et de leurs églises. Par son décret du 4 novembre, elle avait déclaré que « l'actif affecté aux fabriques et à l'acquit des fondations était propriété nationale; » et le 16 novembre, elle décrétait que « les presbytères et paroisses, situés dans les communes qui *auront renoncé au culte public*, seront destinés au soulagement de l'humanité souffrante et à l'instruction publique.

Les municipalités jacobines profitèrent avec avidité de l'autorisation, qui leur était donnée de supprimer le culte, et de s'emparer des édifices qui lui étaient consacrés. La Commune de Paris s'empressa de prendre, le 23 novembre, un arrêté pour faire fermer toutes les églises. Son exemple fut suivi en France; on s'empara des églises, mais l'humanité souffrante et l'instruction publique, qui n'était pas brillante alors, n'en tirèrent pas grand profit. On renversa les croix, on brisa les cloches, on brûla les ornements religieux, et les statues des saints, et, des églises pillées, saccagées, on ne sut faire que des entrepôts, des greniers à foin, ou des clubs, des lieux de réunion pour les Jacobins et les partisans du culte de la déesse Raison.

Ainsi les Jacobins s'étaient emparés des églises, et par la loi des *Suspects*, par celle du 21 octobre qui punissait de mort tout prêtre sujet à la déportation et saisi en France, et par la loi du 9 nivose, 29 décembre suivant, qui déclarait *Suspectes* toutes les religieuses qui n'avaient pas prêté le serment prescrit, ils avaient livré aux tribunaux révolutionnaires et à toute la rigueur des lois, les prêtres, les religieux, les religieuses et tous ceux qui, même des conditions les plus modestes, restaient fidèles à leurs devoirs de catholiques. Pouvaient-ils être plus évidemment persécuteurs? Non seulement ils persécutaient la religion chrétienne, ils voulaient l'abolir, et ils allaient sévir avec plus de fureur et de sanglante atrocité, sous le régime de la Terreur, sous le règne de Robespierre.

5° Persécution exercée par Robespierre

La Convention était dominée par le Comité de Salut public, dont les principaux membres: Robespierre, Couthon, Saint-Just... étaient les vrais souverains et donnaient la direction d'ensemble. A Paris, ils avaient le Comité de sûreté générale et le Tribunal révolutionnaire à leur disposition, pour mettre à exécution toutes les lois qu'ils faisaient voter à la Convention, et envoyer à la guillotine toutes les victimes qu'ils désignaient. Dans les départements, ils avaient envoyé des agents nationaux, qui étaient leurs délégués permanents, auprès de chaque district, pour mettre à exécution leurs arrêtés, et leur en rendre compte. Par le décret du 21 mars 1792, ils avaient établi dans chaque ville et gros bourg, des Comités révolutionnaires et de surveillance, chargés de dresser les listes des *suspects*, de les dénoncer et de les faire emprisonner, et pourtant, ils n'étaient pas satisfaits, ils trouvaient que : « leur machine administrative ne fonctionnait qu'à demi, et que son action n'était ni assez directe, ni assez universelle, ni assez forte. « Vous êtes trop loin de tous les attentats, disait Saint-Just; il faut que le règne de la loi se promène partout avec rapidité. — Chez tous les agents du gouvernement, ajoutait Billaud-Varennes, l'apathie est égale. » [1]

1 Taine, *La Révolution*, tome III, page 62.

En effet, dans le département de Vaucluse, où les populations restaient fidèles à la religion, on ne se pressait pas de leur appliquer la rigueur de toutes les lois. A Bollène, on avait confisqué les biens des religieuses, et pour mettre en vente leurs meubles, leurs monastères, on les avait obligées d'en sortir; mais on les avait respectées, et on leur avait laissé la liberté de se réunir, pour vivre en communauté, et continuer les exercices de leur vie religieuse. Le 21 octobre 1793, la municipalité délibéra que « dans la huitaine, toutes les religieuses étrangères valides, qui sont dans les maisons à Bollène, auront à évacuer le pays. » Mais cette mesure ne fut appliquée qu'à la Rév. Mère de Lafare, Supérieure des sacramentines, dont on redoutait l'influence, et on laissa tranquilles les autres religieuses étrangères; on ne songeait pas à leur demander la prestation du serment, lorsque la loi du 9 nivose y eut assujéti toutes les religieuses.

Pour stimuler l'activité de tous ses agents révolutionnaires, le Comité de Salut public choisit les plus farouches et plus sanguinaires représentants du peuple, et les envoya en mission dans les départements. C'étaient de vrais proconsuls ambulants, armés de pouvoirs illimités, pour frapper sans merci les adversaires de la république, et avec plus de fureur les prêtres, les catholiques fidèles et les religieuses.

Avignon n'eut rien à envier à Nantes et à Arras, qui eurent Carrier et Lebas pour proconsuls. Robespierre lui envoya Maignet. Il avait fait ses preuves à Lyon sous les ordres de Couthon qui, devenu un des membres les plus influents du Comité de Salut public, était resté son ami. Il arriva, au milieu du mois de février 1794, plein d'ardeur pour remplir la mission qui lui était confiée, et se conformer aux instructions qu'il avait reçues du terrible Comité de Paris. Il trouva trop modérés les comités locaux de surveillance, et il en fit nommer d'autres plus violents. Le tribunal criminel d'Avignon, en six mois, n'avait condamné à mort que quarante-sept prisonniers, dont dix-sept étaient prêtres, et il voulait en faire guillotiner des milliers. Il commença par mettre en mouvement ses comités de surveillance, chargés de dresser les listes des *Suspects*, et de les faire emprisonner; il leur signala d'abord les Religieuses; il leur faisait écrire, le 12 avril, par les agents nationaux, « que la loi du 9 nivose, 29 décembre 1793, assujétissait toutes les religieuses à prêter, dans la décade de la publication de cette loi, le serment de *Liberté-Egalité*; que celles qui n'auront point satisfait à cette obligation seront regardées comme *Suspectes* et traitées comme telles.

« Qu'il y avait déjà plus de quatre décades, depuis la promulgation de cette loi, et que par conséquent on aurait dû s'assurer de la personne de toutes les religieuses qui n'ont pas prêté ce serment.

« Si vous ne l'avez pas fait, ajoutait l'agent national Le Go, je vous requiers de consulter les registres de la municipalité, et de faire mettre sur le champ en arrestation et conduire, à la maison de détention du chef-lieu du district, toutes celles qui seraient dans ce cas. »

La Municipalité et le Comité de surveillance de Bollène reçurent une semblable réquisition, qui les fit sortir de leur torpeur.

Sans retard, on s'occupa vivement des Religieuses, qn'on avait laissées tranquilles jusqu'alors. Deux fois la municipalité leur signifia la loi qui leur prescrivait le serment. Elles refusèrent toutes de le prêter. Constatant ce double refus, le Comité de surveillance, dans sa séance du 17 avril, considérant « que les quarante religieuses, qui sont dans leur ville, empêchent par leur *fanatisme* les progrès de la révolution dans l'esprit et le cœur de la majeure partie de leurs concitoyens, délibéra que toutes ces ci-devant religieuses seraient mises en *état d'arrestation*, dans la maison qu'elles habitent respectivement, jusqu'à ce que le Comité ait fixé le jour de leur traduction à Orange, pour être renfermées dans la maison nationale, que le district y a fait préparer pour recevoir les personnes *Suspectes*.

Le Comité de surveillance s'empressa de rédiger les mandats d'arrêt, qu'il fit signifier aux religieuses, le 22 avril, mardi de Pâques; et le 2 mai, il en fit transférer 29 dans la prison de la Cure, à Orange; les autres étant malades, n'y furent conduites que le 15 juillet. '

Quoique il n'y eut pas de tribunal à Orange, c'est dans les prisons de cette ville, dont il fallut augmenter le nombre, que Maignet faisait transférer les *Suspects* et *Suspectes*, mis en arrestation par les Comités de surveillance. Le tribunal criminel d'Avignon, ne lui suffisait pas; il lui en fallait un plus expéditif pour condamner à mort les milliers de suspects, dont il voulait faire trancher les têtes, et c'est à Orange qu'il voulait faire établir ce tribunal extraordinaire. Depuis le 4 floréal, 23 avril, il était en instance pour l'obtenir. Il avait chargé son secrétaire Lavigne de porter sa demande à Paris, à son ami Couthon, qui avec Robespierre et Saint-Just formaient au Comité de Salut public, une sorte de *triumvirat* omnipotent. Tous ses désirs furent bientôt satisfaits: Le Comité de Salut public lui fit transmettre, avec ordre de le mettre à exécution, son Arrêté du 24 floréal, par lequel il établissait à Orange « une *Commission populaire* composée de cinq membres pour juger les ennemis de la révolution qui

seront trouvés dans les pays environnants et particulièrement dans les départements de Vaucluse et des Bouches-
du-Rhône, » et nommait les cinq membres qui composaient
ce tribunal. C'étaient précisément ceux que Maignet avait
fait proposer à Robespierre, par Payan administrateur du
département de la Drôme.

Le Comité de Salut public donna à ces juges des
pouvoirs encore plus étendus, que ceux qu'on avait attribués
au tribunal révolutionnaire de Paris ; il leur disait dans
l'*Instruction* écrite par Robespierre, qu'il leur adressa, le
29 floréal (18 mai) :

« Les membres de la Commission populaire établie à
Orange, sont nommés pour juger les ennemis de la
Révolution.

« Les ennemis de la Révolution sont tous ceux qui par
quelque moyen que ce soit, et par quelques dehors qu'ils
soient couverts, ont cherché à contrarier la marche de la
révolution, et à empêcher l'affermissement de la république.

« La *peine* due à ce crime *est la mort*. La preuve requise
pour la condamnation sont (*sic*) tous les renseignements
de quelque nature qu'ils soient, qui peuvent convaincre un
homme raisonnable et ami de la liberté.

« La règle des jugements est la conscience des juges,
éclairés par l'amour de la justice et de la patrie.

« Leur but, le salut public et la ruine des ennemis de la
patrie..... »

Au tribunal révolutionnaire de Paris, il y avait un jury et
des défenseurs ; il n'y en avait point à la Commission populaire d'Orange ; il y avait un président et quatre juges qui
n'étaient plus astreints à aucunes formalités judiciaires ;
pour prononcer leurs sentences de mort, même pour des

actes que jusqu'alors les lois existantes ne punissaient que de la prison; *ils n'avaient à suivre d'autres règles que leur conscience,* et quelle conscience! Elle n'avait pas horreur du sang, mais elle abhorrait toute croyance et pratique religieuse.

C'est Robespierre qui avait inventé et écrit ce code pénal, qui n'était encore que l'expression de sa volonté privée et omnipotente, mais qu'il saura bientôt faire voter par la Convention, et en faire la loi du 22 prairial qui sera la première qui fut insérée au Bulletin des lois.

Robespierre voulait tout dominer. « Son règne commença à l'institution du tribunal révolutionnaire et du Comité de Salut public. Le jour où il entra dans ce Comité il eut à sa disposition l'instrument de gouvernement qui lui permit d'imposer à toute la France, la dictature jacobine. Il y forma avec ses deux séides: Couthon « son audace » et Saint-Just « sa pensée » ce *triumvirat* des gens de haute main, qui s'attribua la direction de la politique révolutionnaire, les grands décrets de proscription et de massacre » [1]

Par la loi des *suspects*, il fit régner la Terreur; par les décrets des 18 mars, 23 avril, 21 octobre, et du 9 nivose 1793, qui se complètent l'un l'autre, il combina « une pénalité savante et implacable pour qu'aucune vie de prêtre et de religieuse ne pût échapper à travers les mailles de la loi. Pour mettre à exécution ces décrets arrachés à la Convention, il se servit à Paris du Comité de Sûreté générale et du Tribunal révolutionnaire, et il envoya dans les départements « des Commissaires dont la haine religieuse ne fut surpassée que par l'héroïsme de

1 J. Brugerette, *Le Club des Jacobins,* page 57.

leurs victimes. La déchristianisation de la France fut son œuvre. C'est le fanatisme jacobin qui fit le vide dans les rangs du clergé, et amena la suspension presque complète du culte catholique, et la déchéance officielle du Dieu des chrétiens, que la déesse Raison chassa triomphante de ses temples. » [1]

Détruire la religion catholique, c'était la pensée dominante des jacobins et surtout de Robespierre. Il était plus que tout autre imbu des idées de Rousseau sur la religion naturelle, et il voulait les mettre en pratique.

« On peut dire qu'en religion comme en politique, Rousseau a gouverné avec Robespierre. Il n'y a pas seulement dans Rousseau toute une théorie sur la religion naturelle, on y découvre encore l'exposé d'un culte national. Dans la *Profession de foi du vicaire savoyard*, il dit que le culte extérieur doit être uniforme pour le bon ordre, et que c'est là une affaire de police. De même dans le *Contrat social*, il réclame une « profession de foi civile qui, au fond, n'est autre chose qu'une religion d'Etat. Il y a, dit-il, une profession de foi, dont il appartient au Souverain de fixer les articles, non pas précisément comme dogmes de religion, mais comme sentiments de sociabilité, sans lesquels, il est impossible d'être bon citoyen et sujet fidèle. » [2]

Les jacobins voulaient bien tous établir une nouvelle religion et un nouveau culte, mais ils ne purent s'entendre sur les articles de foi de leur symbole. On fit, le 10 août 1793, un essai tout païen d'un culte de la *Nature*; Chaumette proposa, fit adopter, et inaugura, dans l'église de Notre-Dame à Paris, le culte de la déesse Raison, représentée par une

1 J. Brugerette, *Le Club des Jacobins*, page 58.
2 Brugerette, *Les Créations religieuses de la Révolution*, page 12.

actrice de l'Opéra. Aucun de ces deux cultes ne put satisfaire Robespierre. Il était, *lui aussi*, spiritualiste, et il voulait pour réaliser les idées qu'il avait puisées dans Rousseau, une *religion d'Etat* avec une *profession de foi*, dont il n'appartenait qu'à lui, qui se croyait le souverain maître de la France, de fixer les articles. Il regarda Hébert et Chaumette comme des rivaux, dont il devait se débarrasser; il les déféra au tribunal révolutionnaire, qui les condamna et les fit décapiter, le 24 mars 1794. Danton aussi contrariait ses desseins, il l'accusa ainsi que ses partisans, d'avoir conspiré, et il les envoya à l'échafaud, le 5 avril suivant.

Alors Robespierre crut avoir le champ libre pour établir sa religion d'Etat, et en promulguer les dogmes. Le 18 floréal, 7 mai 1794, il fit un rapport *sur les idées morales et religieuses dans leur rapport avec les principes républicains*, et il fit porter ce décret: « Le peuple français reconnaît l'existence de l'Etre suprême et de l'immortalité de l'âme. »

Le 20 prairial, 8 juin 1794, il célébra aux Tuileries la première fête de l'*Etre suprême* dont il se constitua le grand-prêtre. « En grand costume de représentant, tenant dans la main un bouquet d'épis et de fleurs; il marche le premier en tête de la Convention, et sur l'estrade, il officie, il met le feu au voile de l'idole qui représente l'athéisme, et à sa place, tout d'un coup, il fait apparaître l'auguste statue de la Sagesse. » [1]

« Il monte à la tribune, et la première parole qu'il adresse aux cent mille hommes qui l'entourent, c'est que ce jour à jamais fortuné est consacré à l'Etre suprême. » [2]

---

1 Taine, tome III, *Les Gouvernants*, p. p. 216.
2 Brugerette, *Les Créations religieuses*, p. 44.

« Là-dessus il parle, puis il reparle, exhortant, apostrophant, prêchant, élevant son âme à l'Etre suprême,.... Mais derrière lui, l'impatience et l'antipathie se sont fait jour; Lecointre l'a bravé en face: des murmures, des injures, et ce qui pis est, des sarcasmes sont arrivés à ses oreilles. En pareil jour, et en pareil lieu ! Contre le pontife de la vérité, contre l'apôtre de la vertu! Comment les mécréants ont-ils osé?

« Silencieux, blême, il avale sa rage, il se précipite, les yeux clos, dans la voie du meurtre: coûte que coûte, les mécréants périront, tout de suite. Et comme au Comité de Salut public, jusqu'à ce moment, tout s'est fait de confiance, seul avec Couthon, sans prévenir ses collègues, il rédige, apporte, et fait voter par la Convention, la terrible loi du 22 prairial, 10 juin, qui met à sa disposition toutes les vies. » [1]

Cette loi conférait au tribunal révolutionnaire de Paris tous les pouvoirs exorbitants que, le 18 mai précédent, Robespierre avait donnés aux juges de la Commission populaire d'Orange, dans l'*Instruction* qu'il avait écrite pour eux, et qu'il leur avait fait adresser, après l'avoir fait signer par trois membres du Comité de Salut public: Carnot, Billaud-Varenne et Couthon.

« La loi du 22 prairial, dit M. J. Brugerette (*Le Club des Jacobins*, p. 61) est un vrai code de l'assassinat légal qui ôtait aux accusés leurs avocats, supprimait l'audition des témoins, remplaçait les preuves matérielles par les preuves morales, et punissait de mort quiconque faisait une opposition quelconque au gouvernement. Avant cette loi du 22 prairial, pendant treize mois, il y avait eu (à Paris) 1220 exécutions. Après cette loi, en quarante-neuf jours, il y en eut 1376. »

[1] Taine, tome III, p. 217.

Dans le département de Vaucluse, avant l'établissement de la Commission populaire d'Orange, le tribunal criminel d'Avignon avait prononcé 47 sentences de mort, dont 17 contre des prêtres ou des religieux; à Orange, on ne montra pas moins d'ardeur qu'à Paris, pour se conformer aux instructions de Robespierre; en 47 jours la commission populaire envoya à l'échafaud 332 victimes, parmi lesquelles il y eut 36 ecclésiastiques, et 32 religieuses, lesquelles furent guillotinées du 6 au 26 juillet. A la même époque, les 16 carmélites de Compiègne eurent la tête tranchée, le 17 juillet, à Paris.

« Dans sa hâte cauteleuse et maladroite, Robespierre avait demandé trop. Chacun s'alarma pour soi-même; il fut forcé de reculer, de protester qu'on l'avait mal compris; il parla de rengainer le couteau qu'il mettait déjà sur la gorge de ses adversaires. Mais il ne l'a pas lâché,.... il simule la retraite, il feint de s'abstenir, et d'abandonner ses fonctions de membre du Comité de Salut public. Mais renfermé dans son bureau particulier de police secrète, il commande des arrestations, il lance Herman son limier en chef:..... » [1]

« A la fin, la peur arma le bras, qui devait frapper l'homme qui avait organisé le règne de la peur. La peur donna du courage à ceux, dont la peur avait courbé les fronts. Et ce fut en retournant contre Robespierre les moyens, qui avaient permis à Robespierre d'établir son pouvoir personnel, qu'on se débarrassa du dictateur.

« A son tour, Robespierre fut accusé « de royaliser » et l'accusation porta. » [2]

1 Taine, tome III, p. 218.
2 Brugerette, *Le Club des Jacobins*, p. 61.

Le 9 thermidor, 27 juillet 1794, la Convention le déclara hors la loi, ainsi que plusieurs de ses partisans, Couthon, Saint-Just... et le fit guillotiner, le lendemain.

A l'Assemblée Constituante et à la Convention, Robespierre avait bien montré qu'il voulait détruire la religion catholique et la remplacer par une religion d'Etat. Il avait participé à toutes les mesures qui tendaient à ce but, et il finit par en être l'auteur principal. C'est pour détruire la religion qu'il vota la proscription et la peine de mort contre les prêtres, la loi du 9 nivôse qui rangeait les religieuses insermentées au nombre des *Suspects* et les soumettait à toutes ses conséquences. Il voulut établir une religion d'Etat avec le culte de l'Etre Suprême, il regarda comme incapables « *d'être bons citoyens et sujets fidèles* » les prêtres, les religieuses, les catholiques fidèles qui ne pratiquaient pas le culte et la religion, dont il avait formulé la courte profession de foi. Dans son *Instruction* aux juges d'Orange et sa loi du 22 prairial, il les mit au nombre de ceux qui commettaient le crime *d'empêcher la marche de la Révolution et d'en être les ennemis;* il promulgua contre les coupables de ce crime la peine de mort, et en la leur faisant appliquer, il les fit bien tuer pour détruire la religion, *in odium fidei.*

Ses agents dans le département de Vaucluse, partageaient tous ses sentiments et exécutaient fidèlement ses ordres.

4º Persécution exercée contre les Religieuses par les agents de Robespierre, à Bollène et à Orange

Les Religieuses furent mises en arrestation à Bollène, le 22 avril, et incarcérées, le 2 mai, à Orange, où, du

6 juillet au 26 du même mois, 32 d'entre elles furent jugées, condamnées à mort et guillotinées.

Cette persécution fut exercée par les ordres et par les agents de Robespierre, alors omnipotent.

C'est lui qui avait choisi le représentant Maignet, son affidé et l'ami de Couthon, lui avait donné ses instructions, et l'avait envoyé en mission dans le département de Vaucluse; et Maignet se montrait un des plus zélés pour remplir tous ses désirs. Il faisait remplir de *Suspects* et de *Suspectes* les prisons d'Orange. C'est par ses ordres que le Comité de surveillance de Bollène mit en arrestation et fit emprisonner à Orange quarante-deux religieuses uniquement, disait-il dans sa délibération, parce que, « par leur *fanatisme elles empêchaient les progrès de la révolution* dans l'esprit et le cœur de la majorité de leurs concitoyens, et que deux fois elles avaient refusé de *prêter le serment* prescrit par la loi, ce qui était une preuve bien authentique de leur incivisme et de leur haine pour la révolution. » C'était donc en haine de leur religion, de leur fidélité à leurs devoirs, qu'on les persécutait, et qu'on les emprisonnait.

C'est au Comité de Salut public que Robespierre avait décrété l'établissement d'un tribunal révolutionnaire à Orange, et avait chargé Maignet de mettre ce décret à exécution; et celui-ci s'empressait de venir installer les juges de la Commission populaire d'Orange, ne cessait d'activer leurs travaux, et se plaisait à venir assister, sur la place de la *Justice*, à l'exécution de leurs sentences de mort. C'est à Robespierre que furent proposés les noms des citoyens, étrangers au département de Vaucluse, que l'on croyait capables de bien remplir les fonctions de juges de ce tribunal révolutionnaire. Il les choisit et leur donna pour président Fauvety, qui avait fait son apprentissage au tribunal de Paris, où étant membre du jury, il avait vu comment Fouquier-Tinville prononçait ses réquisitoires, et comment les juges expédiaient leurs jugements.

Parmi les 332 victimes que les juges d'Orange firent guillotiner, il y en eut un certain nombre qui furent accusées de fédéralisme, d'avoir conspiré et porté les armes contre la République, et condamnées pour ces motifs. Mais on ne put porter aucune de ces accusations contre les religieuses. Viot, l'accusateur public, ne les accusa que d'être *fanatiques, d'avoir propagé le fanatisme, d'avoir concouru, par les moyens du fanatisme, à entraver la marche du gouvernement révolutionnaire, de se déclarer ainsi les ennemies de la République, d'être rebelles réfractaires à la loi qui leur prescrit le serment;* et c'est pour ces mêmes motifs que les juges les condamnèrent à mort et les firent guillotiner. Or ces motifs indiquent bien que l'accusateur et les juges n'étaient poussés que par leur haine de la Religion, et qu'à l'exclusion de toute cause politique, ils agissaient *in odium Fidei.*

PREMIER MOTIF. Les Religieuses sont fanatiques

Les législateurs de la Convention, les Membres du Comité de Salut public, leurs délégués, les accusateurs et les juges des tribunaux révolutionnaires, évitaient avec soin de prononcer le mot de Religion; ils s'acharnaient à la détruire et à la remplacer, par une religion d'Etat, par le culte de la déesse Raison, ou de l'Etre Suprême, mais ils ne l'appelaient que le *Fanatisme* et la *Superstition.* Tous les historiens amis et ennemis en conviennent. La Harpe le démontre dans une brochure qu'il publia, en 1797,

sous ce titre : *Du fanatisme dans la langue révolutionnaire*.
« Le fanatisme, dit-il, est la croyance à une religion quelconque : l'attachement à la foi de ses pères, la conviction de la nécessité d'un culte public, l'observation de ses cérémonies... Voilà le Fanatisme ! quiconque en est atteint est un ennemi public et doit être exterminé, pag. 9.

« Le mot de religion est effacé de la langue française, au moins de celle qui est *philosophique* et *républicaine*, et remplacé par celui de *Fanatisme* — p. 55. La moindre marque d'une pratique religieuse était un crime capital — p. 57. — Quiconque observait le dimanche était un *fanatique*. Les tribunaux avaient une telle habitude de faire de ce mot de *Fanatisme* un titre de condamnation légal, que cent mille procès-verbaux de détention ne portent que ces mots : *prévenu de Fanatisme, soupçonné de fanatisme*, et si vous voulez une preuve incontestable, que ce mot ne signifiait rien autre chose que la profession du christianisme, lisez les listes imprimées des détenus, listes signées par le Comité de Salut public, vous verrez une foule de détenus hommes, femmes, filles, condamnés à la déportation, comme *entachés de fanatisme, voyant des prêtres, recevant des prêtres*, sans qu'il y ait jamais aucune autre espèce de délit. »

Plus d'une fois les jacobins eux-mêmes reconnurent que par *Fanatisme*, ils entendaient la pratique de la religion catholique. Une des Carmélites de Compiègne qui furent condamnées et guillotinées, à Paris, le 17 juillet 1794, la *sœur Marie-Henriette*, s'entendant accuser de *Fanatisme*, demanda à l'accusateur ce qu'il entendait par ce mot. Fouquier-Tinville lui répondit d'abord, en vomissant un torrent d'injures ; il finit cependant par lui dire : Par *Fanatisme*, j'entends votre attachement à des croyances puériles, vos sottes pratiques de religion.

En faisant mourir les Religieuses parce qu'elles étaient *fanatiques*, Robespierre et ses agents étaient donc poussés par la haine de la Foi et de la religion catholique, puisque d'après leurs aveux, être *fanatique* c'était pratiquer la Religion catholique, croire ce qu'elle enseigne, faire ce qu'elle ordonne, éviter ce qu'elle défend.

SECOND MOTIF. Par leur fanatisme, les Religieuses ont entravé la marche du gouvernement révolutionnaire, et elles sont les ennemies de la République.

En portant contre les 32 religieuses cette accusation: *d'entraver la marche de la Révolution, d'être les ennemies de la République*, l'accusateur Viot ne donna pour preuve de ce crime que leur *fanatisme*; jamais il ne put relever contre elles aucun motif politique, aucun fait de révolte, de conspiration, de fédéralisme.

A la séance du 26 juillet, dans laquelle furent jugées les neuf dernières religieuses qui comparurent devant la Commission populaire, le président Fauvety interrogeant la Sœur converse *Madeleine Talieu*, qui refusait de prêter serment, lui demanda: Aimes-tu le roi? — et d'une voix forte, elle répondit trois fois: « J'aime mon prochain, j'aime mon prochain, j'aime mon prochain. » Les juges n'insistèrent pas; ils comprirent et ils savaient bien que ces religieuses ne s'occupaient pas de politique, et que cette accusation d'être les ennemies de la République, d'en entraver la marche, n'était qu'un prétexte pour couvrir et motiver la haine qu'ils avaient du *fanatisme*, c'est-à-dire de la fidélité aux devoirs de la religion catholique et de la vie religieuse.

Quand même ils n'auraient pas avoué, que les 32 Religieuses, qu'ils firent mourir, n'étaient ennemies de la

révolution que parce qu'elles restaient fidèles catholiques
et religieuses, cette accusation n'étant appuyée par aucune
preuve, ne serait qu'un prétexte de la haine bien connue
des juges contre la religion, et n'empêcherait pas de
reconnaître la mort de leurs victimes, comme un vrai
martyre. Car Benoit XIV (de *Beatificatione*, libro III,
cap. XIII, n° 7) a dit : « C'est assez pour le martyre, si
réellement le Persécuteur ou Tyran est poussé par la haine
contre la Foi, quoiqu'il allègue un motif tout différent, et
qu'il dise que c'est pour ce motif, qu'il a infligé la mort [1]

A l'appui de cette conclusion, Benoît XIV cite plusieurs
martyrs, du temps de Néron, et dans les premières persécutions, qui furent condamnés et mis à mort, après avoir
été seulement accusés d'être les ennemis de l'Empereur
et de l'Empire.

TROISIÈME MOTIF. Les Religieuses sont condamnées et guillotinées, parce qu'elles sont rebelles à la loi qui leur prescrit
le serment de Liberté-Egalité.

La principale accusation que Viot, l'accusateur public,
porta contre chacune des 32 Religieuses, ce fut d'être
insermentée, rebelle à la loi, en refusant de prêter le
serment de *Liberté-Égalité*, prescrit par le décret du
9 nivose. C'est surtout sur ce refus que les juges motivèrent leurs sentences de mort. Ils semblaient heureux
d'avoir un motif légal, et de condamner les religieuses
comme rebelles à la loi, une loi pourtant qui n'avait pour
sanction que la peine de la détention. Mais en restant

---

1 *Satis est ad martyrium, si re verà Persecutor seu Tyrannus ab
odio in Fidem moveatur, licet aliam causam omnino disparatam præ
se ferat, propter quam se mortem inflixisse dicat.*

rebelles à cette loi, par devoir de conscience, elles se montraient les ennemies de la Révolution, *ce qui*, avait écrit Robespierre, dans son Instruction, *est un crime dont la mort est la punition*. Et les juges d'Orange, ayant les mêmes sentiments que le maître qui les avait choisis, condamnaient à mort les Religieuses. Ils ne publièrent pas l'*Instruction* qu'ils avaient reçue, ils ne la mentionnèrent pas dans leurs jugements; mais s'y conformèrent fidèlement.

Dans le jugement de chaque religieuse, ils avaient bien soin de dire qu'elle était *insermentée*. Tous les dix jours, ils faisaient imprimer, publier et afficher les noms de ceux qu'ils avaient condamnés, pendant la décade précédente, avec le motif principal de leur condamnation. Les noms des 32 religieuses sont sur ces listes, et l'unique motif donné de leur condamnation à mort, c'est qu'elles étaient *insermentées*.

Les 32 Religieuses guillotinées à Orange regardèrent toujours comme illicite le serment de *Liberté-Égalité*, et elles préférèrent mourir, plutôt que de faire, en le prêtant, un acte que leur conscience réprouvait.

Sur la licéité de ce serment, les catholiques français se divisèrent: les uns, avec M. Eméry, Supérieur général de Saint-Sulpice, crurent et soutinrent par écrit, que ce serment ne contenait intrinsèquement aucun engagement contraire à la religion, et qu'en conscience on pouvait le prêter, surtout lorsque le refus devait entraîner la suppression du culte et du saint ministère; d'autres en grand nombre jugèrent que ce serment était illicite, et refusèrent de le prêter. Tels furent le sentiment et la conduite de presque tous les prêtres des six diocèses d'alors, qui forment maintenant celui d'Avignon. Ils refusèrent de prêter serment. Les plus intrépides restèrent dans leurs paroisses et continuèrent d'exercer leur saint ministère, en se cachant et en s'exposant à mille dangers. Plus de trois cents émigrèrent en Italie, en Suisse, en Espagne. Ils avaient fait leurs études ecclésiastiques, à Avignon, aux séminaires de Sainte-Garde et de Saint-Charles, et ils suivaient l'exemple et la direction de leurs maîtres, qui avaient tous refusé de prêter le serment prescrit. Le plus influent d'entre eux M. J. B. Roux, sulpicien, Vicaire-général et Supérieur du séminaire Saint-Charles, émigra à Rome. C'est là qu'il connut le mémoire dans lequel M. Béchet, son prédécesseur à Avignon, administrateur du diocèse de Paris, soutenait la licéité du serment. Il lui répondit et le réfuta, soit pour empêcher les progrès d'une opinion qu'il croyait fausse, soit pour détromper ceux qui auraient pu la regarder, comme l'opinion de toute la Compagnie de Saint-Sulpice.

On demanda au Pape si le serment de *Liberté-Égalité* était licite, et si ceux qui l'avaient prêté avaient encouru des censures. Pie VI attendit dix-huit mois, et fit répondre, le 1er avril 1794, par la Congrégation des Cardinaux chargés des affaires de France « qu'il n'y avait pas lieu pour le moment à des peines canoniques, que le Pape n'avait pas émis de jugement sur le dit serment, et qu'il fallait avertir les laïcs et les ecclésiastiques qui l'avaient prêté, de mettre leur conscience en sûreté, parce que dans le doute, il n'est pas permis de jurer. » [1]

Cette réponse était donnée à Rome, en même temps que la prestation du serment était demandée aux Religieuses de Bollène. N'ayant prêté aucun serment, elles n'eurent

---

[1] *Responsum fuit non esse locum pro nunc pœnis canonicis, nondum edito per Sanctissimum Dom. Nostrum judicio super præfato juramento; sed monendos esse laïcos et ecclesiasticos qui idem juramentum præstiterunt, ut consulant, conscientiæ suæ, quum in dubio jurare non licet.*

pas à mettre leur conscience en sûreté. Elles refusèrent de le prêter parce que, sans le moindre doute, elles l'avaient toujours regardé comme illicite. Elles n'étaient pas à même de discuter, comme peuvent le faire les théologiens, si ce serment ne contenait intrinsèquement aucun engagement contraire à la religion. Elles avaient vu les prêtres de Bollène et des pays voisins s'expatrier plutôt que de prêter le serment prescrit. Un seul l'avait d'abord prêté, et ce fut un sujet d'étonnement et de scandale. C'était l'aumônier des Sacramentines de Bollène, l'abbé Tavernier, administrateur du diocèse de Saint-Paul-Trois-Châteaux. Il était membre de la Société des Pères du Sacré-Cœur de Marseille; il avait été Supérieur du grand séminaire d'Apt; il était théologien, casuiste; il jugea, comme M. Emery, que le serment de *Liberté-Égalité* était licite, et, sans doute, pour pouvoir continuer son ministère auprès des religieuses et dans le diocèse qu'il administrait, il se décida, à le prêter; mais bientôt il se rétracta. Nous avons déjà cité ce fait, page 26 d'après le manuscrit des sacramentines de Bollène. Elles acceptèrent charitablement les explications de leur aumônier; mais sa conduite leur parut répréhensible: en prêtant le serment, disent-elles, il fit une *faute* que Dieu permit pour l'humilier; ce fidèle ministre vécut quelque temps dans *l'erreur*, mais la lumière de la grâce divine lui fit comprendre, que ce serment tendait au schisme... Elles témoignèrent ainsi leurs propres sentiments au sujet de ce serment. A cette époque, en 1792, elles auraient cru faire une grande faute, si elles l'avaient prêté, mais alors on ne le leur demanda pas, et elles continuèrent, pendant dix-huit mois, de vivre en communauté, dans des maisons qu'elles avaient louées.

17

C'est au mois d'avril 1794, que la municipalité de Bollène fit signifier, deux fois, aux quarante religieuses qui résidaient dans cette ville, la loi du 9 nivose, qui les assujétissait au serment de *Liberté-Égalité.* Deux fois elles répondirent par un refus unanime et énergique. Elles avaient horreur de ce serment, elles savaient que les prêtres de Bollène s'étaient expatriés, plutôt que de le prêter; que M. J.-B. Roux, qui avait soutenu publiquement, que le serment était illicite, avait été nommé par le Pape administrateur des diocèses d'Avignon, et de Cavaillon; que seuls les curés intrus avaient prêté tous les serments qu'on leur avait demandés; et elles voyaient que tous ces *assermentés,* après avoir scandalisé les populations, venaient d'abdiquer leurs fonctions, parce que les fonctionnaires civils saccageaient et fermaient les églises, abolissaient le culte catholique, et ne laissaient pratiquer que celui de la déesse Raison, pour lequel ils n'avaient pas besoin de prêtres, car ils s'en faisaient eux-mêmes les pontifes.

Dans de telles circonstances, aux jours les plus affreux du règne de la Terreur, les Religieuses de Bollène avaient bien raison de croire que, si elles prêtaient le serment de *Liberté-Égalité,* elles se ravaleraient au rang des prêtres intrus et jureurs, elles renieraient la foi et la religion catholique, elles feraient un acte d'apostasie et donneraient un grand scandale. Elles refusèrent énergiquement de prêter ce serment et à Bollène, et devant les juges du tribunal d'Orange; elles préférèrent mourir.

On admira leur fermeté inébranlable, et le bel exemple qu'elles donnaient, faisait la plus salutaire impression. Quand leur sentence de mort était prononcée, en attendant l'heure où on les conduirait à l'échafaud, on les amenait dans la vaste prison du *Cirque.* Là, il y avait parmi les prisonniers, des prêtres qui avaient prêté serment, et s'attendaient tous les jours à comparaître devant le tribunal d'Orange. Ces prêtres, en voyant ces saintes filles sur le point d'aller au martyre, « se prosternaient devant elles, en leur disant avec toute la vivacité du repentir le plus sincère: Nous avons reconnu notre erreur, et nous l'abjurons de nouveau à vos pieds. Pardon, mille fois pardon! Pardon des scandales que nous avons donnés aux faibles! Vous voulez mourir comme vous, non seulement dans le sein de la religion catholique apostolique et romaine, mais encore pour la foi qu'elle professe. » *(Relation du Saint-Sacrement de Bollène.)*

Les 32 Religieuses allèrent à la mort, heureuses d'avoir persisté dans leur refus du serment, dans la fidélité à tous leurs devoirs, et, au lieu d'être une cause de scandale, d'avoir par leur exemple, raffermi le courage des faibles et le repentir des coupables.

D'ailleurs, les juges eux-mêmes montrèrent plusieurs fois qu'ils donnaient au serment de *Liberté-Égalité* le même sens et les mêmes conséquences que les Religieuses y avaient reconnus. Quand devant le tribunal elles avaient répondu : « *Le serment que vous me demandez est contraire à ma conscience*, mes principes religieux me le défendent; souvent le président Fauvety insistait et disait, avec le grossier tutoiement d'alors: Tu es encore à temps de prêter ce serment, et tu peux, à ce prix, être innocentée par nous. »

Il disait à Henriette Faurie : « Allons, Henriette, prête serment. Tu es encore si jeune! Pourquoi vouloir mourir?... Un mot, un signe de tête et demain tu retournes auprès de ta mère. »

Ainsi les Religieuses, si elles avaient prêté serment, par ce seul acte, au jugement de leurs juges, auraient été transformées; elles auraient cessé d'être coupables, d'être *fanatiques*, c'est-à-dire *catholiques et religieuses;* elles n'auraient plus entravé la marche de la révolution, et n'auraient plus été les ennemies du gouvernement; elles auraient été dignes de ses faveurs, parce qu'elles auraient apostasié, en transgressant leurs devoirs de catholiques et de religieuses; elles se seraient mises au rang des intrus et des jureurs, et comme eux, auraient donné un grand scandale aux fidèles encore nombreux alors, qui déploraient le malheur de ceux qui avaient la faiblesse de le prêter. Ce qui prouve, qu'à Orange et dans les diocèses voisins, la prestation du serment de *Liberté-Égalité* avait causé un vrai scandale, c'est que dans le règlement fait par l'Administrateur apostolique des diocèses d'Avignon, d'Orange et de Cavaillon, et imprimée en 1796, il est dit à l'article XX que : « Les prêtres, les religieux et les religieuses qui ont fait le serment de maintenir la Liberté et l'Egalité, ne seront admis à la participation des choses saintes, qu'après avoir fait une réparation du scandale qu'ils ont donné aux fidèles. »

Ce scandale prouve que les fidèles aussi regardaient la prestation de ce serment, comme illicite, comme une sorte d'apostasie, car s'ils avaient cru qu'elle fût licite, ils n'auraient pas été scandalisés de la conduite de ceux qui l'avaient prêté.

Par ses instances et par l'impunité qu'il promettait, le Président du tribunal d'Orange montrait bien, quel sens il attachait au serment qu'il demandait, au nom de la loi. S'il l'avait obtenu, il aurait triomphé, et porté un grand coup à la religion, qu'il voulait détruire. Voilà pourquoi il insistait tant, et pourquoi, lorsque ses efforts et ses promesses étaient sans résultat, il condamnait impitoyablement les religieuses, laissant bien voir que c'était la haine de la religion qui lui dictait ses interrogatoires et ses sentences de mort. En effet, comme preuve de la haine contre la Foi dont le persécuteur est animé, Benoît XIV signale « l'impunité et les avantages promis par le Tyran au Martyr, s'il fait un acte, qui, dans les circonstances présentes, serait regardé comme une apostasie. »[1]

Les 32 Religieuses furent insensibles aux promesses du président Fauvety. « Je n'ai fait qu'un serment, lui répondit *Henriette Faurie*, je n'en ferai pas d'autre. » Plusieurs lui disaient : « Je ne puis sauver ma vie aux dépens de ma Foi. » — « Qui es-tu? demandait Fauvety à Claire Dubac. — Je suis religieuse, et le serai jusqu'à la mort. — Veux-tu prêter serment? — Non, ma conscience me le défend. »

Les juges d'Orange étaient tout étonnés de ces réponses : Pour eux il n'y avait plus que de ci-devant religieuses, elles devaient avoir cessé d'exister, parce que la loi les avait supprimées, et ils étaient surpris et irrités, lorsqu'ils les entendaient proclamer, qu'elles étaient et seraient toujours religieuses. Le dimanche 13 juillet, ils avaient condamné à mort six religieuses, parmi lesquelles était *Anastasie de Roquard*, Supérieure des Ursulines de Bollène, et, le lendemain, dans le compte-rendu de leur séance, ils écrivaient que : « ces six béates ont déclaré qu'il n'était pas au pouvoir des hommes de les empêcher d'être religieuses, que le serment était contre leur conscience et contre leurs vœux. »

Le Comité de surveillance de Courthézon, se conformant aux ordres du proconsul Maignet, avait dressé un tableau de renseignements, dans lequel il disait de *Thérèse Consolin*

---

[1] *Probari potest persecutorem ex odio in Fidem motum fuisse, ad mortem Martyri infligendam, ex beneficiis illi ante mortem oblatis, si à proposito resiliret; item ex impunitate seu liberatione Martyri à Tyranno oblatis, in eo rerum eventu in quo à Fide Christi recederet. (De Beatificatione libro III, cap. XIV.)*

que : « Malgré toutes les sollicitations de la municipalité, pour lui faire prêter serment, elle a répondu que d'autres fois elle avait été sollicitée par eux, qu'elle ne l'avait pas voulu prêter, et qu'elle ne le prêterait pas... Avant la révolution, elle était religieuse à Sisteron, et elle veut persister dans ce culte, *malgré la loi, ou non, elle saura lutter. A Dieu sa persévérance !*... Elle a été une fanatique, comme on ne peut l'être, et elle a trouvé encore dans ses *intrigantes d'opinions*, à ne point se soumettre à ce que la loi ordonne. »

Thérèse Consolin comparut devant le tribunal, le 26 juillet, et, en conséquence des renseignements qu'il avait reçus, le président Fauvéty lui dit : « Qui es-tu ? — Je suis fille de l'Eglise catholique. — Veux-tu prêter serment ? — Jamais. Ma municipalité me l'a demandé, et je l'ai refusé parce que ma conscience me le défend. — La loi te l'ordonne. — La loi humaine ne peut me commander des choses contraires à la religion. »

Ainsi répondaient les martyrs des premiers siècles de l'Eglise. « Jure par César et sa fortune, et blasphème Jésus-Christ, disait le proconsul de Smyrne à saint Polycarpe, qui lui répondait : Je suis chrétien ; il y a quatre-vingt-six ans que je sers Jésus-Christ ; il ne m'a fait que du bien, comment voulez-vous que je le blasphème ? » Et Polycarpe ayant été jeté dans un grand feu, qui refusa de le brûler, mourut frappé par le glaive.

Comme saint Polycarpe, nos 32 Religieuses refusèrent aussi de prêter un serment que leur conscience, et la conscience des prêtres et des fidèles réprouvait, et elles furent envoyées à la guillotine qui leur trancha la tête. Elles avaient supporté avec la plus grande patience l'application des lois que les Assemblées Constituante et Législative et la Convention avaient votées en haine de la Foi, et pour détruire la Religion. Ce fut à la fin du mois d'avril qu'elles furent mises en arrestation à Bollène, et bientôt transférées à Orange, où, après avoir été retenues plus de deux mois en prison, elles furent jugées et condamnées à mort.

C'était alors le temps de la Terreur, c'était Robespierre qui dominait au Comité de Salut public et à la Convention, et pour maintenir son pouvoir, il faisait guillotiner tous ceux qui n'adoptaient pas toutes ses idées, et entravaient la marche de son gouvernement. Il voulait une religion d'Etat, il l'avait inaugurée ; il ne pouvait souffrir la religion catholique, et pour la détruire il faisait envoyer à l'échafaud les catholiques et surtout les prêtres et les religieuses. Ce sont ses agents qui firent emprisonner les Religieuses de Bollène : ce sont les juges qu'il avait nommés à Orange qui, se conformant à ses Instructions, jugèrent, condamnèrent à mort les 32 Religieuses et les firent guillotiner.

Ces agents, ces juges partageaient tous les sentiments de leur chef : les mêmes désirs, la même haine de la Religion, la même crainte les avait unis ; mais, dit un auteur latin, *cette union qui est l'amitié entre gens de bien, n'est plus qu'une faction lorsqu'elle réunit les méchants.* [1]

C'était alors la faction jacobine, qui avait rouvert l'ère des martyrs.

III. Conditions ou dispositions requises de la part du martyr

Benoit XIV (*de Beatificatione*, libro III, cap. XVIII, n° 12) dit que « pour être inscrit au Catalogue des martyrs, il ne

---

[1] *Quos omnes eadem cupere, eadem odisse, eadem metuere in unum coegit ; sed hæc inter bonos amicitia, inter malos factio est.* (*Salluste, guerre contre Jugurtha XXXI ;* Discours du tribun Memmius au peuple romain.)

suffit pas que la mort ait été acceptée volontairement pour le Christ, ni qu'elle ait été infligée en haine du Christ et de la Foi ; mais qu'il faut aussi que le Martyr ait persévéré avec une patience invincible dans cette volonté, jusqu'à la mort, jusqu'à l'acte où la mort est infligée [1]

Les 32 Religieuses guillotinées à Orange ont rempli toutes ces conditions : elles ont accepté la persécution et la mort prévue à l'avance, elles ont persévéré invariablement dans cette volontaire acceptation, et lorsqu'elles étaient en prison, et devant les juges qui les condamnèrent à mort, et sur l'échafaud jusqu'au moment où la guillotine leur trancha la tête.

1° Elles ont d'abord souffert volontairement la persécution

Elles vivaient ferventes dans leurs monastères de Bollène, lorsque déjà la persécution sévissait en France, et elles compatissaient aux souffrances du clergé et des Ordres religieux. Au printemps de 1792, huit mois après que le Comtat eut été réuni à la France, elles souffrirent les premières atteintes de la persécution. On fit l'inventaire de leurs biens, dont on vint leur enlever la jouissance. Elles supportèrent avec une grande constance les menaces, les injures dont on les accablait, la gêne, la pénurie, où les réduisaient ceux qui leur enlevaient le fruit de leurs travaux, *qui se angustiaverunt et abstulerunt labores eorum.*

1 *Ut quis Martyrum Catalogo adscribatur satis non est, si voluntarie mortem acceptet pro Christo, item si ei mors ex odio erga Christum et ejus Fidem inferatur ; sed etiam oportet, ut invicte et patienter in eadem voluntate perseveret, usque ad obitum, atque in ipso obitu.*

Elles méritèrent l'éloge que saint Paul faisait des premiers chrétiens persécutés : « Après avoir été éclairées, pendant les jours de votre ferveur religieuse, vous avez soutenu le grand combat des souffrances ; vous avez été données en spectacle d'opprobres et de tribulation, vous êtes devenues les compagnes de ceux qui ont été ainsi traités ; car vous avez compati à ceux qui étaient dans les liens, et vous avez supporté avec joie l'enlèvement de vos biens, sachant que vous avez une meilleure et durable richesse. Ne perdez donc pas votre confiance qui a une grande récompense. (Hebr. X, 32-35.) [1]

Elles ne perdirent pas confiance, et elles obtinrent la récompense promise. Elles s'estimèrent heureuses qu'on les laissât vivre dans leurs couvents. Mais cette tolérance ne dura pas longtemps. Au mois d'octobre suivant, on se mit à exécuter à Bollène la loi du 17 août 1792, qui ordonnait que, le 1er octobre, les religieuses évacueraient les maisons qu'elles occupaient, et que ces maisons seraient mises en vente.

Ce fut vraiment une grande peine, un déchirement pour ces religieuses de quitter leur habit religieux, que la loi du 18 août prohibait ; de sortir de leurs cloîtres, où elles étaient entrées pour y mourir ; et de rentrer dans le monde qu'elles avaient quitté pour toujours. Elles se soumirent et supportèrent tout cela. Dieu les détachait de tout, et les préparait au grand sacrifice de leur vie.

---

1 *Illuminati magnum certamen sustinuistis passionum ; opprobriis et tribulationibus spectaculum facti, socii taliter conversantium effecti. Nam et vinctis compassi estis, et rapinam bonorum vestrorum cum gaudio suscepistis, cognoscentes vos habere meliorem et manentem substantiam. Nolite itaque amittere confidentiam vestram, quæ magnam habet remunerationem.*

On ne leur interdit pas, comme on le fait de nos jours, de vivre ensemble, et chacune des Supérieures des deux couvents de Bollène, loua une modeste maison, où elle réunit les membres de sa communauté, pour continuer d'observer leur Règle et de faire leurs exercices religieux. La plupart des religieuses appartenaient aux meilleures familles du pays et des environs, elles auraient trouvé chez leurs parents les aises de la vie, elles eurent à résister à bien des sollicitations, et elles préférèrent supporter la gêne et toutes sortes de privations, pour vivre en communauté avec leurs compagnes.

La plus grande peine qu'elles eurent alors à endurer, ce fut la privation des secours religieux. Les prêtres de Bollène n'avaient pas voulu prêter le serment schismatique prescrit par la Constitution civile du clergé. Ils refusèrent aussi de prêter le serment de *Liberté-Égalité*, et comme la loi du 26 août portait contre eux la peine de la déportation s'ils ne sortaient d'eux-mêmes de France, ils émigrèrent en Italie. Sur la liste des prêtres français réfugiés à Rome et dans les États pontificaux, il y en a quatorze de Bollène. Ils furent remplacés par des intrus qui avaient prêté serment : le curé Rovère et son vicaire Berbiguier, venus, l'un du Gard, l'autre de Carpentras.

Les Religieuses de Bollène ne voulurent jamais recourir à leur ministère, ni assister aux cérémonies de leur culte. M. l'abbé Tavernier, Administrateur du diocèse de Saint-Paul, et aumônier des Sacramentines, leur continua son ministère aussi longtemps que possible ; mais il avait rétracté le serment de *Liberté-Égalité*, qu'il avait cru pouvoir prêter, et se trouva dès lors, en butte à la persécution. Sa vie étant en danger, il se cacha ; et bientôt ne trouvant plus de retraite sûre, il fut aussi forcé d'émigrer en Italie. Les Religieuses furent alors bien dépourvues des secours religieux; elles s'appliquèrent avec plus de fidélité au support de leurs peines et de leurs privations, et à l'observance de leur règle et de leurs pieux exercices.

On était alors au plus fort de la persécution, sous le règne de la Terreur. Le culte catholique était aboli, et remplacé par celui de la déesse Raison. Les curés intrus n'ayant plus rien à faire, abdiquaient leurs fonctions et plusieurs apostasiaient. Les églises où l'on ne devait plus faire aucune cérémonie religieuse, étaient saccagées, fermées, ou transformées en magasins, en greniers, en clubs; on en réservait cependant quelques-unes pour y célébrer le culte de la déesse Raison.

A Bollène, la grande majorité de la population avait horreur de ces excès, mais dans ce pays, comme dans le reste de la France, une minorité d'hommes violents, s'était emparée des fonctions municipales, et avait composé à son gré le Comité de surveillance, pour pouvoir mettre à exécution les lois votées par la Convention.

2o *Les Religieuses refusent de prêter serment, prévoient et acceptent toutes les conséquences de ce refus.*

La loi du 9 nivose, 29 décembre 1793, prescrivait le serment de *Liberté-Égalité*, à toutes les religieuses; et celles qui s'y refusaient, étaient déclarées *Suspectes* et traitées comme telles. C'est au mois d'avril 1794, que la municipalité de Bollène appliqua cette loi, et demanda aux quarante religieuses qui résidaient dans cette ville, de prêter le serment prescrit. Deux fois elles furent unanimes pour s'y refuser. Nous avons déjà indiqué pour quels motifs elles regardaient ce serment, comme illicite et contraire à leur conscience et à leurs devoirs, comme une scandaleuse apostasie. Et cependant elles n'ignoraient pas les conséquences de leurs refus. Elles savaient qu'en restant insermentées. elles seraient mises au nombre des *Suspects*, et que les suspects étaient emprisonnés et déférés aux tribunaux révolutionnaires, qui étaient expéditifs dans leurs jugements et envoyaient des charretées de victimes à la mort. Elles savaient tout cela, et elles n'avaient pas peur du sort qui leur était réservé, elles l'acceptaient. « Il leur aurait été bien facile de se cacher. » comme le dit alors M. de Rocher à sa fille la *sœur des Anges*, mais elles avaient profité du conseil donné par ce vénérable vieillard vraiment inspiré de Dieu. « «Elles avaient examiné devant Dieu si, (en fuyant, en se cachant), elles ne s'écarteraient pas de ses desseins adorables sur elles, au cas où il les aurait destinées à être les victimes qui doivent apaiser sa colère. » Et elles furent bien décidées à ne pas fuir la persécution. Plusieurs d'entre elles avaient vu, les unes leurs pères, leurs frères, les autres leurs parents mis d'abord en état d'arrestation à Bollène, et ensuite transférés dans les prisons d'Orange. [1]

Elles-mêmes, par décision du Comité de surveillance, furent mises, le 22 avril, en état d'arrestation dans les maisons qu'elles habitaient. Aucune d'elles ne chercha à s'évader; quelques-unes de leurs sœurs, qui étaient absentes de Bollène, vinrent les rejoindre pour partager leur sort.

---

1 Le 30 septembre 1793, 26 habitants de Bollène furent incarcérés dans la prison du Cirque, et le 7 avril 1794, on en amena encore 13 dans la prison de la Baronne. Parmi eux il y avait Casimir de Guilhermier, Louis François de Rocher, Jean Antoine de Gaillard, Jean-François Prosper d'Alauzier.

Le 1er mai, la municipalité leur annonça qu'elles devaient se préparer à partir le lendemain pour Orange, et elles firent leurs préparatifs; et, comme des agneaux, elles se laissèrent conduire sur des charrettes, à Orange, où on les enferma dans la prison de la *Cure*.

3° Les Religieuses emprisonnées à Orange prévoient leur mort prochaine, elles l'acceptent et s'y préparent.

Quand elles partirent de Bollène, le 2 mai, un brave homme ne put retenir ce cri de compassion: « *Pauvres victimes conduites à la boucherie!* » Elles ne pouvaient plus ignorer dans quel but on les avait emprisonnées, ni quel sort leur était réservé.

« Ne doutant pas qu'elles ne fussent destinées au martyre, elles se réunirent pour concerter les exercices de leur préparation au sacrifice de leur vie pour la cause de la Religion. » (*Relation du couvent de Bollène.*)

Quand on les avait mises en arrestation et emprisonnées, on ne leur avait reproché, que leur *fanatisme*, c'est-à-dire leur fidélité à tous leurs devoirs de catholiques et de religieuses, ainsi que leur refus de prêter un serment, qu'elles regardaient comme illicite et comme une apostasie. Elles savaient que c'était uniquement pour ces deux motifs, que les ennemis de la Religion allaient leur faire subir la mort; et elles l'acceptaient et s'y préparaient, ou plutôt elles continuaient la préparation qu'elles avaient commencée, depuis plusieurs années. En supportant, avec patience et pour plaire à Dieu, la perte de leurs biens qu'on leur avait pris, et de leurs monastères, dont on s'était emparé; après qu'on les en eut expulsées: en préférant rester ensemble et continuer leur vie religieuse, dans le travail, la gêne et toutes sortes de privations, plutôt que d'aller auprès de leurs parents jouir de la tranquillité et des douceurs de la vie de famille, elles avaient montré qu'elles aimaient Dieu plus que leurs biens extérieurs et que leurs parents, elles avaient tranché tous ces liens qui auraient pu les retenir, et les faire hésiter à donner à Dieu le témoignage de l'amour le plus parfait, en lui sacrifiant leur vie. Saint Thomas dit en effet (2ª 2°, q. 124, art. 3) « Que le Martyre est de tous les actes celui qui démontre le mieux la perfection de la charité; parce que nous montrons d'autant plus notre amour pour un objet, que pour ce même objet nous méprisons ce que nous aimons le plus, et nous acceptons de souffrir ce que nous haïssons le plus. Mais il est évident que, parmi tous les biens de la vie présente, ce que nous aimons le plus, c'est notre vie elle-même; et au contraire, ce que nous haïssons le plus, c'est la mort. En conséquence, il est évident que, parmi tous les actes humains, le Martyre en son genre est le plus parfait, parce qu'il est le signe de la plus grande charité, ainsi que le dit saint Jean (XV, 13) : Personne n'a un plus grand amour que celui qui donne sa vie pour ses amis. » [1]

C'est à donner à Dieu ce témoignage du plus grand amour, à lui faire généreusement le sacrifice de leur vie,

---

[1] *Martyrium inter omnes actus maxime demonstrat perfectionem charitatis: quia tantò magis ostendit aliquis aliquam rem amare, quantò pro eâ rem magis amatam contemnit, et rem magis odiosam eligit pati. Manifestum est autem quòd, inter omnia alia bona præsentis vitæ, maximè amat homo ipsam vitam, et è contrario maximè odit ipsam mortem... Et secundum hoc patet, quòd Martyrium inter cæteros actus humanos est perfectius secundum suum genus, quasi maximæ charitatis signum, secundum illud Joannis XIII: Majorem charitatem nemo habet, quam ut animam suam ponat quis pro amicis suis.*

que se disposaient les religieuses dans la prison d'Orange ; elles s'y préparaient par la pratique de toutes les vertus religieuses, par une prière continuelle et par une grande pureté de conscience. Elles avaient fait de leur prison un couvent, où elles observaient toutes la même règle, et faisaient tous les exercices de la vie religieuse.

Cette généreuse acceptation d'une mort prochaine endurée pour rester fidèles à Dieu qu'elles aimaient plus que leurs biens, leurs parents et leur propre vie, ne fut pas l'effet d'un enthousiasme momentané ; elles y persistèrent constamment, pendant près de trois mois qu'elles restèrent en prison, s'attendant chaque jour à comparaître devant les juges, qui devaient les condamner à mort. Ils commencèrent à siéger, le 19 juin, et le 5 juillet, *Suzanne de Loye* fut la première religieuse qu'ils mandèrent devant leur tribunal ; ils la condamnèrent à mort et la firent guillotiner le 6 juillet.

A partir de ce jour, chaque soir, les religieuses s'attendirent à être, le lendemain, citées devant les juges, condamnées et mises à mort. En effet, du 6 juillet au 26 du même mois, 31 Religieuses suivirent Suzanne de Loye devant le tribunal et sur l'échafaud. Leur constance ne se démentit pas. La mort si prochaine ne les troubla pas ; elles la voyaient venir d'un œil serein. Tous les matins, elles s'y préparaient. « A 8 heures, elles récitaient les litanies des saints, la préparation à la mort, les prières pour la confession en général, la communion spirituelle en viatique et l'extrême-onction. On renouvelait les vœux du baptême, de la confirmation, de la sainte religion. Chacune des victimes de ce troupeau d'élite tâchait de se préparer à son sacrifice par la plus grande pureté de conscience ; elles s'accusaient à leur Supérieure de leurs moindres fautes, gardant la retraite et un silence continuel.

« A 9 heures, c'était le moment de l'appel, et chacune se préparait à marcher au tribunal, souvent elles s'offraient d'elles-mêmes à partir les premières.

« Dès le moment que leurs chères compagnes étaient conduites devant le tribunal, celles qui restaient se mettaient en prières, pour leur obtenir les lumières de l'Esprit Saint. On implorait le secours de la Sainte Vierge par la récitation de mille *Ave Maria*, on répétait des litanies sans nombre, on faisait des prières sur les paroles de Jésus-Christ en croix ; enfin il n'y avait point d'interruption jusqu'à 5 heures du soir, temps où l'on disait l'office.

« Lorsque (vers 5 heures du soir) le tambour annonçait que les victimes étaient conduites au supplice, on récitait les prières de la recommandation de l'âme. Après 6 heures, on se félicitait réciproquement, celles surtout qui étaient de la Communauté, dont les sœurs venaient de monter au ciel, et on récitait le *Laudate* avec une jouissance toute céleste. » (*Relation imprimée à Rome en 1795.*)

La Relation des Sacramentines de Bollène dit aussi que « les Religieuses qui n'étaient pas appelées devant les juges, enviaient le sort de celles qui l'étaient, et ressentaient une sorte de peine de tarder à le partager, tant était vif leur désir de donner leur vie pour Jésus-Christ. Lorsqu'elles présumaient que leurs compagnes avait subi leur jugement, elles se félicitaient, surtout celles qui étaient de la même Communauté, de ce quelques-unes d'entre elles avaient été admises aux noces de l'Agneau sans tache. Elles chantaient avec joie le *Te Deum Laudamus*, le psaume *Laudate Dominum omnes gentes*. Elles s'exhortaient mutuellement à mourir de même le lendemain. »

Ainsi les Religieuses de Bollène savaient bien que c'était en haine de la Religion et de la Foi qu'on les faisait mourir ; et c'était pour la défense de cette foi, pour y rester fidèles jusqu'à la fin, qu'elles mêmes acceptaient la mort, et la désiraient.

Ces Servantes de Dieu n'étaient pas insensibles à l'horreur que la mort inspire à tout mortel ; mais elles savaient la surmonter. « Quelques-unes, dit la même *Relation de Rome*, éprouvèrent d'abord la terreur de la mort, mais à mesure que le jour du supplice approchait, elles jouissaient du calme le plus parfait, de la paix la plus profonde,... La sœur converse *Saint-André* Sage (Laye) tomba, la veille de sa mort, dans une grande tristesse, et dit à une de ses compagnes : Je crains que Dieu ne me juge digne du martyre. » Elle était bien humble. Le lendemain elle fut contente, elle fut conduite à la mort, au martyre qu'elle désirait et dont elle avait peur de n'être pas jugée digne.

« La *sœur Françoise*, Depeyre, ursuline de Carpentras, disait la veille de son martyre : Quel bonheur ! nous allons voir notre Epoux. Le jour de sa mort, la *sœur Gertrude* d'Alauzier, se trouva à son réveil inondée d'une joie extraordinaire qui lui fit répandre des larmes : *Je suis dans l'enthousiasme*, disait-elle ; *je suis hors de moi-même ; il est sûr que je mourrai aujourd'hui*. Mais craignant ensuite que ce ne fût un effet d'orgueil, on fut obligé de la tranquilliser.

« Pour récompenser la *sœur des Anges* de Rocher de sa fidélité à suivre le conseil, que lui avait donné son vénérable père, le Seigneur lui fit connaître intérieurement le jour de la consommation de son sacrifice. En effet, la veille de sa mort, à la prière du soir, elle demanda pardon à toutes ses compagnes, et leur recommanda instamment de bien prier pour elle, parce que le lendemain, elle serait immolée. » *(Relation imprimée à Rome)*.

18

C'est ainsi que, dans leur prison, pendant plus de deux mois, les religieuses voyaient venir la mort qu'on allait leur infliger, en haine de la foi; c'est ainsi qu'elles persévéraient dans la ferme volonté de la subir, pour la défense de cette même foi, pour lui rester fidèles, et lui rendre leur témoignage jusqu'à la fin. Non seulement elles acceptaient cette mort, mais elles la désiraient, et se réjouissaient, quand on venait les prendre pour les mener devant les juges, qui allaient les envoyer à l'échafaud.

4° Les Religieuses acceptent la mort devant les juges qui les y condamnent.

Devant leurs juges, les religieuses furent admirables par leur constance et leurs réponses. Elles suivirent jusqu'à la mort « l'exemple que Notre-Seigneur Jésus-Christ, en souffrant sa Passion, nous a donné, afin que nous marchions sur ses traces : *Christus passus est pro nobis, vobis relinquens exemplum, ut sequamini vestigia ejus, qui quùm pateretur non comminabatur ; tradebat autem judicanti se injustè :* étant maltraité il ne maudissait pas, mais il se livrait à celui qui le jugeait injustement. » (I Petri II, 21-23.)

Les 32 Religieuses furent aussi maltraitées, emprisonnées et condamnées injustement à mort, et elles ne proférèrent aucune menace, aucune plainte, aucun murmure : *non murmur resonat, non querimonia.* On les accusa d'être les ennemies de la Révolution par leur *fanatisme,* c'est-à-dire par leur fidélité à leurs devoirs, d'être rebelles à la loi en refusant de prêter le serment qu'elle prescrivait : elles répondaient toutes avec la plus grande fermeté, que leur conscience ne leur permettait pas de prêter ce serment. Et quand les juges insistaient, en leur disant que la loi le leur ordonnait, et en leur promettant de les innocenter, si elles le prêtaient, elles restaient inébranlables et disaient « que la loi humaine ne pouvait leur commander des choses opposées à la loi divine, et qu'elles ne pouvaient sauver leur vie aux dépens de leur foi. »

Les religieuses savaient bien que ces réponses qu'elles faisaient, seraient immédiatement suivies de leur sentence de mort. Mais aucune n'eut la moindre hésitation, toutes confessèrent la foi, et préférèrent mourir, plutôt que d'agir contre leur conscience.

Parmi les prisonniers qui furent condamnés à mort par la Commission populaire d'Orange, il y en eut qui, en entendant prononcer leur sentence avaient horreur de la mort, se lamentaient et s'abandonnaient au désespoir. Il n'en fut pas ainsi des religieuses. Au lieu de s'attrister, et de repousser la mort qu'on allait leur faire subir, elles se réjouissaient. « La *sœur des Anges* de Rocher, après la lecture de sa sentence de mort, remercia avec une grande satisfaction ses juges, de ce qu'ils lui procuraient le bonheur d'aller se réunir avec les *Anges*. — La *sœur Gertrude* d'Alauzier remercia aussi ses juges, du bonheur qu'ils lui procuraient. — La *sœur Pélagie* Bès, après son jugement, sortit de sa poche une boîte de dragées, qu'elle distribua à toutes les condamnées comme elle : *Ce sont*, ajoutait-elle, *les bonbons de mes noces*, et chacune les mangeait avec la joie la plus pure. » *(Relation imprimée à Rome en 1795.)*

La *Relation de Bollène* ajoute que « la *sœur Sainte-Pélagie*, sitôt qu'elle eut entendu sa sentence, parut transportée par l'espoir de voir finir la misérable vie de ce bas monde, et de commencer bientôt celle de la céleste immortalité, puis se tournant vers ses trois compagnes, condamnées avec elle à la même peine, et pour la même cause, elle leur dit avec un saint enthousiasme: C'est aujourd'hui que le céleste époux va nous admettre aux noces, pour lesquelles nous n'avons fait jusqu'ici que de biens légers sacrifices. »

D'après une Relation du couvent de Carpentras, la *sœur Sainte Pélagie* dit encore alors ces paroles: « Allons, mes sœurs, mourons ensemble, et que notre sang, en nous purifiant de nos infidélités, et en se mêlant à celui de la Victime Sainte, nous ouvre la porte des tabernacles éternels. C'est donc aujourd'hui que nous sommes appelées aux noces de l'agneau. »

5° Après leur condamnation, les 32 Religieuses persévèrent jusqu'au moment même où elles sont guillotinées, dans la ferme volonté de faire à Dieu le sacrifice de leur vie.

Après avoir entendu prononcer leur sentence de mort, qui devait être mise à exécution, avant la fin du jour, les Religieuses, en attendant l'heure où on les mènerait à l'échafaud, étaient conduites dans la prison du Cirque. Là elles faisaient leur dernière préparation à la mort, et « l'allégresse que l'on voyait peinte sur le visage de ces saintes filles, après leur jugement, encourageait les autres condamnés, et leur faisait désirer la mort. Plusieurs même qui étaient accablés de soucis, à cause de leurs femmes et de leurs enfants, en faisaient le sacrifice de tout leur cœur, par les douces exhortations de ces religieuses. Elles ont, une fois, passé une demi-heure en oraison, les bras en croix, pour obtenir les forces à un père de famille, qui se livrait au désespoir, et elles eurent la consolation de l'accompagner au supplice dans les sentiments les plus chrétiens. » *(Relation imprimée à Rome.)*

C'est dans la prison du *Cirque*, quelques instants avant d'aller à l'échafaud, que la *sœur Théotiste Elizabeth* Pélissier « montrant de la main le lieu où se trouvait la guillotine, entonna les vers qu'elle avait composés dans la prison. (*Relations des Sacramentines de Bollène.*)

C'est après avoir entendu prononcer son jugement que la *sœur Madeleine du Saint Sacrement, Madeleine Françoise* de Justamond, religieuse de l'ordre de Citeaux, à l'abbaye de Sainte-Catherine à Avignon, « dit en présence de ses gardes : *Nous avons plus d'obligations à nos juges, qu'à nos pères et mères, puisque ceux-ci ne nous ont donné qu'une vie temporelle, au lieu que nos juges nous procurent une vie éternelle.*

« L'un des gardes en fut attendri jusqu'aux larmes, et un paysan voulut lui toucher la main. L'amour dont son cœur était embrasé la faisait s'écrier : O quel bonheur ! je suis bientôt au ciel. Je ne puis soutenir les sentiments de ma joie. » (*Relation imprimée à Rome.*)

La Relation du couvent de Bollène ajoute que les six religieuses qui furent condamnées à mort, le même jour que la *sœur Madeleine du Saint-Sacrement* « partageaient ses sentiments de reconnaissance et d'allégresse. Un paysan qui les voyait passer s'inclina respectueusement, et demanda qu'on lui permit de baiser l'extrémité de leur vêtement, comme d'autant de Saintes. Mais leur humilité repoussant cette espèce de culte, elles s'écrièrent à l'instant : Ah ! plutôt priez Dieu pour nous. Dans moins d'un quart d'heure, tous les siècles auront passé à notre égard, le temps sera fini, et nous serons dans l'éternité. Priez pour nous, priez ce Dieu qui va nous juger dans un moment, ce Dieu qui trouva des taches dans ses Anges. »

C'est avec une céleste allégresse, en chantant le *Magnificat*, les *litanies de la Sainte Vierge*, « qu'elles allèrent à la mort, *comme à un festin de noces,* suivant l'expression d'un témoin oculaire. Le peuple grossier ne pouvait comprendre cette joie, et les gens d'armes plus grossiers encore ne cessaient de répéter dans leur langage brutal : ces b..... là meurent toutes en riant. » (*Relation du Couvent de Bollène.*)

Leur constance et leur assurance ne se démentirent pas sur l'échafaud. La *sœur Gertrude* d'Alauzier, baisa la guillotine en y montant. Quand la sœur converse *Marthe du Bon Ange, Marie* Cluse, arriva au pied de l'échafaud, le bourreau lui proposa de l'épouser, promettant, à ce prix, de lui sauver la vie. Elle le repoussa vivement, en lui disant : *Bourreau, fais ton devoir, parce que je veux ce soir aller souper avec les Anges.*

Henriette Faurie, quand les municipaux de Sérignan vinrent la prendre dans sa maison, pour la conduire dans la prison de la Cure à Orange, savait bien le sort qui lui était réservé. Elle dit à sa mère et à ses sœurs, qui sanglotaient et auraient voulu la retenir : s'il faut savoir vivre pour Dieu, il faut aussi savoir mourir pour lui.

Elle, qui était la plus jeune et qui fut une des premières sœurs guillotinées, montra qu'elle savait faire tous les sacrifices, et mourir pour Dieu. Au moment où elle gravissait les marches de l'échafaud, une jeune fille fendant la foule, se précipitait en criant : Henriette ! Henriette ! C'était sa jeune sœur Madeleine qui arrivait de Sérignan. Henriette reconnaît la voix de cette sœur chérie, elle jette sur elle un dernier regard, puis levant les yeux au ciel : Adieu, Madeleine, lui dit-elle, embrasse notre mère au revoir dans le ciel, où je vais vous attendre.

La mort des Religieuses de Bollène fit une vive impression sur tous ceux qui en furent les témoins. Les féroces révolutionnaires s'enrageaient et n'étaient que plus

acharnés à poursuivre leur œuvre sanglante ; mais le
peuple était frappé de stupeur et d'admiration. C'est ce
sentiment qu'exprime bien la première *Relation*, fort
succinte, que l'abbé d'Auribeau inséra dans ses Mémoires
imprimés à Rome, en 1795, page 536 : « On vit ces
religieuses allant tranquillement au supplice, et ce spectacle
était digne de l'admiration du ciel et de la terre ; point de
plaintes, point de larmes, pas même un soupir. Ces saintes
victimes, en arrivant au lieu de leur triomphe, embrassèrent
l'échafaud, remercièrent leurs juges, pardonnèrent à leurs
bourreaux, et la paix dans le cœur, la sérénité sur le front,
elles consommèrent leur sacrifice. Les spectateurs, (partisans de la Révolution) en furent consternés, et l'on disait
tout bas : La religion seule peut inspirer tant de courage
et de sécurité. »

Oui c'est bien la religion catholique, qui inspira et diri-
gea les Religieuses de Bollène dans toute leur conduite.
Fidèles observatrices de leur règle, elles étaient habituées
à faire en tout, et même dans les plus petites choses,
la volonté de Dieu. Elles s'étaient préparées à de plus
grands sacrifices, en supportant, pour l'amour de Dieu, les
premiers coups de la persécution, la perte de leurs biens,
leur expulsion de leurs monastères, et les souffrances
qu'il leur fallut endurer pour continuer de vivre en
communauté dans de pauvres maisons. Et quand elles
prévirent que leurs persécuteurs, acharnés contre elles,
les obligeraient de résister jusqu'à l'effusion de leur sang,
jusqu'à la mort, si elles ne se soumettaient à leurs
lois iniques et impies ; tout de suite, et sans hésitation,
elles se trouvèrent toutes prêtes à mourir, plutôt que de
violer aucun des devoirs, qui leur étaient imposés par
la loi de Dieu et leur profession religieuse, plutôt que

de prêter un serment que leur conscience réprouvait, comme une faute grave, un scandale énorme, une véritable apostasie. Elles persévérèrent avec joie dans cette généreuse acceptation, dans la prison d'Orange, devant leurs juges, et jusque sur l'échafaud, sous le tranchant de la guillotine.

Elles comprenaient que leur mort était un vrai martyre, et la foi catholique leur donnait la ferme espérance, que ce baptême de sang effacerait toutes leurs fautes, leur remettrait toute peine temporelle et les introduirait immédiatement au ciel ; elles voyaient la récompense céleste qu'elles allaient obtenir, elles méprisaient la vie de ce monde, et elles tressaillaient de joie, heureuses de donner à Dieu la plus grande marque d'amour, en lui faisant le sacrifice de leur vie.

Leur *amour de Dieu*, leur *foi* et leur *espérance*, telles furent les causes de leur joie et de leur bonheur. Qu'elles daignent nous obtenir part à leurs vertus, qui nous sont bien nécessaires, pour que nous puissions imiter le bel exemple qu'elles nous ont donné!

de la Sœur Sainte-Théotiste-Marie-Elisabeth PELISSIER

Nous avons donné à la page 129, *les Sentiments de con-fiance sur la guillotine qui sont attribués* à la sœur Pélissier, ainsi que les vers qu'elle avait composés en prison et qu'elle chanta quelques instants avant d'être conduite à l'échafaud.

Nous avons cité aussi la quatrième strophe du cantique qu'elle composa pour remercier Saint Benoit Joseph Labre d'avoir été guérie par son intercession d'une très grave maladie. M. Paul de Faucher a eu l'obligeance de nous procurer ce cantique, et Madame la Supérieure des sacramentines de Bollène, nous a fait ce récit de la guérison obtenue. « Nos vénérées Sœurs anciennes, toutes auprès de Dieu maintenant, nous ont souvent raconté cet évènement. Elles nous ont dit qu'une sœur, dont elles ne nous ont pas donné le nom, se trouvait très malade. La Communauté avait commencé pour elle une neuvaine à saint Benoit Joseph Labre. Le dernier jour de la neuvaine, pendant les vêpres, la malade demanda ses vêtements à la sœur qui la gardait. Celle-ci les lui refusa parce qu'elle la croyait dans le délire; mais comme la malade insistait, elle lui donna enfin ses habits. La malade s'en revêtit, et descendit aussitôt au chœur, où l'on terminait les vêpres. A sa vue, la Communauté fut ravie d'admiration, et on chanta le *Te Deum.* »

M. Paul de Faucher, allié à la famille de la sœur Pélissier nous a communiqué une brochure d'une vingtaine de pages imprimées, sans nom d'imprimeur, et sans date, mais très ancienne et publiée peu après la mort de Benoit Labre. Elle est intitulée :

**CANTIQUES *sur les faits de la vie et de la mort du serviteur de Dieu*
Benoît-Joseph LABRE, Français 1**

Il y a trois cantiques précédés de cet avis. « Les faits cités dans le premier et dernier cantiques sont tirés de l'Inscription placée dans le cercueil de B. J. Labre, du procès-verbal des commissaires délégués par Mgr l'Evêque de Boulogne, pour l'information des vie et mœurs de ce serviteur de Dieu, et des diverses relations soit manuscrites soit imprimées, que l'on a reçues de Rome et d'autres endroits. »

M. Paul de Faucher nous a affirmé qu'il a toujours entendu dire que sa parente, la sœur Pélissier, ayant été guérie miraculeusement, avait fait le récit de sa guérison, dans un cantique qu'elle composa pour remercier Benoit Labre.

Dans la brochure imprimée, il est dit que « ce cantique a été fait par une Religieuse du couvent du Saint-Sacrement de la ville de Bollène, à l'occasion de sa guérison miraculeuse opérée par l'intercession du Serviteur de Dieu Benoit Joseph Labre, le 29 juin 1783. La Religieuse fait elle-même la relation de sa maladie et de sa guérison.

> Benoît-Joseph, ô pauvre incomparable,
> De ton crédit l'on ressent les effets.
> Vois en pitié mon état déplorable,
> Entends mes vœux, accomplis mes souhaits.
>
> Mon cœur confus te fait l'aveu sincère
> D'avoir un temps douté de ton secours.
> Mais aujourd'hui l'excès de ma misère,
> Fait qu'à ton nom, avec foi, j'ai recours.

1 Ce mot *Français* semble indiquer que la brochure a été imprimée à l'étranger.

Par charité, soutiens ma confiance ;
Mets en oubli mes premiers sentiments.
De ton pouvoir j'implore l'assistance,
Daigne obtenir la fin de mes tourments.

Vois à tes pieds ce chœur d'Adoratrices,
Du même Dieu qui t'embrasait d'amour ;
De l'adorer elles font leurs délices,
Et tu faisais près de lui ton séjour.

Que ce rapport m'encourage et m'anime !
Pourrais-tu bien, fidèle adorateur,
Un plus long temps souffrir cette victime
Loin de l'Autel, source de son bonheur ?

Non, non, je sens qu'étant Adoratrice,
A ton crédit j'ai des droits bien puissants ;
Rends à mon cœur son plus cher exercice ;
Pour cet objet que mes vœux sont pressants !

Daigne obtenir de l'aimable Marie,
En ta faveur, sous sa protection,
Que je reçoive une nouvelle vie
Pour l'employer à l'Adoration !

Que sens-je, ô Ciel ! quelle joie ravissante !
Mes maux divers m'abandonnent soudain !
Benoît-Joseph, tu remplis mon attente,
Oui, je ressens ta bienfaisante main.

Vous tous témoins de l'état pitoyable
Qui chaque jour me mettait aux abois,
Reconnaissez son secours favorable ;
Pour le bénir, ne faisons qu'une voix.

O Bienheureux, que ma reconnaissance
Fasse au plus loin retentir mes accents !
Je veux partout, de ta magnificence
Faire annoncer les effets ravissants.

D'un Dieu caché tu compris le mystère,
Pour l'imiter, tu vivais inconnu.
Tu te plaisais à souffrir, à te taire ;
Aussi le Ciel exalte ta vertu.

Déjà ton nom, sur la terre et sur l'onde,
Vole, et partout est connu, révéré;
Tu pris plaisir d'être ignoré du monde,
Mais Dieu se plaît à te voir honoré.

Ne borne pas sur moi ta bienfaisance,
Répands au loin tes grâces, tes faveurs;
Daigne surtout, d'un œil de complaisance,
Voir les souhaits qu'ici font tous les cœurs.

Déjà dans Aix éclate ta puissance;
Le corps perclus d'un enfant tu guéris.
Sur tes faveurs, quels droits a l'innocence!
Quand tu vivais, toujours tu la chéris.

En vain, l'impie obscurcirait ta gloire,
Le vrai chrétien reconnaît tes bienfaits.
Pourrions-nous bien en perdre la mémoire?
Nos cœurs seront sensibles pour jamais.

Fais qu'à l'envi nous volions sur tes traces
En adorant le Sacrement d'amour.
De tes vertus, de tes dons, de tes grâces,
De ton esprit revêts-nous chaque jour

Dans ses pèlerinages, en se rendant à Rome, Benoit Labre avait plusieurs fois traversé la Provence. On conserve encore le souvenir de son passage à Piolenc... à Bollène. Dans cette dernière ville, il avait reçu l'hospitalité auprès du couvent du Saint Sacrement, où l'on conserve religieusement un ancien portrait de lui. Les Religieuses l'avaient connu, et elles avaient admiré sa piété, sa pauvreté, son humilité. Elles le regardaient comme un Saint pendant sa vie. Après sa mort arrivée à Rome, le 16 avril 1783, elles furent des premières à l'invoquer, et le 29 juin suivant, elles obtenaient par son intercession la guérison de la sœur Pélissier, guérison regardée comme un miracle, dont il fut question dans la cause de sa béatification.

TABLE DES MATIÈRES

Avignon. — Imp. Aubanel Frères.

LUBE TOUT CO QU'ES BEU
AUBANEL
&
FRERES
AVIGNON